硅谷人生

从微处理器的发明到新认知科学

SILICON
From the Invention of the Microprocessor
to the New Science of Consciousness

[美] 费代里科·法金（Federico Faggin）著
谢怡华 译

同济大学出版社
TONGJI UNIVERSITY PRESS
·上海·

直觉是一项神圣的天赋,理性则是一个忠诚的仆人。
我们创造的社会尊崇仆人,却遗忘了天赋。

——阿尔伯特·爱因斯坦(Albert Einstein)

出生是不够的。
我们的出生是为了重生。
每天如此。

——巴勃罗·聂鲁达(Pablo Neruda)

致艾尔薇亚、马尔齐娅、马克与埃里克

中文版序

能够向中文读者们呈上这本《硅谷人生：从微处理器的发明到新认知科学》，我感到十分荣幸。本书讲述的是我的人生旅程——从孩提时代搭建模型飞机，到后来成为半导体技术、微处理器以及人工智能领域的发明人，最终找寻到了我心灵上的本性，这让我成为了一个兼顾科学与心灵的人。

1941年，我出生在第二次世界大战期间的意大利维琴察。1965年，我凭借优异的成绩从帕多瓦大学物理学专业毕业。1968年年初，我来到了美国加利福尼亚州的硅谷，开始在仙童半导体研发实验室工作，由此开启了我的第二段人生。当时我刚刚成家，来到这个与意大利的语言和文化迥异的国度，马不停蹄地开始了发明创造。在仙童，我开发了MOS硅栅技术，从根本上改进了MOS集成电路的制造方法，而这对于所有微处理器、动态RAM以及非易失性存储器的设计来说，都是非常关键的。在英特尔，我设计了该公司所有的早期微处理器，从世界上第一台微处理器——英特尔4004到最后的英特尔8008，这些产品引领了许多其他微芯片的设计。

我的第三段人生，也就是作为连环创业家的生涯则发端于1974年年底。当时我创立了齐洛格公司（我的第一家创业公司，致力于微处理器的研发）。这段生涯终止于2009年。那时，我决定将余生投入到以意识与自由意志为一切现实基本属性的研究中去。

1990年，我还在经营我的第三家创业公司——新突思，当时我就有了一种异乎寻常的意识体验，它不可逆转地改变了我对生命的看法，指引我去探索并开发自己的内在性。那时候，新突思在研究神经形态的硬件，后来开发出了触摸板和触摸屏，改变了我们与移动设备的交互方式。当下，我正在经历我的第四段人生。我完全地专注在科学研究上。我的目标是将科学与心灵结合起来，不止在思想与身体的层面上，也在情绪的层面上。

本书最后一章讲述的是我们通过 30 余载的研究所得出的有关现实之本质的结论。这些研究既有我个人的，也包括由费代里科与艾尔薇亚·法金基金会（Federico and Elvia Faggin Foundation）赞助的。这家基金会是我与妻子于 2011 年创立的非营利组织，专注于对意识的科学研究。

去年（2022 年），我与贾科莫·莫罗·达里亚诺 (Giacomo Mauro D'Ariano) 撰写了一篇有关意识与自由意志的第一理论的文章，作为《人工智能与自然智能》（Artificial Itelligence Versus Natural Intelligence, Springer, 2022）一书中的一章发表了。根据我们的理论，现实具有符号性的一面，是由经典的、可共享的信息来描述的；也具有语义性的一面，是由量子信息，也就是不可克隆的量子态来代表的。我们在量子物理中加入了一个重要的观点：量子态是可以被处于那个量子态的量子系统体验到的。这一根本性的改变通过一个基本事实来正名，这个事实就是，内在体验也是不可克隆的，即它们是私密性的、不可复制的，就同量子态一样。

这一简单而有说服力的观点认为，量子态是不可复制的，因为它们代表的是量子实体内在的、私密性的、语义性的体验，而量子实体存在于更广阔的现实中，其中，由时空物理学所描述的现实是以"符号性现实"的形式出现的。既然有意识的实体无法复制它们的状态，外在符号性现实就会从它们想要用符号来传达意义，并且长期储存体验这样的需求中产生。于是，可共享的符号的目的就是传达出有意识的实体决定分享的内在体验的意义。

我们是有意识的实体的示例，能够用自由意志自上而下地控制自己的量子体和经典物理体。因此，我们是特殊的量子系统，而不是身体。计算机则是严格意义上的经典符号系统，它们没有意识，因为它们的程序和数据（它们的经典态）是可以被复制的，因而也没有感受和理解的能力。此外，计算机也没有自由意志，因为它们是确定性的 (deterministic)。

这一解释基于已经确立的科学原则，也彻底地改变了我们对自然智能与人工智能的理解。这一解释使我们恢复了信念：我们相信自己能够掌控自己的命运。而人工智能近期的发展正撼动着这一信念。

感谢本书的译者谢怡华女士所做的翻译工作。本书所涉及的范围和深度，使得这项力求保留原作风格的工作殊为不易。

费代里科·法金

2023 年 6 月 3 日，于意大利维琴察

自序

我的这本自传,最早是在 2019 年 4 月 30 日由意大利的蒙达多利(Mondadori)出版集团出版的,之后又被出版方收录到"奥斯卡畅销书系列"(Oscar Bestsellers),以平装本的形式于 2020 年 6 月出了第二版。这本英文版基本上与意大利文的第二版一致,除了最后的第七章以外,全书其他地方仅有一些微小的改动。我在第七章里讲述了我对意识和现实本质的观点与思考,这些内容与意大利文第二版相比,进行了较大的改动。本书还增加了全新的附录五,作为第七章的补充材料。

本书的英文版在 2021 年出版,恰逢微处理器发明 50 周年。我很高兴这两件事能碰到一起。我希望这能让更多英语世界的公众知道我的故事,了解我对微处理器——20 世纪最伟大的发明之一——有什么看法。我也希望本书能厘清意识的本质,以及人类智能与人工智能(AI)之间的根本差异。这些内容在本书中均有详述,能帮助读者建立信心,使读者确信,人类的情感性、直觉性和心灵性的本质是不能被机器所撼动的。我认为当下讨论这一课题尤为重要且适时,因为目前 AI 和机器人技术发展迅猛,而媒体又助长了许多肤浅且夸张的主张。

本书意大利文版的出版得到了许多人的帮助,我在本书结尾的致谢中列出了他们的名字。此处我要向协助本书英文版出版的人表示感谢。首先是我的妻子艾尔薇亚·萨德伊(Elvia Sardei),她勤勤恳恳、不知疲倦地帮助我审阅和编辑了书稿。肯尼斯·凯尔斯(Kenneth Kales)对我的定稿作了初审。我们的儿子埃里克·法金(Eric Faggin)和布兰登·R. 布朗(Brandon R. Brown)教授作了进一步的编辑,并提出了几个重要的修改建议,这使得本书内容更为丰富。

前言

每当我那由先入之见、陈词滥调和不加批判地接受的信条构成的思想结构分崩离析时，我便得以重获新生。我仿佛从那牢笼中解放出来了。每当我从一个新的观点来观察事物，获得更为宽广且不同以往的理解时，我便得以重获新生。最重要的是，当我停止理性化的思考，开始倾听直觉的声音，敞开自己来面对意识的奥秘时，我便得以重获新生。

我感觉自己已经经历并完成了三段人生，现在正处在我的第四段人生中。孩提时代，飞机模型让我深深着迷，也播下了未来发明微处理器的种子。后来，我成了物理学家。在我的思想中，尽管我相信人类有可能制造出有意识的计算机，但我始终隐约觉得这样的想法很荒谬。为了清除脑海中的成见、教条和预设好的观念，我做了许多工作；最重要的是，要将自己从那些看似显而易见的事情中解放出来。

我的第一段人生发生在意大利北部，那是我出生和受教育的地方，也是一开始工作的地方。1968年年初，在与艾尔薇亚结婚之后的几个月，我们夫妻俩从意大利米兰搬到了美国旧金山湾区，在一个语言和文化迥异的环境下开启了一段新的人生。在这第二段人生中，我在自己耕耘的领域中获得了很大的成就：我发明和开发了新技术与新产品，首先是用一种全新的方法来制造金属氧化物半导体晶体管（MOS硅栅技术），后来我凭借这项技术，设计出了世界上第一款微处理器。

接下来，出乎我本人意料的是，我决定创立我的第一家公司——齐洛格（Zilog）。这开启了我的第三段人生。之前我从未想过我的基因会使我走上这样一条道路：成为一名高科技商业领域的企业家。在这个新开启的人生阶段，我不得不学习处理很多棘手的情况，较之我作为技术人员时碰到的问题，这些情况要难理解得多，也难控制得多。例如，市场、人和发生的事情都具有不可预测性。我还发现，我的一些隐藏起来的性格特征大大地影响了我的行为，也影响到别人的行为。后来我转向自己的内心，这一转向甚至比创立公司更出乎我的意料，这也使我觉醒，并极大地改变了我余生的方向。相关内容在第五章中有详细的叙述。

可以说，在许多年里我过着一种双重生活。白天，我作为企业家，继续经营着我的公司；晚上，我投入时间和精力来研究和理解我的意识，这使得我的思想和态度发生了自发的转型，并最终改变了我的生活。内在现实与外在现实的逐渐融合大约开始于30年前。对外在世界的研究是建立在以可共享的实验事实为根据的科学之上的，而对内在世界的研究却极为微妙，因为意识是个人化的，其内容是私密性的。这二者的对比实在太强烈了。

大约在10年前，我开启了第四段人生，当时我决定退出商业领域，专注于对意识的科学性研究。这股热情后来也成了费代里科与艾尔薇亚·法金基金会（Federico and Elvia Faggin Foundation）的使命。这家基金会是我和妻子在2011年创立的非营利性组织。

我的使命感推动我完成了本书的写作。我不仅要讲述发明的故事和我涉足的这些企业，也要分享人生旅途中那些最内在的感受，希望向读者传达我在自己的四段人生中所采撷到的重要信息。通过直接的体验和深刻的反思，我对意识本质的某些关键方面有了更好的理解。

目录

006　　中文版序
009　　自序
010　　前言

015　　**第一章　我的第一段人生**
015　　　　我的成长岁月
024　　　　在奥利维蒂公司的经历
029　　　　大学岁月
039　　**第二章　我的第二段人生**
042　　　　仙童半导体，硅谷之父
046　　　　MOS 硅栅技术
063　　**第三章　第一台微处理器**
063　　　　英特尔与"比吉康项目"
069　　　　设计"4000 系列"
079　　　　英特尔 8008 微处理器
084　　　　从排他性合同到全球市场
091　　　　客观看待微处理器的历史
105　　**第四章　我的第三段人生**
105　　　　齐洛格公司
112　　　　Z80-CPU
118　　　　80 之战
130　　　　埃克森企业
137　　**第五章　继续第三段人生**
139　　　　小天鹅科技公司

142		寻找认知计算机
149		觉醒
155	**第六章**	**双重生活**
155		从神经网络到触摸板和触摸屏
166		寻找意义
171		福维恩与我第三段人生的终结
179	**第七章**	**我的第四段人生**
181		什么是意识？
187		基本假设再探
198		一个新的概念框架
217	附录一	MOS 硅栅技术
230	附录二	掩模制作工艺
232	附录三	计算机的历史
238	附录四	人工智能与人类智能的基本区别
243	附录五	太一与意识单元
255	参考文献	
257	致谢	

第一章
我的第一段人生

人只有回头去看人生，才能理解它，
但只有向前看，才能活下去。

——索伦·克尔凯郭尔（Søren Kierkegaard）

我的成长岁月

1941 年 12 月 1 日，我出生在意大利的维琴察（Vicenza），在家里的四个孩子中排行老二。我的父亲是一个负有名望、受人尊敬的历史兼哲学教师，在维琴察的古典学校（Liceo Classico）任职。后来，他又在帕多瓦大学（University of Padua）担任教职。他是个学者，也是个多产的学术书作家，尤其关注埃克哈特大师（Meister Eckhart）、普罗提诺（Plotinus）和叔本华（Arthur Schopenhauer）等神秘主义和理念论哲学家。父亲在去世前一年，完成了将古希腊语的普罗提诺《九章集》（Enneads）翻译为意大利语的工作，并且在译本中作了详注。这也是他的最后一部作品。

在我幼年时，母亲作为家庭妇女，全心照料刚出生的我和年长我两岁半的兄长乔治（Girogio）。五岁时的一个晚上，我忽然被母亲痛苦的喊叫声惊醒。第二天早上，我惊喜地见到了刚出生的小妹安娜·阿莱格拉（Anna Allegra）。五年后，我的小弟佛朗哥（Franco）来到了人世。

伊索拉维琴蒂纳（Isola Vicentina）的战争岁月

人与他人是处于战争关系中的，
因为人人都与自己处于战争关系中。

——弗朗西斯·米汉（Francis Joseph Meehan）[1]

我出生那天，第二次世界大战正席卷欧洲，人们笼罩在不安和恐惧的阴霾中。我出生六天后，情况变得更糟了。1941年12月7日，日军偷袭了珍珠港，将美国也卷入了战争。

两年后，1943年，盟军攻占西西里岛之后的几个月，我父母决心搬到伊索拉维琴蒂纳，这是他俩出生和长大的地方。我们一家在那里一直生活到了1949年，居住在我祖父家的家族房产中。那里有三面建筑围住一个庭院，第四面则是一个菜园和一间厕所。在这个建筑群中有一间小酒吧，意大利语叫Osteria，主要是由家族中的妇女经营；另有一间木匠作坊，制作的是高品质的家具，这也是我祖父安东尼奥（Antonio）的主要工作；还有一间大大的库房，存放着两架红色的大型脱粒机和各类木材。在收割的季节，祖父会将两架脱粒机租借给农民，这也是他的一个副业。

伊索拉维琴蒂纳处在一个农业区的中心地带，玉米、小麦、干草是该地的主要农作物。许多农民家中没有通电，也没有自来水、收音机和室内的卫生间。他们中的大多数人仍在使用牛拉的犁，跟几个世

---

[1] 弗朗西斯·米汉（1924—2022），美国外交家，其在职业生涯期间，曾在波兰、东德等多个社会主义国家担任美国大使。——译注

图1 作者的父母艾玛（Emma）与朱塞佩（Giuseppe），以及乔治（左）与作者在伊索拉维琴蒂纳（1944年）

纪之前他们的祖先一样。此时，工业革命早就在世界各地的大城市里掀起了翻天覆地的变化，却几乎与他们绝缘。

威尼托大区（the Veneto region）的面积大致相当于美国的佛蒙特州（Vermont），在多个世纪里都是威尼斯共和国（the Venetian Republic）的一部分，在我们这个地方，威尼斯方言是一种使用广泛的语言。我父母在家中说的也是这种方言。

我还记得天寒地冻时节的"filò"。这是一种饭后集会：妇女和孩童坐在屋子旁边的牛棚里，温暖舒适的环境中弥漫着公牛和母牛的气味。妇女们做着针线活，用古老的纺织机纺纱，互相欢笑着聊天；孩子们则在旁边嬉戏玩耍，一会儿又在油灯和蜡烛的摇曳光影中昏昏睡去。

回头来看，我意识到，今天其实很少有人能够完全地体验过以下三个人类发展的主要历史阶段：农业时代、工业时代和信息时代。比如我的孙女伊莎贝拉（Isabella），她与 iPad 和互联网为伴，对于先前时代人们的生活方式一无所知。她无法想象"filò"带给人的丰富的感官和情感体验，因为这些体验在我们今天生活的时代是全然缺失、难以想象的。

维琴察是重要的铁路枢纽，因此，在临近战争尾声时遭到了盟军的狂轰滥炸，盟军以此来破坏德军设于意大利的供给线。在其中一次突袭过程中，我出生所在的维琴察市中心的公寓被炸了，这让我的父母产生了举家迁往伊索拉维琴蒂纳的念头。

但即便是伊索拉维琴蒂纳，也不能完全免于战争的影响，因为这里处在通往奥地利和德国的主干道上。在 1945 年德军撤退时，这里也发生了很多事故。有一日，一个德国士兵手持一把来复枪闯入我家索要食物。我父母被吓坏了。所幸的是，士兵在拿走我们交出的些许供给之后，并没有其他的举动。

1945 年 4 月的一天，"解放日"来了。我仍清晰地记得那一天，虽然那时我只有三岁半。我清楚地记得，那时我在外祖父家的阳台上，看着坦克和其他军械在广场上行进，庆祝战争的胜利。我冲着一个攀在坦克炮塔上的美国士兵挥舞意大利国旗，而他也对我报以微笑。那时我根本想不到，有一天我居然会将美国称为家乡！

几个月后，父亲带我回到了维琴察。我记得街道上到处都是炸弹留下的坑坑洼洼，还有建筑物倒塌后掉下的碎石瓦砾。那时我不明白发生了什么，因为我还不知道"战争"意味着什么。

不到六岁的时候，我开始上学了。去学校的第一天，我很惊讶地听到老师讲的是意大利语。我对这种语言是一知半解的，因为我家里的人和周围的人讲的都是威尼斯方言。

完成二年级的课程后，我和家人搬回了维琴察，住进了体育场路(via dello Stadio) 的一处公寓，那条路通往市立足球场。除了周日有时候会举行比赛，其他时间这里的交通都不怎么繁忙。

每逢夏天，我家门前的巴基廖内（Bacchiglione）河堤上会有成群结队的蟋蟀。在气温宜人的夜晚，我就跟邻居家的小孩们一起，追着四处飞舞的萤火虫玩耍。附近还有一块空置的田野，我们会在那里用木剑玩打仗游戏，模仿星期天在教区礼堂里看的那些黑白片电影里的主角。

回顾过往，可以看出当时天主教会在日常生活中的角色较之今日要重要得多。我记得每年复活节期间每家每户的祝颂，还有街道里长长的游行队伍，整个城市都沉浸在善男信女的赞美歌和祷告声中。

严厉的管教，甚至体罚，都是乔治和我小时候受到的正常家教。我们俩都吃过不少的耳光。

图 2　作者一年级时在伊索拉维琴蒂纳（1947 年）

但另一方面，我们其实比现在的孩子要自由，受到的拘束也少。我们能尽情地玩耍，沉浸在自己发明的各种游戏里。我们在家门以外的地方营造出的嬉戏环境，较之今天的孩子在家中玩乐的氛围，不知要轻松多少倍。

我的第一架模型飞机

有一天，当我在小伙伴家附近的田野里玩耍时，注意到一个年轻人手里拿着一架模型飞机。他快速地用手指拨动螺旋桨，给皮筋做的引擎"充上电"，然后就放开飞机了。我惊讶地看到，飞机竟然起飞了！

我忘记了小伙伴和正在玩的游戏，追着飞机跑。这是一架单翼飞机，我盯着它看，想要搞明白为什么一个玩具能飞起来。那时我11岁。这次经历给我今后的人生带来了巨大的影响。

也就是那一天，我决定用家附近找到的一些临时材料做一架模型飞机。从某种程度上说，我算是成功了，但我回到那片田地里，试图让它起飞的时候，飞机却不听话了，一丝一毫都没有要离开地面的样子。后来我才知道，当时我非常粗暴地违反了物理定律。

不过我也很幸运，拿着那架单翼飞机的年轻人当时正骑着自行车路过。他留意到了我的小飞机，把我叫了过去。他查看了一番，笑了起来，然后指出我哪里做得不对。他告诉我哪里可以买到合适的材料，还建议我买一本《现代模型制作手册》（The Modern Modeler's Manual）。这成了我用自己的积蓄买的第一本书。

我非常仔细地阅读了这本手册，尽管我不能理解里面的每一句话，尤其是那些描述怎样制作电波控制模型的传送器和接收器的部分。由于囊中羞涩，我无法负担书中提到的组装所需的各种配件。我只能靠自己了。我想象出一架飞机的样子（这是我最喜欢的部分），设计出图纸，然后设法搞到一些原材料来制作各个零件，将模型组装起来。我甚至还自己做了胶水，方法是用丙酮来溶解赛璐珞片，这个方法是我在那本手册里找到的。赛璐珞片则是来自我妹妹和她的小伙伴坏掉的玩偶。这也就难怪我的胶水有一种奇怪的粉红色调了。最终我将模型组装好了，我抱着极大的期待和热情来进行试飞。

我的第二架模型比第一架要好，但还是飞不起来。许久之后，我的第三次尝试总算成功了：我还记得自己看到飞机在空中轻盈翱翔时的兴奋劲儿。这种兴高采烈的感觉，跟多年之后我坚持不懈，最终得偿所愿，成功设计出了世界上第一台微处理器时的感受是一样的。在这两件事上，我都是将一个想法"物质化"为一个物件，让这个物件来展示我思想的创造力。

对模型飞机的热情是一次关键的教育体验：它给了我目标，让我从 11 岁时起就懂得怎样自始至终地管理一个项目。如果飞机飞不起来，那就意味着我有些地方做错了，我就能从中吸取教训。这份热情也指引了我几年后对高中的选择。我后来就读的高中并不是父亲为我预先规划的那所。

图 3　作者 14 岁时拿着自己设计制作的竞赛飞机模型（1956 年）

一个不可能的梦想

我对飞机的热情很自然地引发了我对飞行员职业的向往，但这种向往却被一件意想不到的事改变了。在我学着制作模型飞机的那个年纪，我发现自己的左眼视力出现了问题。父母很快就带我去看了眼科医生，我被诊断为视网膜脱落，并且没有医治的方法。唯一可能的解释是最近的一次损伤，但我记不清了。

致病的原因直到 40 多年后才浮现出来。我想起自己 10 岁的时候，暑假中有几个星期是在我伯父位于伊索拉维琴蒂纳的农场里度过的。

在那里，我试着手摇启动我的堂兄波利卡尔波（Policarpo）驾驶的旧拖拉机。在电动发动机发明之前，这就是启动引擎的方法。引擎松开之后，手柄反弹，重重地击中了我的面部，使我几乎晕倒。因为大人们之前就禁止我去碰那台拖拉机，所以我没有告诉任何人发生了什么。堂兄问我脸上的红印子是怎么回事，我回答说："哦，这个啊，没什么。"奇怪的是，这次意外被我从记忆中抹去了，直到42年后才重新浮出水面，紧随其后的是一次深度的内省。

丧失了一只眼睛的视力，我的飞行员之梦就成了泡影。但我接受了这个现实。我想的是，就算不能开飞机，至少我还可以造飞机。到了该上高中的时候，我选了一所技校，叫做罗西学院（Rossi Institute），在那里我可以学习设计和制造真正的飞机。我的选择受到了朱塞佩·贝代斯基（Giuseppe Bedeschi）的影响。他是我们家的一个朋友，他以前读的就是这所学校，后来他拿到了电力工程学的毕业证书。贝代斯基在一家电动机公司担任要职，是我想要追随的榜样。我很钦佩他的成就，也很羡慕他的生活方式。

我告诉父亲，我想要去罗西学院读书，拿一个航空工程学的毕业证书。爸爸很明显地表现出了失落，因为他认为技校是次等的学校，是不能直接通往大学的。但我始终坚持自己的立场。最终，爸爸接受了我的选择，没有太多的异议。也许因为在初中的时候，我就不太像个特别优秀的学生。我的兴趣更多地在于制作飞机模型，而不是学习拉丁语。

罗西学院是一所要求很高的学校。跟意大利其他高中一样，该校的课程是五年制的，需要学生每周有40个小时花在课堂和实验室里，还要完成很多的作业。一年级的时候，只有30%的学生能完成学校的要求，剩下的学生只能留级或退学。第二年，有一半的学生可以完成要求，来到三年级。只有最优秀的学生才能一次都不留级地完成整个学业。

来到这里上学开始，我就很有意识地发奋学习。因为我没有听从父亲的建议，自行选择了这所学校，所以我想要证明自己的决定是正确的。而我之所以能有成为优秀学生的决心,是因为受到那年夏天一次有趣经历的激励。

那一天,我踩着家门前河堤上的小径行走。有生以来,我第一次感觉到自己能够在脑海中"抓住"一个想法,并对它加以检验,能"翻来覆去"地检视它,就好像手里拿着个物件一样。这种思维能力赋予了我高度集中的注意力,这是我此前从未有过的体验。为此我感到十分激动。有生以来第一次,我感到要对自己的想法负责,而不是任由它们摆布。

在一年级的时候,我很遗憾地发现航空工程项目已经不再对新生开放了,所以我只能选择其他的课程。其他的课程里唯一使我感兴趣的,就只有无线电技术了。我想的是,好歹这个学科可以教我设计无线电控制的飞机模型。这就足以让我作出选择了。

16岁的时候,我已经长大了,开始探索学校要求以外的一些课题。我利用父亲的藏书,读了许多俄罗斯和法国的文学作品。我也开始读一些物理学和数学的书,这些书主要是用法语写的,因为只有法语版本的是平装本。我还自学了西班牙语。

我受到的是传统的天主教教育,这种教育塞给我们的是教条主义的回答,所针对的那些问题,是我那个年龄根本不会去提的。这样的教育恰恰站在了古代哲学家智慧的反面。普鲁塔克(Plutarch)有言:"思想不是用来装填的容器,而是有待点燃的火焰。"

作为一个十多岁的少年,我头脑中充满了困惑。我想要用宗教活动,靠自己的力量来找到这些问题的答案。我受到的教育告诉我,信仰是一种恩赐,要通过祈祷和做弥撒来培养。我还被告知,相信上帝就能赢得一切,而且一无所失。所以,我满腔热血地决定每天都去做弥撒。

我决心赌一把,去相信上帝的存在,尤其是因为我还真心地受到基督像的吸引。有时候,在圣餐仪式后的冥想环节中,我能感受到自己跟耶稣有着深切的联系,尽管我并不能理解这种"神圣性"意味着什么。当然,自我暗示是不能取代信仰的,掩盖困惑也不能让困惑真正消失。确实,后来这些困惑又出现了。

在罗西学院的最后一年，我对计算机和晶体管产生了兴趣，它们是那时最新的发明，还没有成为学校课程的一部分。我读了所有可以搞到的读物。我所学习的无线电技术还是基于真空管的，它注定会在十年内完全消失。计算机和晶体管让我认识了数字微电子学，这是一个比远程通信广阔得多的领域。最终，我找到了比飞机还令人振奋的东西。毕业之前，我就对课业外的事物迸发了热情！我最终以85分（满分100分）的平均分毕业，是学院里排名第二的学生。而整个学院200名毕业生的平均分是75分。但是这个好成绩没能引起父亲的关注，因为他对我的课业抱有成见。时间过去那么久，我才意识到，要纠正一个人的偏见是多么困难。这正如阿尔伯特·爱因斯坦所说，"打破成见比打破原子还难。"

在奥利维蒂（Olivetti）公司的经历

我的第一台电子计算机

18岁那年，我拿到了无线电技术的毕业证书。那时，所谓的意大利经济奇迹正如火如荼，市面上有大量的工作机会。1960年秋，我在休息了几个月后，接受了奥利维蒂公司助理工程师的工作邀请。这份工作位于米兰附近的博尔戈隆巴多（Borgolombardo），在新建的电子研发实验室里。奥利维蒂公司早期的电子计算机就是在这里开发和制造的。这份工作是由工程师朱万里（Mario Tchou）[2]来面试我的。他是这间实验室的主任，做事雷厉风行，亲自面试每一个前来应聘的技术人员。

我在米兰的维琴察街（Vicenza Street）租了一个房间。巧的是，我的合租室友阿尔贝托·桑蒂（Alberto Santi）正是我学校里的同学，他也在奥利维蒂找了一份工作。每个工作日，我们都搭乘公司的班车去

2　朱万里（1924—1961），祖籍浙江温州的意大利华裔计算机科学家。——译注

博尔戈隆巴多,每周五晚上坐火车去维琴察和家人共度周末,又在周日晚上一起回到米兰。

我们的第一个任务是参加一个为期两个月的培训课程,这个课程是为所有新聘用的技术人员设置的。培训期间我们学习了晶体管和计算机的相关知识,而这些是大学里尚未开始教授的。培训结束后,我被指派到了电路部门,我的第一个领导是工程师阿基列·卡斯泰利(Achille Castelli)。他花了大量的时间来研究充满复杂数学的电路理论学术论文。我的任务是继续另一位专业人员的项目,这位同事因为要服18个月的兵役而离开了工作岗位。我因为患有眼疾,得以免于这项义务。这正如一句意大利谚语所说的:"乌云背后总有阳光。"

这个项目真是再好不过了。项目要设计并建造一台小型实验性晶体管化电子计算机,当时美国的一份电子学期刊对这种计算机已有大致描述。项目的目的是研究建立全电子程序化计算器所需的电路类型。

这台计算机的核心是一个算术单元,它可以用一个由10个十进制计数器组成的累加器对多达10位的数字进行运算。如果要加上两个数字,就需要通过计算与每个计数器要加载的数字相等的时钟周期数,将第一个数字加载到累加器上,当然所有10个阶段都是并行的。然后通过计算与每个数字的值一样的时钟周期,将第二个数字的值添加到第一个数字上。如果产生从"9"到"0"的进位,则存储进位。下一个操作是传递所有进位以完成操作。对于相同数量的晶体管,这种策略被认为比使用传统的二进制加法器并将其转换为十进制数字更快。

累加器的输出以11个辉光管(Nixie tube)显示,显示十进制数字加上特殊符号。这些管子使用气体放电来点亮十分之一的重叠阴极,使其形似要显示的符号。通过选择具有预期符号形状的阴极,该符号将通过发出红光而变得可见。在我们的例子中,有10个相同的管子显示从0到9的数字,加上第11个显示特殊符号(如数字符号和百分号等)的管子。这是一项烦琐且成本高昂的技术,10年后就被第一款商用液晶显示器所取代。

当我开始进行这一项目的时候，控制辉光管的电子器件已经完成了，并且得到了合理的运用。算术单元（arithmetic unit, AU）已经被设计出来，而且开始制造了。我的主要工作是与另两位技术人员一起，协助卡斯泰利（他是项目经理）开展小型计算机的建造工作。

完成 AU 的构建后，我的下一个任务是设计必要的接口，将一个已经存在的磁芯存储系统集成到计算机中。该存储系统是之前一款实验计算机的一部分。而这款计算机已被闲置，它由一个随机存取存储器（random-access memory, RAM）组成，其中存储了 4 096 个二进制数，每个数为 12 位。

接下来是整个计算机的主要寄存器、指令集和控制单元的设计。此时，这项艰巨的任务连个最简单的计划都还没有。这是该项目最具挑战性的部分，卡斯泰利感到自己不够资格来主导项目，决定将其转交给西巴尼（Sibani）博士，他是一位物理学家。于是西巴尼成了我的新领导。不过没多久，西巴尼不幸遭遇一场车祸，去了托斯卡纳(Tuscany)

图4　作者（左）与两位电子学专业的同事（1961 年）

的维西利亚海岸（Versilia coast）疗养。他请我去切奇纳（Cecina）附近的一个小村庄见面，共同商议项目的新阶段。

会面期间，他给了我很多关于计算机建构的书，让我仔细地阅读，以便几周后在他回到工作岗位时可以跟他一起讨论。问了他几个问题之后，我就很清楚，西巴尼并非计算机建构方面的专家。其实他跟我差不多，也需要在这方面多作研究，才能弄清楚下一步该怎么做。我明白，这样的情况于我而言是个很好的机会。

回到博尔戈隆巴多后，我满腔热忱地研读起了那些书。过了大概一个月，西巴尼回到岗位，而我基本上已经设计出了系统的剩余部分。西巴尼看了我的设计，未作任何大的修改，就告诉我可以继续建造工作，并且安排了两位技术人员来协助我。

这台计算机的中央处理器使用了大约 1000 个由锗晶体管制成的逻辑门，这些逻辑门由 SGS 微电子公司在意大利制造，现在被称为 ST 微电子元件（ST Microelectronics）。所有电路都需要大约 200 个小型印刷电路板，而这些电路板安装在单个设备机架上。最后，我们基于电传打字系统的输入—输出电子器件完成了该项目，得以在 1961 年年底前让这台计算机成功运行。

进入大学

1961 年的春夏之交，我发现，意大利的技术学校毕业生终于也有机会读大学了，前提是通过一场简单的入学考试。

在奥利维蒂，我留意到那里存在着"玻璃天花板"。许多专业人员尽管技术精湛，却无法获得职业上的晋升。看起来，他们好像要有大学毕业证才能证明自己。换言之，公司不太看重雇员的个人价值，而更看重一些不太重要的因素，比如他们读的是哪所学校。

对于一个专业人员来说，达到事业巅峰的最好方法就是创立自己的公司。很多人确实这么做了，尤其是在维琴察省，他们为该地区和整个国家的经济发展都作出了巨大的贡献。

在这样的情况下，如果我能从大学拿到一纸证书，我的职业前景就能因此变得更广阔。不过，我回到学校的主要原因还是为了更透彻地学习物理学和数学。我尤其关注量子力学，这种带着些许神秘色彩的理论能够解释诸如锗和硅这样的半导体是如何运作的。因此，尽管物理系是大学里出了名难读的科系，我还是决定去参加它的入学考试，如果考试合格，我就离开奥利维蒂。与我一同参加入学考试的考生中，有一个人叫佛朗哥·贝尔托蒂（Franco Bertotti）。这次偶然的邂逅开启了我们终生的友谊。他后来娶了我的妻子艾尔薇亚的妹妹，成了我的连襟。

我通过了考试。我告诉父母，我想要辞职，去读帕多瓦大学（University of Padua）的物理系。父亲却提醒我，我现在的这份工作很好，收入也很可观，我应该多考虑考虑，不要急着辞职。我原本以为他会支持我的决定。我想，他可能是担心我未必有能力从事如此高要求的研究吧，毕竟他的很多优秀学生也未能做到。我向他保证，我有充分的自信能够获得成功。

不过我的保证并没能起作用，因此我想，他担心的可能是经济方面的事情：我们家中有四个孩子，老大乔治已经在上大学了。而我的母亲在小弟佛朗哥出生之前不久，刚勇敢地完成了学业，成为了一名小学教师，并以此养家糊口。

我告诉父亲，我已经存下足够的钱，可以自给自足了。我在家里需要的只是一个吃饭睡觉的地方。说到这里，父亲同意了。我信守诺言，在大学期间，从未向家中要过钱，连兄弟姐妹每周都有的零花钱我都没要。这让我觉得非常自豪，因为我完全能够自立了。

回首以往，我确信，如果没有之前的工作经验，我无法在9年后设计出第一个微处理器。如果没有在罗西学院读书，1960年我也就不会在奥利维蒂上班。如果没有看到那架单翼飞机模型在空中飞翔，我就不会对飞机模型产生那么大的热情，也就不会下定决心违背父亲的意愿，去罗西学院上学了。

正如马克斯·弗里施（Max Frisch）[3]在《能干的法贝尔》（Homo Faber）一书中所说的，"事情的发生如果比巧合还巧合，那就是一条巧合链了"。为了完成人生的目标，我还要去点亮多少星星呢？

大学岁月

读大学，还有公立学校，都是对自己进行投资。二者能够融合收入、财富和地理这些因素，是最后的社会大熔炉。

——贝佩·塞维尼尼（Beppe Severgnini）[4]

物理学系

因为我想要完成在奥利维蒂的项目，所以决定一直工作到圣诞节。没想到这一决定会对我后面的学习产生这么大的影响。我在帕多瓦大学的第一天是 1962 年 1 月 8 日，星期一。上的第一堂课是"数学分析 1"，我完全听不懂，因为我错过了为期两个半月的入门课，对课上的内容完全不熟悉。

一个决定命运的早晨，我忽然意识到，就这么稀里糊涂地去听课是没意义的。我得先补上这些错过的内容再回去上课。在意大利的大学体系中，上课并不是强制的，除非是实验室课程。课上也不会布置作业，只有最后的期末考试会进行一场笔试，其中涵盖该学年所教授的所有内容，以及一场口试，口试是在笔试通过的情况下进行的。我决心只去上必修的"物理实验 1"的课程，还好这门课是圣诞节假期之后开始的。我指望着先靠自学把落下的课给捡回来，之后再去参加期末考试。

3　马克斯·弗里施（1911—1991），瑞士剧作家、小说家，第二次世界大战后德语文学的代表人物。——译注

4　贝佩·塞维尼尼（1956—），意大利著名记者、散文家、专栏作家。——译注

每学年安排三次考试，分别在 7 月、10 月和次年的 2 月。我决定把压力做一下切分，在 7 月考"数学分析 1"和"分析几何 1"，在 10 月考"物理 1"和"物理实验 1"，在次年 2 月考"化学"。

糟糕的是，"数学分析 1"的教科书非常难理解。该书的作者吹嘘自己在 1500 页三卷本的整套书中没有使用一个图示，而他之所以这样做，是为了"不依靠图像所给出的直观却歪曲的支持，来开展理性思考"。这番说辞至今还几乎一字不差地萦绕在我的脑海中。

我真的很讨厌这本书，因为书中有许多的示范是以这样一句表述来结尾的："剩下的证明都是基本的，留给学生自己来做。"这样的话对我这样一个新生来说是一种教学上的伤害，因为我为了完成这样一种所谓的"基本的"证明，需要花上好几个小时。在那本书的作者看来，我可以说是个无能的人，即便我最终还是靠自己明白了书中的内容，没有靠作者应当给出的指导。我猜想那位作者写书不是为了给学生看的，而是为了在数学专业的同行面前炫耀，显摆自己逻辑严密、解释简明。这可真是一种精英主义啊！

即便如此，我天性中实用主义的一面还是占据了上风。我买了其他的教科书，是工程专业的学生所用的课本。工程专业的学生受到的待遇，可比学数学和物理的学生健全多了。我还买了一本练习册，册子为一些典型的问题给出了一步步的解决步骤，也给出了答案，这样我就能够确认自己的理解是正确的，我也确实取得了进步。即便到了今天，一想到我居然浪费了那么多时间来搞明白这些问题，我都浑身打颤。这样的问题，本可以用一两个图示，加上一个清晰的解释，就能很快说明白了。

"数学分析 1"是我参加的第一门考试。我的笔试做得很不错，但却栽在了口试上。由于考官想要的是和那本教科书里的证明一样严格的解答，我很看不上这种方式，也没有掌握这样的技能。我的考分虽说还行，但后来这成了我整个大学阶段最低的分数，不过我还是很高兴，终于能把这个障碍甩在脑后了。几周后，我又参加了"分析几何 1"的考试，这次的考分很不错。这样，第一学年最难的两门考试就算完成了。我凭借自己的力量攻克了第一个山头，之后的路就好走多了。

第一学年的时候，我常在维琴察的公共图书馆——贝托利亚纳图书馆（Biblioteca Bertoliana）学习，因为这里比家里安静。而且跟我与乔治共用的卧室里的小书桌相比，这里的空间大得多，我可以放下很多的教科书和论文。

我清晰地记得1962年的夏天，当时我正在为将于10月进行的"物理1"的考试作准备。我一个人留在家中，而家人们都去海边度假了。"数学分析1"给了我挫败，"分析几何1"给了我劳苦，终于，这门科目能带给我思想上的愉悦了。我尤其喜欢热力学，恩里科·费米（Enrico Fermi）在他的书里把这门学科解释得又专业又细致。费米是意大利物理学家，因建立了世界上第一个核反应堆而获得了诺贝尔奖。他的写作思路清晰又深刻，这也成了我钻研物理学的原因。到了10月，我以出色的成绩通过了必修的"物理1"考试。1963年2月，我通过了"化学"考试。

最后，我终于跟上了进度，可以上二年级的课程了，这样就和我一开始的计划一样了。要是当初我知道会出现这样的问题，我就会提前三个月离开奥利维蒂。然而，正如一句意大利谚语所说的："坟墓里充满了后见之明。"

从大学二年级开始，我就定期去帕多瓦参加所有的课程。我的成绩很好，直到毕业都很不错。我对固态物理学、电路理论、控制论和数学非常感兴趣，我喜欢深入研究这些科目，远远超出课程所要求的。

邂逅艾尔薇亚

因为有了艾尔薇亚，我的大学三年级变得格外重要。她是我的至爱，后来成了我的妻子。我在家中就见过她几次，因为她在我爸爸这里上哲学课。因为她很美，我早就注意到她了，但一直没有机会接近她。

几年后，我们意外地在帕多瓦火车站相遇，那时我们都在等前往维琴察的列车。

我终于有机会跟她说上话了！我鼓起勇气靠近她，向她介绍自己是法金教授的儿子。我们就这样攀谈起来。我们发现我俩有很多共同点：她也出生在一个教师家庭——她的父亲在维琴察的科学中学（Liceo Scientifico of Vicenza）教意大利语和拉丁语，她的母亲在马吉斯特拉里高中（Magistrali High School，一所培训小学教师的学校）教数学。她家里也人丁兴旺，她是七个兄弟姊妹中的老大。她也对于逼仄的环境感到窒息。第一次邂逅，我就能感到她是那个将要与我共度余生的人，尽管我害怕她要去医学院里读书，因为这将意味着我还要等好多年才能娶她。

几个月后，我去她家帮她准备物理考试。就这样，我见到了她可爱的家人们。接下来有一段时间，我们没有见面。直到9个月后我才见到她，她告诉我她已经决定不学医科了，而是准备改学文学，这个专业不需要那么长的学制。啊，这可真是个好消息！

在大学的最后一年，艾尔薇亚跟我的关系逐渐稳定，我们一同度过了许多个周日下午。我们常常去维琴察周边的山上，花很多时间散步。我们骑着我心爱的伟士牌（Vespa）150摩托车去山里，这辆车是我用自己在奥利维蒂工作时攒下的积蓄买的。我们也常常沿着寂静谷（Valle del Silenzio）去安德烈亚·帕拉迪奥（Andrea Palladio）设计的圆厅别墅（Villa Rotonda）。我们俩都非常开心，心中满怀热情！

回到校园，在三年级那一学年的10月，我完成了所有该年度的考试，并且开始了时长要求至少一年的实习。实习对于毕业论文来说是必需的。我被分配到一家物理学研究机构的地下办公室。我决定准备一篇关于"飞点扫描仪"的实验论文。飞点扫描仪是一种用于自动读取火花室图像的仪器。论文需要我设计并建造一个高级光电反馈系统，以获得这类自动测量仪器所必需的精确度。

我想要在下一年的10月毕业，尽快开启新的职业生涯。所以我不遗余力地投入到余下的四门考试中去，还有英语和法语的能力测试，以及毕业论文的相关工作。而论文就需要花上这一年中至少一半的时间。

1965年，我带着"优异学业成绩"（summa cum laude）的荣誉毕业了，总共花了不到四年的时间。获得这份荣誉让我非常高兴。那天，艾尔薇亚来参加我的毕业典礼。在随后的招待会上，她坐在我身边。招待会是在学校主入口对面的著名高级餐厅佩德罗齐（Caffè Pedrocchi）举行的。我记得她穿着一身绿色的连衣裙，裙子非常合身。我真的很以她为傲。终于毕业了，我可以好好考虑我们的婚事了，我这么思忖着。不过，我得先找一份工作。

新的工作经历

值得感恩的是，很快我就获得了一份助理教授的职位邀请，而且是有薪酬的。在当时，这是很特殊的，因为那些想要走学术道路的最优秀的学生，往往得到的是不拿薪酬的义务助理教授职位，而且这样的情况还得持续好几年。我的工作是向三年级的物理专业学生教授电子实验室课程，同时继续我在飞点扫描仪方面的研究。但那一学年结束后，也就是1966年的夏天，我决定离开大学，加入刻瑞斯（CERES）。这是米兰的一家初创公司，是由我在奥利维蒂的前领导西巴尼博士创立的。

之所以作出这样的决定，原因有很多。最首要的是经济方面的，因为大学给我的工资不足以让我支撑起一个家庭的开销，而这个条件对我的未来而言，没什么可以商量的余地。因此我决定进入产业界，尽管我也曾后悔没能进一步深入研究物理学和数学方面的知识。

刻瑞斯是一家员工人数不到12人的小公司，致力于开发薄膜电路。刻瑞斯也是通用微电子公司（General Microelectronics，简称GMe）在意大利的代表，而GMe是世界上第一家金属氧化物半导体（MOS）集成电路公司。几年前GMe就在硅谷成立了，它的两位创始人是从仙童半导体（Fairchild Semiconductor）出来的。他们的第一件商用产品是

20 位动态移位寄存器。

入职后不久,我就被派到位于美国加州森尼韦尔(Sunnyvale)的 GMe 总部,学习为期一周的 MOS 技术课程。这门课程是很有必要的,在学习了这门课之后我才能清晰地向意大利的潜在客户介绍 GMe 的技术和产品线。前往硅谷时,我有生以来第一次乘坐了商用喷气式飞机。之前我唯一一次的飞行经历,是乘坐老式的比奇双引擎飞机绕着维琴察飞了一小圈,那是我在罗西学院时获得的一项梦寐以求的奖励。我发现旧金山湾区(Bay Area)充满活力。在那里,我看到的是一个开放的社会,一个超大型的城市,活力满满,人才济济,与我在意大利所经历的封闭环境完全不同。

从美国回来以后,我们收到了来自罗马大学的订单,他们订购了 10 台 100 位动态 MOS 移位寄存器,这是当时 GMe 所生产的最先进的产品。不幸的是,GMe 从未交付过这些产品,几个月后,这家公司就被卖给了美国无线电公司(RCA)。我们后来才知道,其实 GMe 从未掌握过可靠的生产技术来制造 MOS 集成电路。结果就是,我在刻瑞斯的工作就到此为止了,因为工作中最有意思的部分已经没有了。幸运的是,为期一周的 MOS 技术课程让我在 SGS-仙童(SGS-Fairchild)找到了一份工作。这是意大利唯一一家生产硅晶体管和集成电路的半导体公司,也是美国仙童半导体双极技术的特许制造商,位于米兰附近的阿格拉特布里安扎(Agrate Brianza)。而美国仙童持有 SGS-仙童 30% 的股份。

我就职的是全新的研发部门,直属领导是工程师法比奥·卡波卡恰(Fabio Capocaccia)。他之前也在博尔戈隆巴多的奥利维蒂实验室上班,我在那里就认识他了。由于我先前在加州上过 MOS 的短期培训课程,领导就给我安排了任务,让我从头开始,开发 SGS 的第一项 MOS 处理技术。SGS 已从仙童半导体那里拿到了几项技术报告,报告中介绍了二氧化硅和单晶硅之间界面的物理性质,因此,我能在短时间内不费太多力气地完成了工作。开发完这项技术的制造工艺后,我还设计了 SGS 最早的两款商用 MOS 集成电路（MOS 制造工艺的细节可参见附录一）。

我们的婚礼和蜜月

与此同时，我与艾尔薇亚的关系也到了谈婚论嫁的地步。我向她求婚，她很愉快地答应了。此时我就该正式请求她父亲的同意了，这在当时必不可少。我感到些许紧张。有好几个礼拜，我都在担心我未来的岳父鲁道夫（Rodolfo）对我的请求会有怎样的反应。

最终，决定命运的那一天还是来了。艾尔薇亚带着鼓励的微笑过来给我开门，带我去了她父亲的书房，留下我们俩单独相处。鲁道夫教授衷心地欢迎了我，但这还不足以让我消除尴尬。他的蓝眼睛注视着我，仿佛刺透了我，我的脑袋顿时一片空白，好不容易才挤出几个预先排练好的词。此时，鲁道夫为我解了围，他告诉我，只要我爱艾尔薇亚，他愿意让我娶她。太好了！这下我如释重负，欣喜万分，我真该抱抱他。那天晚上，我还受邀留在他们家吃了晚饭。几天后，我带父母来到他们家，举行了正式的订婚仪式。

从那之后，我就能自由地出入艾尔薇亚家了。他们家人对我非常欢迎，我跟她的弟弟妹妹相处得也很融洽。一天晚上，我甚至还在他们家过夜了——这个我要解释，可不要误会。在那个年代，还没举行婚礼就跟未婚妻在同一屋檐下睡觉是不合适的，除非发生了绝对紧急的情况。而这正是 1966 年 11 月 4 日发生的事情：巴吉廖内河（Bacchiglione River），河如其名（这个名字源于"bacaliare"一词，意思是"哗哗作响"），它翻腾着越过了堤岸，而此时我正好在艾尔薇亚的家里。

当时我们都只顾着聊天，没有留意外面的情况，直到水漫进了花园。经詹弗兰科（Gianfranco，艾尔薇亚最年长的弟弟）提醒，我们来到大雨倾盆的室外，淌着已经淹没到脚踝的水，冲进车库，去拯救我心爱的伟士牌摩托车。那个车库只比地面高出一点点的位置。这次抢救很成功,不过我们已经从里到外湿透了。

艾尔薇亚的母亲玛丽亚(Maria)赶紧给我打了一大盆热水,让我暖暖脚。谢过她之后,我立马脱下鞋袜,长舒一口气,将脚浸在水里,眯起眼睛来享受这份温暖。待我睁开眼睛时,我发现艾尔薇亚的弟弟妹妹都聚在厨房里,一脸疑惑地看着我。

为了避免成为目光的焦点,我就邀请他们过来和我一起。艾尔薇亚和几个妹妹很快接受了,我们一起泡脚、玩水。艾尔薇亚的祖母安娜(Anna)看见这个场景,觉得这样的行为很不妥,因为在那个年代,女孩子即便只是露出脚踝也是不行的。"脚又不会发生性行为!"在一片欢声笑语中,我赶紧向她保证。尽管我们玩得很开心,1966 年的那次洪水还是很可怕。艾尔薇亚家所在的纳扎里奥-萨乌罗(Via Nazario Sauro)变成了一片泽国。要离开屋子是不可能了。所以,我留下来吃了晚饭。夜里,我向艾尔薇亚道了晚安,给了她一个非常纯洁

图 5 艾尔薇亚与作者在订婚仪式上(1966 年)

的吻，就躺在鲁道夫教授书房的沙发床上睡下了。

1967年9月2日，我们的婚礼在圣伯多禄（San Pietro）教堂举行，由与我们相识已久的本堂神父堂·阿德里亚诺·马塞托（Don Adriano Masetto）主持。我们在多洛米蒂山脉（Dolomites）度了蜜月。我从幼时起就很喜欢那里，先前已经在那里度过几次假。但艾尔薇亚只在意大利著名作家迪诺·布扎蒂（Dino Buzzati）的笔下领略过，布扎蒂在他的作品中常常写到"那被白色峭壁包围的巍峨的多洛米蒂山谷"。艾尔薇亚也见过布扎蒂一幅很有名的画，画中米兰大教堂被转化成了由多洛米蒂岩石构成的尖塔。我提议在这个仙境度蜜月，她很高兴地同意了。

我们从那些风光旖旎的山峦下来，回到山谷。这也就意味着我们回到了阿格拉特布里安扎，住进了租来的公寓里。婚礼前一周我们才刚刚把屋子装修完。

1967年年底，SGS问我是否有兴趣前往加州参加SGS研发和仙童研发之间的工程师交流计划，为期六个月。对我而言，这是回到硅谷的绝佳机会，而艾尔薇亚也迫不及待地想去看看旧金山和加州了。离开意大利前夕恰逢圣诞假期，我们又回到了钟爱的多洛米蒂山脉，花

图6 婚礼现场（1967年）

了一个星期的时间,在银装素裹的山坡间尽情地滑雪。经历一番放松之后,我们满怀期待地踏上了新的旅程。

1968年2月9日,我们到达了宾夕法尼亚州的费城。在那里,我和我的领导卡波卡恰一起参加了由电气电子工程师学会(Institution of Electical and Electronics Engineers,IEEE)组织的一场半导体技术会议。接下来,在去旧金山的路上,我们参观了华盛顿特区和新奥尔良,又在西弗吉尼亚停留了几日,探望了一位朋友。

第二章
我的第二段人生

世上任何卓越的成就都缺不了热情。

——格奥尔格·威廉·弗里德里希·黑格尔（Georg Wilhelm Friedrich Hegel）

我们一眼就爱上了这个地方：此时湾区的圣克拉拉谷（Santa Clara Valley）正春暖花开。我们终于来到这片充满机遇的土地，这片全世界青年心驰神往的热土。我带着任务来到仙童半导体，这是当时世界上最先进的半导体公司。

大约两周后，我们租下了山景城（Mountain View）一间小而精致的公寓。屋子离我工作的地方——位于帕洛阿尔托（Palo Alto）的仙童半导体研发实验室不远。1968年2月下旬，我开始上班。上班的第一天，我被叫到了迪克·奥尔德里奇（Dick Aldrich）的办公室。迪克是一位双极工艺工程师，已经在这间实验室里工作了多年。他这个人虽有些寡言少语，但其实非常友善。很快他就邀请我们去他在森尼韦尔的家里，与他的妻子和两个孩子一起吃饭。艾尔薇亚和我去他家的时候买了一瓶很不错的红酒，这种做法的依据是意大利的习俗和欧里庇德斯（Euripides）的警世名言："没有酒的地方就没有爱，也不会有凡人的快乐。"让我们感到意外，甚至有些尴尬的是，他们家的餐桌上只有水、牛奶和软饮料。我不知道迪克一家是不喝酒的。我们好心办了错事。后来我发现，美国有很多餐厅会在餐前提供含酒精的鸡尾酒，但在用餐的时候一般是没有酒的，这对意大利人来说可真奇怪，因为对意大利人来说酒是午餐和晚餐不可或缺的一部分。

那段时间，我还结交了丹尼·真蒂莱（Danny Gentile），他在仙童担任工艺技术员。他出生在意大利普利亚(Puglia)地区的法萨诺(Fasano)，和他的意大利裔美国妻子以及三个孩子一起，在圣何塞（San Jose）生活了很多年。艾尔薇亚和我常常受邀周日去他家中，一起烧烤、聊天，直至深夜。

丹尼有一项爱好就是购买、收藏和转售意大利车，比如法拉利（Farrari）和阿尔法·罗密欧（Alfa Romeo）的车。他已经成了机械专家，车库里总是有几辆车供他操作。我需要一辆车的时候，他就找了一辆他用过的1962年的雪佛兰黑斑羚（Impala）给我，我直接从他手上买了这辆车。由于SGS晚了两个月发我工资，我在经济上出现了一些困难。丹尼于是借了我500美元，让我可以负担基本的开支。我非常感激他的雪中送炭。

图7 作者夫妻与他们的第一辆汽车——1962年的雪佛兰黑斑羚（1968年）

品尝美酒是我与仙童公司的几个朋友一起分享的一桩美事，他们是查克·斯蒂尔（Chuck Steele）、萨尔·卡尼纳（Sal Cagnina）和汤姆·孟席斯（Tom Menzies）。他们也像罗伯特·路易斯·斯蒂文森（Robert Louis Stevenson）[1]那样，认为"酒是瓶装的诗歌"。他们也同意大仲马（Alexandre Dumas）所说的，"酒是一餐中的智性部分"；品达（Pindaro）[2]所说的，"酒能让灵魂和思想得到升华，也能驱散人心中的焦虑"；还有伽利略（Galileo Galilei）所说的，"酒不过就是阳光，混合了葡萄的湿润罢了"。我们一起做了许多的盲测，充分证实了这样一种说法：酒的价格与口感，不像人们以为的那样相关。我们夫妻俩跟他们一直保持联系，直至今天还会偶尔见面。不得不说，我觉得在硅谷跟人交往比在阿格拉特布里安扎容易多了。

> 我们欢欣雀跃，很快又泪流满面。
> ——但丁，《尤利西斯》（the Song of Ulysses）

平日周末，艾尔薇亚和我常会去美丽的旧金山湾区周边的城镇，太平洋沿岸的海滩、村庄和公园，尽情享受这片土地上的旖旎风光。仲春的时候，艾尔薇亚告诉我一个好消息：我们要有一个宝宝了！

我们的第一个孩子，安德烈亚·鲁道夫（Andrea Rodolfo），于1968年12月31日出生了，比预期的早了六个星期。他看上去很完美，以致医生没有意识到他的肺其实还没完全长好，所以他未能及时地被放进恒温箱里。医生们注意到事情不对时，为时已晚。我们的小宝宝耗尽了所有的力气，拼命地想要自己呼吸空气。1968年年底，他来到人世。1969年年初，他离开人世。两天内，他经历了两个年份，也经历了生与死。

---

1 罗伯特·路易斯·斯蒂文森（1850—1894），苏格兰作家，代表作有小说《金银岛》《化身博士》《绑架》《卡特丽娜》等。——译注
2 品达（公元前518年—前438年），古希腊抒情诗人。——译注

这份痛苦太沉重了。他是个漂亮的孩子。

人的一生中，有充满狂风和愤怒的日子，有充满阴雨和痛苦的日子，有充满泪水的日子；但接下来也会有充满爱的日子。正是爱，给了你勇气，让你可以坚持下去，度过其他所有的日子。

——罗马诺·巴塔利亚（Romano Battaglia）[3]

《无尽的夜》（Infinite Night）

仙童半导体，硅谷之父

1957 年，八位从肖克利（Shockley）半导体离职的工程师创立了仙童。这八位创始人中包括罗伯特·诺伊斯（Robert Noyce）、戈登·摩尔（Gordon Moore）、琼·霍尔尼（Jean Hoerni）和杰伊·拉斯特（Jay Last）。仙童最初的使命是开发制造硅制双极结型晶体管，以满足新生的美国航天业对于高速和严格可靠性的需求。先前的锗基技术已经走到了尽头，航天业需要性能更好的半导体材料。有意思的是，1957 年，全美锗制晶体管的总产量大约是 3000 万个，而今天，一枚价值不超过 1 美元的芯片就包含了超过 3000 万个晶体管，而且这片芯片还包括了所有这些晶体管之间的互连。在当时，这种工艺是完全无法想象的。

创立几年后，仙童就成了新生的微电子业中的头部企业。这要归功于平面工艺的开创性发明，而发明人正是公司联合创始人之一琼·霍尔尼，他是一位瑞士工程师。在那个年代，晶体管一次只能制造一个。有了霍尔尼的发明，晶体管就可以实现多个并排制造，在纯晶体上切下来的单晶体硅薄片表面上同时进行。那片硅片被称为晶圆（wafer，图 8）。

平面工艺基于先前的一项发现，即二氧化硅可以作为掺杂剂的屏障。人们可以通过在晶圆表面生长氧化层，然后在其中需要结（晶体

---

[3] 罗马诺·巴塔利亚（1933—2012），意大利记者、作家。

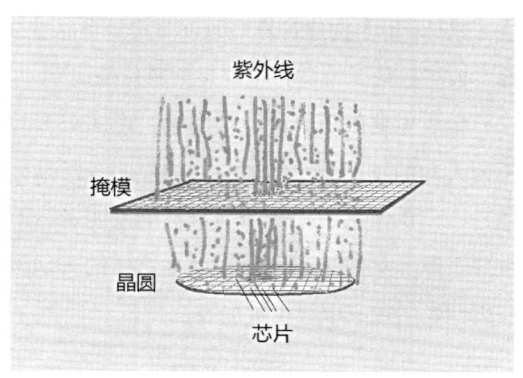

图8 此图像说明了基于光刻的平面工艺的本质。晶圆上覆盖着一层薄薄的感光乳剂，叫做光刻胶，对紫外线很敏感。一束光穿过具有透明和不透明区域的掩模。有光照射的地方光刻胶会变硬。在接下来的处理步骤中，化学侵蚀会去除不受硬化光刻胶保护的材料（作者自绘）

管的有源部分）的地方打开窗口，以此来利用这种特性。这可以通过使用光刻工艺，然后进行化学蚀刻来完成，这种方法类似于已有的制造印刷电路板的方法。

去除氧化物后，结通过先前沉积在硅中的适当杂质（掺杂剂）的热扩散而形成。典型的掺杂剂是硼、磷和砷。在工艺结束时，晶圆被切割成单独的晶体管，然后单独封装。

霍尔尼的工艺极大地减少了晶体管的体积和成本，大幅提高了其性能。最重要的是，它使单片集成电路成为可能，这是微电子的真正革命。有了平面工艺，彼此相邻的晶体管也可以直接在晶圆上互连。换句话说，人们不需要单独封装晶体管，再将它们与印刷电路板上的其他组件互连在一起，而是在晶圆自身中，印刷电路板就能发挥相同的功能。

但我们还缺少一种将晶圆内每个晶体管绝缘、不让晶体管相互干扰的方法。晶体管被物理切割和单独封装时，是不需要绝缘的。仙童半导体的负责人罗伯特·诺伊斯发明了一种工艺来解决这个问题，他第一次使单片集成电路（IC）的生产成为可能。1961年，杰伊·拉斯特设计出第一款商用IC，一个简单的电阻晶体管逻辑门（RTL）。1962年，该产品首次进入市场。

9年后，通过在单个集成电路中结合可编程计算机的全部功能，微处理器诞生了。微处理器代表了一个根本性的质的飞跃，因为部分变成了整体。用于构建计算机的许多集成电路变成了单个芯片。于是,"计算"成了一块单片硅,也就是微芯片的属性。

集成电路的历史是一个例子,说明众多的基础发明是深植于以往不为人知的发明之上的。最终的发明者常常把整个发明过程归功于自己,人们也常常把功劳归给最终的发明者,而没有认识到前人所作的重要贡献。集成电路的历史就是这样的一个例子,因为琼·霍尔尼的开创性发明在其中很少被提及。

集成电路的历史

1952年5月7日,杰弗里·达默(Geoffrey Dummer)在美国电子元件研讨会上首次提出了集成电路的概念。他宣称:"现在,在无线的实心块中放置电子元件,是可以想象的。"这一预言的时代背景,是产业界刚刚成功制造出锗制双极晶体管。然而,达默从未能将自己的理念落实为一种工作装置,即便他为之尝试了很多年。

德州仪器(Texas Instruments)的杰克·基尔比(Jack Kilby)于2000年获得了诺贝尔奖,获奖原因是他于1959年发明了他称之为"集成电路"的东西。然而,这个电路却并不是一种单片装置,因为它需要在一个小包装里放置单独的元件,还需要手工绕线。这种工艺既昂贵,也不能量产。据基尔比说,单独元件之间的互连将来是一定要在一次操作中完成的。但是,说起来容易做起来难,这从来未能实现。霍尔尼的平面工艺,加上诺伊斯的晶体管绝缘工艺,得出了一种优越得多的制造方法。

平面工艺是一项开创性的发明,提供了唯一可操作的单片集成电路制造方法。这一发明受到了全世界微电子业的广泛接受,至今仍在使用。使用平面工艺制造的晶体管和集成电路一开始非常昂贵,因此最初的应用范围仅限于美国导弹与空间项目,因为这些项目对小尺寸、低能耗、高性能、高可靠性的要求是最高的。但平面工艺的潜能是巨大的，一段时间后，随着晶圆直径的增加，集成电路中的单个晶体管的成本指数级下降，同时晶体管的物理尺寸也减小了。因此，集成电路的数量不断增长，其中的晶体管数量也不断增长，其背后的原因是，用于生产晶体管的晶圆的直径有了大幅提升：从最初的不到2厘米，扩大到20世纪90年代末期的30厘米。这个尺寸一直沿用至今。

要实现低成本的根本性目标，只需要生产相对少量的标准化部件，因为集成电路的单位成本，是随着生产的累计单位数量的增加而降低的。然而，电路的设计师负责的是彼此独立的元件，他们反对标准化，认为他们的电路所进行的操作，是标准化的集成电路不可能做到的。当然，他们之所以抵触，与其说是出于这个表面上看起来颇有道理的说辞，毋宁说是出于恐惧，因为集成电路可能会抢了他们的饭碗。一开始的这种反对是观念上的，减缓了人们接受集成电路的速度。但当集成电路的价格变得足够低的时候，这种抵抗就失去了战斗力，真正理性的做法就能占领舆论的高地。

在产量获得大幅提升、成本相应地大幅降低之时，标准化集成电路的接受度迅速增长，由此建立起了一个至今仍运作良好的良性循环。微处理器给出了最后一击，因为它具有可编程性，允许人们使用软件来定制相同的元件（尽管是在系统层面而不是在电路层面），从而完全消除了最初的问题。而且微处理器还赋予系统设计师一开始被标准化所剥夺的自由。

1965年之后，集成电路的价格已经降了很多，这使其在许多新产业和新商业上都可以得到应用，由此也就借由新兴市场促进了半导体产业的迅速发展。1965年，时任仙童半导体研发实验室主任的戈登·摩尔注意到，自1962年起，单个集成电路中晶体管的数量每年会翻一番。摩尔大胆地预言，这样的趋势将往后延续十年。他的预言一点没错，而且还被人们铭记为"摩尔定律"。

当然，这不是放诸四海皆准、永恒不变的物理定律。显然，这种指数型增长也不可能无限制地发展下去，而肯定会放缓，因为晶体管的物理尺寸会达到制造晶体管的原子无法再缩小的尺寸。事实上，逻辑集成电路翻倍增长的时长，从 1965 年的 1 年，增长到了 2013 年的 3 年，1970 年至 2013 年的平均值是 2 年。鉴于翻倍增长的速度逐渐放缓，摩尔定律为产业界提供的是一个非常宝贵的用于规划和预测的工具。

MOS 硅栅技术

1959 年，也就是在仙童半导体发明平面工艺的同一年，贝尔实验室（Bell Labs）的姜大原（Dawon Kahng）和约翰·阿塔拉（John Atalla）发明了金属氧化物半导体场效应晶体管（MOSFET）。这是另一项开创性的发明。MOSFET，简称为 MOS，使用的操作原则是迥异于双极晶体管的。在 MOS 晶体管中，信号放大是通过控制硅和二氧化硅（SiO$_2$）界面处的导电性来实现的。这种控制很容易通过改变施加在电极上的电压来实现，而这个电极被称为栅极，被放置在一片轻薄的氧化物绝缘层上，该绝缘层则将源极和漏极的两个结桥接起来（图 9）。

MOS 晶体管较之双极晶体管更小、造价更低，但运行慢得多，也不那么可靠。因而，第一批使用双极晶体管的集成电路的操作原则，跟第一批锗制分立扩散晶体管的原则是一样的。1968 年，MOS 集成电路的产量不到集成电路总体产量的 5%，其可靠性也不足。产业界耗费

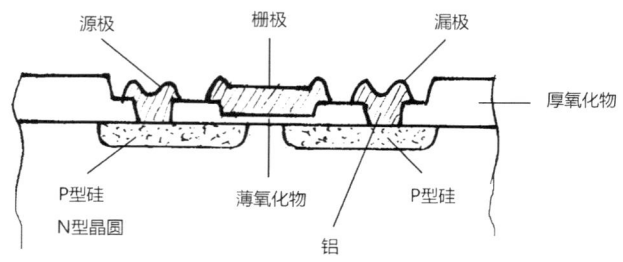

图 9 带铝栅极的 P 沟道 MOS 晶体管的横截面。通过向栅极施加负电压，可在薄氧化物和 N 型硅之间的界面处创建一个导电沟道，使得电流在 P 型源极和漏极电极之间流动。请注意，栅极与形成源极和漏极的 P 型硅明显重叠，从而产生"寄生"电容，降低晶体管的开关速度（作者自绘）

了很多年才学会了制造可靠的 MOS 集成电路。

我加入仙童研发实验室的时候，被指派到了由莱斯·瓦达斯（Les Vadasz）负责的 MOS 工艺研发部。这样我就有了两位领导，因为我仍在向意大利 SGS—仙童的卡波卡恰汇报工作。我踏进实验室的当天，瓦达斯就给了我两个项目，让我选择其中一个：设计一种特殊的动态 MOS 移位寄存器，或开发一种使用硅代替铝制成的栅极的自对准 MOS 技术。

我选择了后者，因为我记得卡波卡恰跟我提过自对准的概念，我很清楚这项技术的优势在于它能减少寄生电容的不利影响，尤其是漏极和栅极之间的电容。寄生电容会大幅降低 MOS 晶体管性能，是不需要的电容。栅极和漏极之间的重叠电容尤为有害，因为它的影响在开关操作期间会乘以远大于 1 的因子。

硅栅工艺的发明

> 不要放弃。在奇迹出现前一个小时，你若放弃就是在冒险。
>
> ——阿拉伯谚语

第一批使用非晶硅来制作硅栅晶体管的工程师是贝尔实验室的约翰·C. 萨拉斯（John C. Sarace）和他的同事们。然而，还没有人发明出制造使用硅栅的集成电路所需的工艺架构。贝尔实验室的方法只能用来制造分立晶体管，而不是集成电路。在此之后，为瓦达斯工作的工程师汤姆·克莱因（Tom Klein）测量了通过使用重度 P 掺杂硅代替 MOS 晶体管栅电极的铝可获得的阈值电压差异。这无需构建实际的硅栅极晶体管即可轻松完成。克莱因发现，MOS 晶体管的阈值电压可以降低 1.1 伏，在速度和功耗方面具有重要优势（见附录一）。瓦达斯告知了我汤姆·克莱因的实验，但没有告诉我贝尔实验室所做的工作。其实他和克莱因对贝尔实验室的工作都很了解。我直到项目成功完成之后才知道这些事情。

在这个项目中，我最紧要的任务是：

（1）发明制造隔离自对准硅栅晶体管的新工艺架构；

（2）开发沉积硅图案的精密蚀刻方法；

（3）详细设计新的制造工艺；

（4）设计适用于测量新工艺所有关键参数的测试模式。

这些任务完成之后，我需要设计一个使用硅栅的集成电路，证明其与使用金属栅极工艺等效生产的芯片相比，性能和可靠性都有明显的优势。

我花了很多天时间，想要搞明白什么才是正确的工艺架构。我咨询了公司里所有的专家，其中包括瓦达斯和克莱因，但他们也不知道怎么做。大约一周后，我突然想到，如果我首先在应该存在于整个 MOS 器件的初始氧化物中蚀刻一个"阱"（tub）的话，就可以解决这个问题（图 10）。

相较于创建金属栅 MOS 晶体管的老方法，这种方法是全新的。在新方法中，第一步是区分源和漏的不同区域（附录一中的图 A1）。这个发明对于制造自对准栅极来说是必不可少的。就像许多凭直觉产生

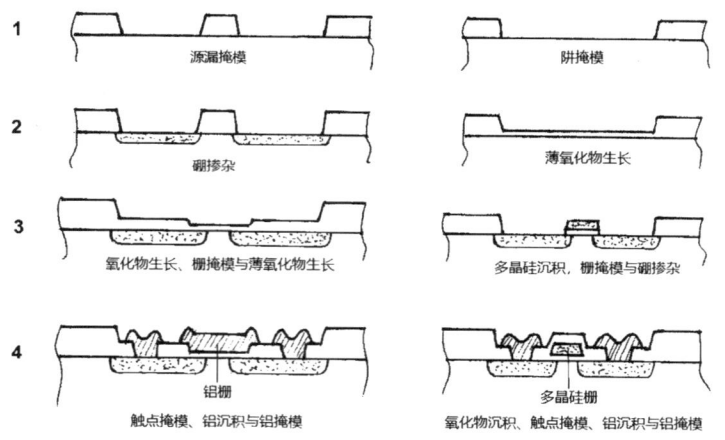

图 10　本图展示了 MOS 晶体管的四个部分，用来说明金属栅晶体管（左）与硅栅晶体管（右）之间的基本区别。区别是很明显的，尤其是在工艺进行的早期阶段。请注意，硅栅极技术（SGT）晶体管的栅极电容，尤其是寄生的栅极至漏极电容，远低于金属栅极版本。与金属栅极相反，使用 SGT，此电容也不易受因第一个掩模的栅极未对准而导致的变化影响。此外，多晶硅栅极被掩埋在氧化物之下，可以让铝穿过栅极，这是金属栅极无法做到的（作者自绘）

的想法一样，人们只有在想到它之后，它才变得显而易见。使用铝和使用硅栅的 MOS 技术的相关细节，以及二者之间的比较，对于大多数读者来说未免太技术性了。这些具有历史重要性的材料鲜为人知，即使在专门的文本中也很少有人讨论。我在附录一中加入了这些内容，方便感兴趣的或有该方面技术背景的读者阅读。

接下来的问题是，怎样以最有效的方式将硅栅和结连接起来。用铝条来连接是可以的，但这样就需要使用大量宝贵的区域。于是我想到了一个办法，就是创建一个埋入式触点（附录一）。有了这样一个触点，非晶硅就能直接连上结，不需要使用铝。这种方法需要一个额外的掩蔽操作，但作为回报，它会大大增加电路密度，因为这样金属线就可以在掩埋触点上运行了。因为我已经在 SGS-仙童累积了集成电路布局的经验，这样的想法对我就极为有用，特别是对于密度主要受金属互连限制的逻辑电路而言。

到岗大约十天后，我向瓦达斯和克莱因说明了我使用硅栅来制造 MOS 集成电路的想法（附录一）。瓦达斯认可了我的工艺架构，但他说埋入式触点是不可能成功的。我恭敬地表示，我不同意他的评估，于是他就禁止我将想法付诸实施。

我这个领导是那种说一不二的人，所以我决定不跟他起正面冲突。我受到的教育是要服从权威。不过，几周后，我开始了测试模式的设计，我决定将几个结构也包含进去。这些结构能方便我构建好埋入式触点，并对其进行表征，因为这不会增加成本，而且我也想要看看我的想法能否成功运作。我确定，这将会消除 MOS 技术的一个主要限制。

将埋入式触点添加到自对准栅极，也就是"埋"在氧化物下方，能够实现与使用两层金属相同的互联密度。而使用两层金属的技术在当时尚不可行。这是一项关键的优势，因为这几乎使 MOS 随机逻辑电路的电路密度增加了一倍。几年后，设计微处理器确实成为了必然。

接下来的步骤是开发蚀刻硅的化学方法。没人知道怎么做。在读了一篇讲解怎样用硝酸和氢氟酸的混合物溶解硅的论文之后，我决定通过在去离子水中稀释不同比例的两种酸来进行实验。经过多次尝试后，我找到了在硅和二氧化硅之间实现最佳差异蚀刻速率，同时保持出色的尺寸控制的最优比例。

为了实现这个目标，我耗费了十天的时间和一双崭新的鞋。那双鞋之所以报废，是因为一滴地狱般的溶液洒在了我的左脚上。幸运的是，腐蚀穿过了鞋子停留在了袜子上，没有碰到我的皮肤。晶圆工厂的操作员们后来把这个溶液称为"弗雷迪腐蚀剂"。弗雷迪是他们给我起的昵称。

仙童3708，第一款使用硅栅极技术的商用集成电路

为了对我刚开发的新工艺进行进一步表征和优化，我设计了一个测试模式，并称之为XTPG（硅栅极的实验测试模式），其中包含适用于测量新技术关键参数的所有类型的结构，包括埋入式触点。每批次晶圆的"运行表"（run sheet）对制造工艺进行描述，制造工艺被称为"运行"（run）。运行表从工艺开始到结束，逐步描述所有要执行的操作顺序，从启动到完成，以及所使用的设备及其设置。到1968年4月底，我已经设计并微调了整个工艺的运行表，制造出了第一个使用硅栅极的MOS晶体管。

由于这些早期器件的特性很有前景，所以是时候用新的工艺技术设计一个完整的集成电路，并将其性能与具有铝栅极的类似器件进行比较了。制造工程师告诉我们，仙童3705是公司最难生产的产品。这是一个具有严格规范的解码逻辑的8端口模拟多路复用器。他们说，如果硅栅极技术（SGT）能够改进它，那它将会产生巨大的价值。我们很好地证明了这一点。

仙童3708成了世界上第一款带自对准栅极的商用MOS产品。它取代的是使用金属栅极技术（MGT）的仙童3705。而且，3708提供了一个便利的平台，如有必要，可以进一步对SGT进行表征，改善其性能。

仙童3708由8个大型晶体管组成（图11），这些晶体管必须尽可

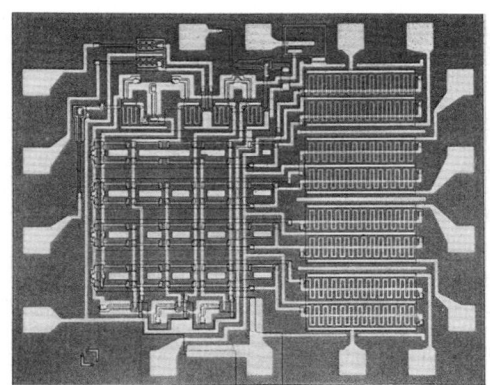

图 11 仙童 3708,世界上第一款使用 SGT 的商用集成电路。这款设备于 1968 年年底首次发售,较之使用金属栅的仙童 3705,其性能优越得多。图片右侧的蛇形图案是大晶体管的栅极。相较仙童 3705,其导通电阻要低 3 倍,关断电阻要高 100 倍

能地像理想开关一样工作。这意味着,当其中一个晶体管处于活动状态时,它的电阻必须非常低;当它处于非活动状态时,其漏电流必须小到可以忽略不计。此外,开关速度必须尽可能快,这是另一个难以满足的要求,因为这些晶体管的输入电容很大。这种芯片还包含一个解码器,因此可以通过简单地使用 3 比特地址来选择每个晶体管。最难控制的参数是漏电流,主要原因是硅中存在杂质,而且结占用了较大面积。

在一名版图绘制员的帮助下,我花了几周时间完成了仙童 3708 的电路设计和版图设计。然后,是制作掩模的艰苦过程。整个过程持续了数周,终于在 7 月初,首批 3708 晶圆制作完成。仙童 3708 立刻开始运行,它的性能远超 3705。我可真是太高兴了,接下来就将眼光投向了对 SGT 的表征。

这项任务需要准备一些特殊运行,其中某些关键工艺参数是被有意操纵的,以此模拟其在生产中所允许的最大变化。在这个过程中,我非常失望地发现,非晶硅往往会在阴掩模所产生的高氧化物台阶上断裂。我本不应该对这项发现感到惊奇,因为非晶硅是使用与铝沉积相同的方法真空蒸发的,而这种方法中已经存在类似的问题。

幸运的是,仙童还有另一种制作硅膜的方法,就是在低压和 650 至 750℃ 的温度下,使用硅烷(SiH_4)化学分解的工艺。这种方法生产

出来的是多晶硅，而不是非晶硅，其晶粒尺寸上至 10 纳米，具体大小取决于其生长条件。这个问题得到了很好的解决，因为硅原子像雪一样从各个方向沉积，从而适当地覆盖了阶梯，而不是像使用真空蒸发时那样，原子射线只来自一个方向。这个，以及阱掩模，是贝尔实验室使用非晶硅栅极制造的具有公共源极的晶体管的另一个重要区别。

过了一段时间，我发现双极组已经开发出一种工艺，能够大幅减少晶圆中的杂质。这种工艺主要是沉积一层蒸汽氧化的保护层（通过化学分解获得的二氧化硅），再在晶圆背面进行重磷掺杂。然后将晶圆置于 800 至 900℃ 的温度范围内，在硅中扩散的磷就会像海绵一样，在高温下分离自然向其扩散的杂质。再通过化学蚀刻，去除具有高浓度杂质的硅层。这种工艺被称为磷吸杂，它可以大大减少由于杂质引起的漏电流和其他问题，显著提高 MOS 集成电路的长期可靠性。

同样的方法是不能在金属栅 MOS 集成电路上使用的，因为铝在 600℃ 以上的高温下会很快扩散进硅中，而多晶硅则能承受 1200℃ 以上的高温。磷吸杂将 MOS 集成电路的漏电流降低了 100 倍以上，并消除了偶尔会影响铝栅极 MOS 器件的残余阈值电压漂移。最终，MOS 集成电路的长期可靠性达到了双极集成电路的水平，消除了无条件采用 MOS 技术的另一个主要障碍。

低漏电流在动态随机存取存储器（DRAM）的开发中也非常重要，其中的 1 比特由存储在 MOS 晶体管栅极中的电荷表示。如果由于漏电流过大而导致电荷消散过快，则无法使用此方法。

有了仙童 3708，SGT 和 MGT 之间的比较就很简单了，因为这两种芯片的所有关键参数都可以直接进行比较。在进行了各项改进和表征之后，结果是非常明显的。相较 3705，3708 快了 5 倍，漏电流低了 100~1000 倍，模拟开关的导通电阻低了 3 倍。

仙童 3708 芯片的可靠性得到了仙童质保工程师的证明，并于 1968 年晚些时候被推向市场。3708 继续使用我提供的晶圆进行生产，直到后来这项工艺最终转移到了位于山景城附近的 MOS 部的生产部门。

成为美国居民

1968年6月是个值得纪念的月份。首先,SGT和仙童3708的开发得到了认真的推进。其次,到了6月中旬,我受邀在10月于华盛顿特区举行的著名的国际电子器件大会(International Electron Device Meeting,IEDM)上提交一篇关于SGT的论文。这是我第一次在国际会议上作公开演讲。

我还被要求在研发实验室负责人戈登·摩尔面前进行演讲排练。我很高兴自己的作品被选中,但也对此感到惊讶,因为这意味着这个项目还未完成就要被透露给外界。我当时才26岁,还在学英语,正在努力了解美国文化。所以我以为,在美国,事情就是这么做的。

就在同一个月,当时正由鲍勃·诺伊斯领导的仙童半导体出人意料地决意出售他们在SGS—仙童的股份。而此时瓦达斯向我发出了工作邀请,我欣然接受,因为我想要完成我的项目,而且艾尔薇亚和我都没有意愿再回意大利。正式的聘用日期就被定在了1968年7月1日。

7月1日,整个实验室都对戈登·摩尔和鲍勃·诺伊斯的新闻议论纷纷,他俩离开了仙童,创立了一家新公司,这家公司后来被称为英特尔。很快,很多其他员工,包括安迪·格罗夫(Andy Grove)和莱斯·瓦达斯也离开了仙童,加入了这家新公司。我立刻就起了疑心,我怀疑英特尔会使用SGT,因为瓦达斯、格罗夫和摩尔都对我的项目表达过强烈的兴趣。后来我看到英特尔还聘请了那个给我的实验进行硅真空蒸发的技术员,我的怀疑就几乎可以确定了。汤姆·克莱因接替了瓦达斯空出的职位,成了我的新领导。克莱因、瓦达斯和格罗夫都是匈牙利人,他们于1956年匈牙利事件期间逃亡海外。三人彼此间互有联系,瓦达斯和格罗夫已经成了密友。

在过去的四个半月时间里,瓦达斯是我的美方领导,他对我始终保持着就事论事的立场,从未对我作为客座科学家兼工程师的工作表现出过多的欣赏。当我对SGT的可能性感到兴奋的时候,他表现出的不屑一顾曾让我感到些许困惑。这些人居然用我开发的技术来开公司，这实在超出了我的想象。

1968 年 10 月，在华盛顿特区举办的国际电子器件大会[1]上，我展示了 SGT 技术（图 12）。先前在那年的 6 月，戈登 • 摩尔决定向外界公布这项技术，几周后，他就离开仙童，创立了英特尔。

成为仙童公司员工后不久，几个同事就鼓励我买房，他们说这是一项不错的投资，也会有很多的税务优惠。1968 年 8 月，我们决定购买我们的第一栋屋子，我们的想法是为未来的全家人营造一个更稳定的环境。我们跟地产经纪人一起搜索了附近地区，最终决定购买一栋位于库珀蒂诺（Cupertino）山脚下一个尚在开发中的新住宅区里的屋子。当时艾尔薇亚和我还住在山景城的公寓，就是我们刚到硅谷不久租的那间屋子。

这栋屋子的价格高于山景城或森尼韦尔等周边地区的类似房屋，但库珀蒂诺不那么拥挤，离山区也更近。我们还可以选择地块，从六种不同的模型中选择房屋的风格，然后做进一步的定制。我们双方的父母慷慨解囊，借了很多钱给我们用于支付首付。房子在当年的 10 月底开工动土。我们结婚才没多久就能拥有自己的房子，这简直跟做梦一样。

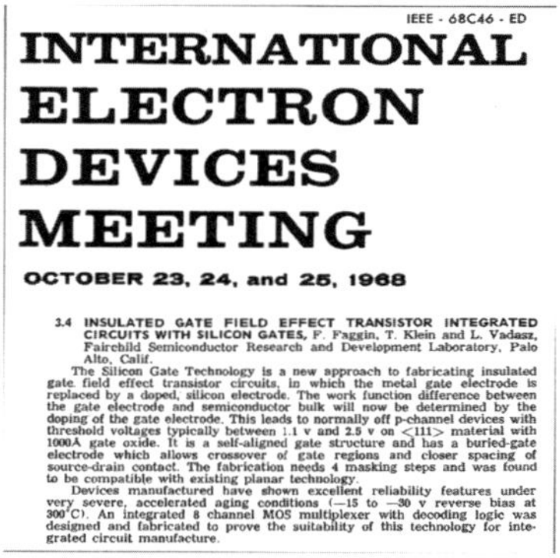
IEEE - 68C46 - ED

INTERNATIONAL ELECTRON DEVICES MEETING

OCTOBER 23, 24, and 25, 1968

3.4 INSULATED GATE FIELD EFFECT TRANSISTOR INTEGRATED CIRCUITS WITH SILICON GATES, F. Faggin, T. Klein and L. Vadasz, Fairchild Semiconductor Research and Development Laboratory, Palo Alto, Calif.

The Silicon Gate Technology is a new approach to fabricating insulated gate field effect transistor circuits, in which the metal gate electrode is replaced by a doped, silicon electrode. The work function difference between the gate electrode and semiconductor bulk will now be determined by the doping of the gate electrode. This leads to normally off p-channel devices with threshold voltages typically between 1.1 v and 2.5 v on <111> material with 1000Å gate oxide. It is a self-aligned gate structure and has a buried-gate electrode which allows crossover of gate regions and closer spacing of source-drain contact. The fabrication needs 4 masking steps and was found to be compatible with existing planar technology.

Devices manufactured have shown excellent reliability features under very severe, accelerated aging conditions (—15 to —30 v reverse bias at 300°C). An integrated 8 channel MOS multiplexer with decoding logic was designed and fabricated to prove the suitability of this technology for integrated circuit manufacture.

图 12 我在 1968 年于华盛顿特区举办的国际电子器件大会上发表的论文摘要，文章公布了 SGT 的开发过程

这个住宅区所在的地方，几个月前还是一个大型的核桃园。由于开发商的远见卓识，他们并没有将树木都砍伐殆尽。在我们的地皮上就留有三棵核桃树，能产出大量的优质核桃。我们很快就学会了如何妥善保存它们，以便全年享用。我们很喜爱这几棵丰产的树，不只是因为它们的果实，也是因为它们给我们带来了乘凉的树阴，给小鸟带来了休憩之所。树上有很多的蓝色小鸟，观察它们放胆嬉戏可真是一

件赏心乐事。我们在屋子旁边种上了杜鹃花、山茶花和灌木月季，我们还把草坪维护得很好。

几乎所有的邻居都是从美国各地或其他国家来到这里，在附近这些正蓬勃兴起的高科技公司工作。很少有居民会说自己是在加州土生土长的。这让我们聚到了一起，甚至让我们对彼此感到更亲近。我们仿佛是拓荒者，尽管我们使用的交通工具是波音客机，而不是马车。

有趣的是，50年后，硅谷依然保留了其作为前沿之地的特色，因为每年都有来自世界各地的工程师和科学家来到这里，带来他们旺盛的活力、精湛的技能和开拓的精神，他们共同努力，建造起了一个日益互联的世界。

"非我所创"综合征

到了1968年年底，3708大获成功后，仙童的管理部门决定将SGT工艺转移到位于山景城的MOS晶圆生产工厂。我的工作基本上已经完成，不过我还要协助生产团队的工作，以防出现问题。我还撰写了大量有关SGT的文件，这些是内部"技术出版物系列"的一部分，用于向仙童公司的其他部门传播成功的技术和项目。

我期待MOS部的芯片设计师们能兴奋地接受这一项卓越的技术，但实际情况并非如此。尽管3708在商业上获得了成功，MOS部却拒绝采用SGT。我在该部门的熟人告诉我，电路设计师抱怨说，使用了SGT的电路版图所需的空间比使用金属栅的要大，跟我先前所许诺的截然相反。这是我第一次遭遇通常人们所称的"非我所创"综合征。之所以这么说，是由于工程师们常常拒绝接受不是由自己团队所创造的东西，即便这项发明是在同一家公司里完成的。

这是典型的大公司病症，也是一个文化问题。仙童的研发部门和执行部门先前已互有敌意，彼此间相互指责，这样问题就更严重了。执行部门的员工抱怨，说自己要给研发部门的科学家和工程师的所有支出买单，他们觉得研发部门的人目中无人，只关心自己的理论。另一方面，研发部门的员工批评执行部门的同事只关心如何解决眼前的问题，丝毫不考虑未来。

我开始明白，为什么有那么多人离开原先的公司，开启新的事业；为什么这个世界需要创业公司带来新的理念。我还意识到，如果一家公司没有浓厚的创新文化，就会拒斥新的理念，因为新理念会带来变革，变革就意味着风险，就需要额外的努力，而这会打乱许多人想要维持的现状。

我收到负面反馈，说使用 SGT 的电路版图存在着种种限制，我难以置信。我立刻要求看一看仙童 MOS 部的芯片设计师制作的测试版图。我非常惊讶地发现，工程师私自将用于金属栅的相同拓扑转换为硅栅，一点都不考虑这两种技术之间存在的"明显"差异。难怪他们从中找不到任何优势！使用硅栅的版图需要的是一种不同的方法，他们却没有动脑筋想一想，而这对我来说是显而易见的事情。

我以为设计师自然会理解怎样使用新技术，但我的推测太想当然了！我应该给他们清晰的示例，让他们知道怎样运用新技术。我太了解自己的创作了，对我来说怎么绘制版图是很明显的，但对他们来说就不是这样了。我准备了一些示例，能够清楚地说明怎样绘制使用 SGT 的版图，也强调了这项技术的优势，尤其是在使用埋入式触点的时候（附录一中的图 A4）。

提供版图示例后，我又收到了新的反对意见。有人说，SGT 不好，因为一旦使用 SGT，他们就无法制作隔离电容了。他们还说，隔离电容对于创建自举负载是必不可少的，而他们几乎在所有的集成电路里都要使用自举负载。自举负载是一种特殊类型的电路，附录一中对此有相关描述，它使得在动态逻辑门中实现输出电压等于供电电压成为可能，从而增强了一种非常有效且广泛使用的设计技术，称为两相动态逻辑，附录一中对此也有说明。这项技术也被称为准静态逻辑，因为它可以轻松地混合静态与动态逻辑电路。

使用原先的金属栅来制造隔离电容很简单，而使用 SGT 则不可能，因为多晶硅阻止了栅极氧化物下结的形成。毫无疑问，设计师提出的问题是有道理的，而且其影响是重大的，尽管它可以很容易地通过一个额外的掩模来解决。我的观点是，SGT 带来的好处足以证明，多一个掩模步骤的成本是合理的，但这不是经理们的结论。

我非常明白自举负载对于逻辑电路的重要性。尽管其他人都已经放弃了制造隔离电容的想法，我还是在继续思考如何解决这一难题。我花了九个月的时间，才认识到，自举负载中隔离电容的金属电极总是以这样一种方式极化：即便在氧化物下面没有扩散，在下面的硅中也会存在一个反型层！换言之，自举负载的操作条件使得多晶硅下方总是存在"虚拟扩散"，即便不存在真正的扩散。

我要做的就是在阱掩膜中创建一大片空间，对应于自举负载晶体管的漏极，并在其中创建一个多晶硅区域（附录一中的图 A6）。我对阱掩模有了同等简单和基本的洞察，这种洞察也让我产生了同样的欣喜：这是贝尔实验室的工程师们未曾想到的。一如往常，问题一旦得到解决，解决方案就仿佛很简单似的。

接下来我设计了一款具有不同自举负载的几何形状的测试芯片，用来验证这一想法是否合理。事实确实如此，芯片运行良好。终于，我和 SGT 的成功之间不再有任何障碍！我强烈希望这项技术能获得首屈一指的地位，这给了我坚持到底的力量，让我可以看到这项技术最终能够 100% 完美地运行，而不是 98%。后来我发现，对于大多数项目来说，最后这 2% 所需的时间、热情和投入，远远超出人们的想象。

瓦达斯离开仙童加入英特尔后不久，我也使用 XTPG 测试模式（附录一中的图 A3）制作出了埋入式触点。瓦达斯曾说，这项发明是永远不会成功的。但其实，这项发明在我第一次测试时就运行得十分完美，且不费吹灰之力。我还做了几个测试版图，用来向自己证明，使用埋入式触点可以设计出更紧凑的版图，尤其是对随机逻辑电路而言。

有了自举负载和埋入式触点的加持，SGT 使相同硅面积上集成的随机逻辑晶体管数量达到之前金属栅时的大约 2 倍，并在相同的功耗下获得大约 5 倍的速度。SGT 的优势是巨大的！

SGT 加之我的另外这两项发明，使得微处理器、DRAM 存储器和非易失性存储器早在 1970 年就成为可能。而没有这些创新，世界上第一款微处理器英特尔 4004 就无法在 1970 年出现，因为那样的话它就得使用静态逻辑，这会使其成本和功耗对于商业应用来说完全不可行。

制作复杂逻辑电路的其他唯一可行的方法，是使用一种名为四相逻辑的完全动态技术。这是一种非常复杂的设计方法，需要计算机辅助设计，出产的电路密度只有 SGT 的一半，速度只有其四分之一，仍不足以制造出性能充足、成本合理的微处理器。

为 SGT 申请专利

SGT 在 1968 年 10 月的国际电子器件大会上被公布之后，及时为 SGT 申请专利成为当务之急，因为在公布之后，仙童有一年的宽限期来申请专利。如果未能在期限内完成申请，这项发明就要进入共有领域，不能再注册专利了。克莱因负责团队所有发明的专利事务，他告诉我，他正在申请这项专利。我个人对于美国的专利法几乎一无所知，我相信克莱因能搞定。那个时候，我甚至不知道公布后有一年的宽限期。每次我问克莱因专利申请的进度如何，他总是向我保证，事情进行得相当顺利。

实际情况是，克莱因在 1970 年 10 月才申请这项专利。此时已经是 SGT 公布后的两年了，我入职英特尔也已经六个月了。1972 年 6 月 27 日，专利获得了许可，发明人写的是托马斯·克莱因和费代里科·法金，美国专利号 3,673,471。专利只包含了一项声明：通过硅烷在氢气环境中的热分解获得多晶硅，使用多晶硅作为晶体管的栅极。仙童已经有这项工艺了，而将其用于 SGT 的想法则是由克莱因提出的，这也就是他的名字之所以出现在这项专利中的原因。

而这项发明的实体，也就是由我所发明的那项独特的工艺架构却不能再注册专利了，克莱因的拖延导致了逾期。克莱因曾不止一次告诉我，他希望能去英特尔工作。事情未能遂他的心愿。我离开仙童之后的几个月，他去了美国国家半导体公司工作，把 SGT 也一并带了过去。

1969 年年中，我在仙童又有了一项重要发明。这项发明包括通过生长一层薄氧化硅，再沉积氮化硅层来启动硅栅极工艺。通过使用阱掩模的"负片"，化学去除阱区域之外的氮化硅。然后，像在原始程序中那样，用热力生长初始氧化硅。由于氮化物层不会让氧扩散通过，氧化物会在除阱以外的任何地方生长，消耗晶圆中的硅，从而将硅"内部"的氧化物边界移动到氧化物总厚度的一半左右。以这种方式，阱就会位于氧化物总厚度的中间，消除了铝在场氧化物阶梯上断裂的任何可能性。

我的领导克莱因决定不为这项重要发明申请专利。几年后，有人独立做出了同样的发明，该发明以 LOCOS 为名，在产业界得到了广泛应用。最糟糕的是，克莱因甚至也没有为埋入式触点申请专利。瓦达斯在 1970 年 12 月 28 日填写了埋入式触点的专利申请表，以他自己的名义。我对此毫不知情。此时我已经受雇于英特尔。他这么做是为了保护 1103 内存，也就是第一款 1024 位动态 MOS 随机存储器，而这其中使用了我的发明来缩小芯片的尺寸。

大概三年后，我才知道这件事。我质问他，提醒他在 1968 年 2 月底，是我跟他说了埋入式触点，当时汤姆·克莱因也在场，那时瓦达斯大胆断言这个想法是不能实现的。此时瓦达斯却说，他根本不记得这件事，不过他承认，"不知道为什么这个想法卡在我脑子里了"。他提议说，我们应该去找安迪·格罗夫。格罗夫则劝我，在这个行业里这种事情司空见惯，根本算不得什么大事。

我对这一事故的处理方式很不满意。但我怎么不能保护自己的利益呢？起诉我的雇主，然后自己上黑名单吗？可以肯定的是，这是我自立门户，成立齐洛格公司的原因之一。而这发生在这件令人不快的事情过去一年之后。后来我从英特尔的 MOS 工艺开发经理汤姆·罗威（Tom Rowe）那里得知，瓦达斯曾让他来申请埋入式触点的专利。汤姆说，他拒绝这么做，并且告诉瓦达斯，"我不是发明人，是你告诉我怎么做的"。

因此，我告诉汤姆，埋入式触点其实是我在仙童时的发明。

1997 年，罗伯特·W. 鲍尔（Robert W. Bower）的名字荣列美国国家发明家名人堂，因为他发明了自对准栅 MOS 晶体管，美国专利号为 3,472,712。鲍尔很早就明白了自对准栅制造的重要性[2]。他的发明所运用的工艺架构跟我在仙童发明的那款是类似的，只不过他用的是铝而不是硅。然而他发明的工艺并不能成功运作，因为其使用的是铝和离子注入，而不是多晶硅和传统的热掺杂（相关细节见附录一）。

假如克莱因在 1968 年就为我的工艺架构申请专利，那我的发明就能领先于鲍尔。但是，由于我的工艺架构未能获得专利，鲍尔就成了 MOS 自对准栅技术的官方"发明人"，尽管他的工艺实际从未获得运用。

我为这件事付出了巨大的代价，才明白专利有多重要。我应该更小心地保护和捍卫我的专利权。

SGT 成为全产业界的里程碑

虽然仙童一直不愿意采用 SGT，英特尔却很快拥抱了这项技术，并且将其作为核心产品。瓦达斯加入英特尔的时候，已经能看到 3708 正常运作，他甚至还有 SGT 运行表的副本。这对英特尔来说是一个巨大的优势。多年以后，戈登·摩尔将英特尔的成功在很大程度上归功于 SGT 的发明，他的这一说法暗示，这项技术是由英特尔发明的。他还宣称，让 SGT 成功运作是非常困难的，这也是业界需要很长时间才能复制它的原因。英特尔从未承认，SGT 是仙童先开发的，而使用 SGT 的第一款商用集成电路是仙童 3708。英特尔之所以够较快地开发出这项技术，其主要原因是他们先前就知道仙童所作的工作。

英特尔还进一步宣称，他们的 1101（256 位静态随机存储器）是第一款使用了 SGT 的集成电路。他们假装不知道 3708 的存在。另一方面，英特尔的领导们相信 SGT，而"相信"在仙童却是缺失的。在仙童，我是唯一一个明白 SGT 优越性的人，并且为了能让其获得使用，我耗费了当时所有的精力。这是仙童的损失,却让英特尔从中获利。1101 推出的时候,我还在仙童。我得到的安慰奖是 SGT 和 3708 得以作为封面故事,刊登在著名杂志《电子学》(Electronics)1969 年 9 月那期上[3](图 13)。

与金属栅不同,硅栅是完全被包裹在当时已知的最高质量的绝缘体,也就是在 1200℃下热生长的二氧化硅(石英)当中的。这一宝贵的特性,使那些使用金属栅技术无法实现的新器件类型得以可能。1970 年年初,多夫·弗罗曼(Dov Frohman)入职英特尔,带来了他于 1969 至 1970 年在仙童所实验的技术。他研究的是浮动多晶硅栅器件,那是一种栅极不连接任何东西的 MOS 晶体管。通过使用量子隧道,用电子给浮栅充电就是可能的,从而就能产生长期的非易失性存储器。这是可行的,因为被石英包裹的浮动硅栅与电路的其余部分完全绝缘。

在英特尔,1970 年,弗罗曼开始设计世界上第一个电可编程的 ROM。它被称为 EPROM(电可编程只读存储器),该存储器可以在紫外线下进行擦除,然后重写。对于一系列新型的非易失性存储设备(例如彻底改变了移动设备的闪存)而言,EPROM 是它们的先驱。

SGT 对于另一项重要发明也至关重要,即所谓的电荷耦合器件,又称 CCD。CCD 最初于 1969 年在贝尔实验室被发明出来,旨在成为一种新型串行存储器,是最早的固态图像传感器。CCD 最终彻底改变了电影摄影、天文学和数码摄影全领域,极大地扩展了固态电子器件可实现的功能范围。1973 年,仙童使用 SGT 成功生产和销售了第一批商用 CCD。没有 SGT,人们就不可能在 1970 年制作出快速可靠的动态随机存取存

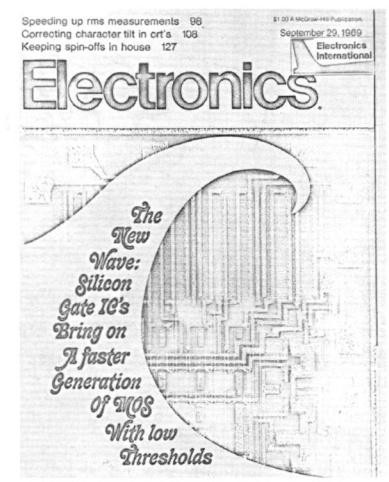

图 13 第一篇在杂志上介绍 SGT 的文章。这篇封面故事介绍了这项技术的工艺,以及第一款使用自对准栅极的商用集成电路——仙童 3708

储器（DRAM），以及之后几个月的微处理器，因为金属栅MOS晶体管的漏电流、电路密度和速度都不足以实现这些目标。

SGT具有的绝对优势导致全球半导体行业在20世纪70年代后半期普遍采用这一技术。十年后，1968年主导整个行业的双极技术已完全被SGT取代，双极技术的用武之地只剩下一些不太重要的应用和注定要消失的产品。

直到最近，人们不得不通过使用其他栅极材料，才对MOS晶体管的架构进行了修改，将其临界尺寸减小到45纳米以下（图14）。这一变化发生在2007年，其前提是需要使用介电常数比二氧化硅高得多的绝缘体。从1969年到2007年，在将近40年的时间里，SGT一直是整个半导体行业的主力军。

至今（2020年）SGT仍用于最先进的闪存中，这些闪存已在单个芯片中达到惊人的1 TB（1000 GB）的密度，需要超过1万亿个晶体管的3D集成。从平面工艺的发明开始，SGT始终是最有影响力的技术之一，它推动微电子实现了惊人的进步。

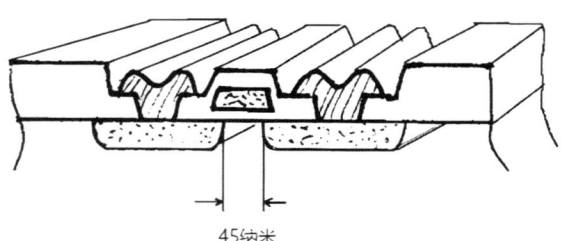

图14 MOS晶体管的临界尺寸是由栅极控制的传导通道的长度：图中的45纳米（1纳米＝十亿分之一米），于2007年首次在设备生产中实现。1968年，这项尺寸是8000纳米。2019年，这项尺寸已经达到了7纳米，是一个蛋白质的大小（作者自绘）

第三章
第一台微处理器

微处理器是一个奇迹。

——比尔·盖茨（Bill Gates）

英特尔和"比吉康（Busicom）项目"

到了 1969 年年底，仙童迅速失去了行业领先地位，其主要原因是公司的高管和工程师们纷纷跳槽去了其他初创公司。MOS 部门对于 SGT 的采纳非常缓慢，为此我感到很失望。到了 1969 年秋，英特尔公布了他们的第一个硅栅产品，为此我对仙童和英特尔都感到很不满，但显然是出于不同的原因。英特尔声明了他们的意图：他们想要在新兴的半导体存储器市场成为具有领导地位的公司。他们的主要目标是用固态组件取代当时普遍用于大型计算机和小型计算机的磁芯随机存取存储器。

挫败感促使我考虑离开仙童。此外，使我萌发此意的原因还有，我想要成为使用 SGT 的复杂 IC 芯片设计师。我确信这项技术会加快大规模集成（large-scale integration, LSI）的进程。

我承认，我怀着这样的想法：我想要向仙童和这个世界证明，SGT

就是最好的技术，尽管仙童的工程师和几乎所有其他半导体公司的所谓专家都不同意。我想要对他们喊话："看看，我早就告诉你们了吧！"我还认为，芯片设计，而非制造工艺的开发，将成为微电子的新前沿。该行业正处于 LSI 的尖端，有望构建出具有 1000 多个逻辑门的芯片。而这项任务需要大量系统设计和电路设计的经验。我还想要回到我最初的兴趣点：用若干芯片来设计计算机系统，而不是像八年前在奥利维蒂那样使用装满印刷电路板的机柜。

在我犹豫究竟该怎么做的时候，美国国家半导体公司联系了我，他们的执行副总裁皮埃尔·拉蒙德（Pierre Lamond）对我进行了面试。拉蒙德想让我开发 SGT，他开出的薪水较之我原先的要高出很多。但是，我不想重复我已经完成的工作，更不要说，将我在仙童开发的 SGT 转移到国家半导体，这种行径是不道德的。

不过，这份工作邀请却坚定了我离开仙童的决心，让我有动力去联系英特尔的莱斯·瓦达斯，问问他是否有具挑战性的芯片设计项目可以交给我。我给他打了电话，约定了见面时间。

马尔齐娅

> *每一个孩子出生时都带来信息说，上帝并未对人灰心失望。*
>
> ——罗宾德拉纳特·泰戈尔（Rabindranath Tagore）

1970 年的春天发生了许多大事。我决定离开仙童，我们的女儿也即将出生。我们俩满心期盼着她的到来。这一次，我们想要确保一切都能顺畅。为了帮艾尔薇亚顺利度过孕期的最后几个月，她的妹妹依蕾妮（Irene）特地从意大利过来照顾她。这样我上班的时候就能心安很多了，她们姐妹俩彼此作伴是非常好的。

就在英特尔初次面试的当天，艾尔薇亚开始经历产痛。我立马就给瓦达斯打电话推迟会面。他却对此感到不耐烦。1970 年 3 月 6 日，马尔齐娅（Marzia）出生了。就在这同一天，依蕾妮也 19 岁了，所以这个家里就有了双倍的喜庆！

马尔齐娅长着一双美丽的黑眼睛，还有一头浓密的深色头发。为了迎接她的到来，我们早就在屋外挂起了巨大的粉色蝴蝶结。这是一种纯粹的意大利式习俗，引起了街坊邻居们的好奇。

我们的女儿出生还不到一个月，我开始受雇于英特尔，成为"比吉康项目"的负责人。我开始在莱斯·瓦达斯手下的 MOS 设计部工作，而瓦达斯向运营总监安迪·格罗夫汇报工作。当时，英特尔是一家有着大约 120 名员工的初创公司，其中大约三四十人是技术和管理人员，其余的则是生产操作员，这些人中大部分是年轻女性。

上班的第一天我与斯坦·马佐尔（Stan Mazor）会了面，他是一名工程师，在小型应用研究组的负责人泰德·霍夫（Ted Hoff）手下工作。斯坦告诉我，日本公司比吉康要求英特尔基于比吉康的逻辑设计，来设计 12 个定制 LSI 芯片。事实上，这些芯片只有 7 个，它们已经实现了可编程的解决方案，而不是像斯坦所暗示的，只适用于单个产品。

斯坦说，泰德已经有了一组由四款芯片组成的集合，即一个 CPU、一个 ROM、一个 RAM 和一个 I/O 芯片，这构成了一台通用计算机，不仅能够解决当前的比吉康问题，也就是制造有打印功能的台式计算器，同时也能用于生产具有相同组件的更复杂的可编程计算器。这项工作是 1969 年他们与比吉康的工程师们在几个月的时间里共同完成的。

斯坦给了我这四款芯片的总体规格，他还紧张地笑着补充说，比吉康公司负责计算器项目的工程师嶋正利（Masatoshi Shima）会在几天后来英特尔，检查项目进展情况。他期待看到的是，CPU 的逻辑设计已经完成，其他三款芯片则进入版图绘制阶段，这是英特尔先前所许诺的。但问题是，自 1969 年 11 月以来项目没有任何进展，并且他们没有通知比吉康！

等我看到英特尔向比吉康承诺的时间表，我可真是无话可说了。我只剩下不到六个月的时间来设计四款芯片，其中之一的 CPU 是处在技术可能性的极限上的。没有人来与我分担这份工作压力，英特尔之前也从没设计过随机逻辑芯片。而且，英特尔既没有足够的工具，也没有设计方法论来做这个既快速又无差错的设计。而我的领导瓦达斯很明确地让我知道，他是没有时间来帮我的，因为他正全身心地扑在1103 的开发上，而这个项目被视为英特尔的未来。最后，他，还有格罗夫，觉得我的项目是投机的，是不必要的，而且还危险地偏离了公司的战略方向。安迪后来在一次访谈中说："我那时正忙于处理一条用于制造内存芯片的装配线。我觉得微处理器很麻烦。"制作定制电路是由鲍勃·诺伊斯、戈登·摩尔和市场副总监鲍勃·格雷厄姆（Bob Graham）定下的理念，这样能更快地创收，与此同时也可等待存储器业务的日臻成熟。

英特尔 1103 将成为第一款 1024 位 MOS DRAM，这款产品注定是要突破价格门槛的，据业界估计，该价格将使半导体存储器与磁芯存储器相比具有相当的竞争力。英特尔 1101 是一款耗能巨大而且低速的 256 位静态 RAM，市场对其反应一般。有鉴于此，1103 成功与否就成了英特尔生死攸关的大事。

英特尔当时唯一具有市场吸引力的产品线是动态移位寄存器系列，该系列是美国国家半导体采用金属栅极 MOS 技术设计的移位寄存器产品系列的第二来源。幸亏有了 SGT，英特尔的芯片性能较之美国国家半导体的要好，这样也就能让英特尔在更高的价位上竞争。此时我才明白，为何美国国家半导体如此急迫地想要得到 SGT，因此才在几个月前向我开出了那么丰厚的薪酬。

领导比吉康项目

我研究了比吉康项目的时间表。这张表预留了七周的时间来绘制 CPU 的版图，计划调用两名版图绘制员，这点时间只比绘制一个简单的存储器所需的时间多了两周而已。显然，瓦达斯对于问题的本质缺乏理解。存储器芯片的版图绘制较之随机逻辑芯片的绘制要快得多，因为在存储器中，所有的单元都是一样的，而在随机逻辑器件中，几乎每一个电路都是独一无二的，必须单独地切割成型。最后，CPU 的版图绘制需要动用三名版图绘制员加班加点，花上 14 周的时间才行。

幸运的是，当时的我很年轻，渴望挑战自己，对计算机系统也很了解。我知道怎样做逻辑和电路设计，我在 MOS 芯片设计和工艺开发方面也都有经验。最重要的是，我透彻地了解 MOS 的 SGT 能做到什么。这在当时是一项全新的技术，在实践层面，除我以外，其他人都不熟悉。我身上的这样一种组合极为罕见，因为即便在当时，工程师也是高度细分的。因此，我有了一种舍我其谁的感觉。确实，我手上捏了一张王牌：我最近的一项发明——使用硅栅的自举负载，英特尔还不知道；而没有这个，就不可能造出微处理器。

使用硅栅的自举负载这项发明，对于设计出高速、省电且成本合理的 CPU 所需的随机逻辑电路来说，是必不可少的。此外，由于英特尔没有任何随机逻辑设计的方法论，而我又充分掌握了 SGT 的知识，这就让我有机会来开发一种新的，能够充分发挥 SGT 优势的方法，用于设计随机逻辑芯片。这种方法基于对自举负载（几年后被耗尽负载取代）的使用，以及对埋入式触点（这使两层互联得以可能）的采纳。这一方法非常成功，在英特尔和齐洛格的早期几代微处理器中都得到了应用，而齐洛格是我在 1974 年年底创立的公司。

来到新的工作岗位上没几天，我就陪同斯坦去旧金山机场迎接从东京远道而来的嶋正利。嶋正利迫不及待地要查看自他在 1969 年 10 月来访之后的项目进度。他特别要检查的是 CPU 的逻辑设计，以确保其运行能符合先前所确定的各项规格。作为项目负责人，我把斯坦几天前给我的材料拿给嶋正利看。他很不耐烦地对我说，他在好几个月之前就看过这些材料了。很快，他发现这些就是全部了，因此对我非常生气。愤怒中他没法明白，既然过去了五六个月项目都没有进展，那就显然不是我的错，因为我才刚刚来这里工作。

嶋正利花了差不多一周的时间才平静下来，接受了现实。这段时间里，我解决了我之前发现的几个架构方面的问题，开始研究该采取什么样的设计方法论。我也准备了一份新的时间表，让比吉康可以在12月底拿到四款芯片的第一批样品。前提条件是我能立马招到一名工程师和几名版图绘制员来帮忙。

我的新工作计划要求极高，需要我每周工作七八十个小时，如此方可赶上瓦达斯先前所承诺的，几乎不可能的时限。我告诉嶋正利，如果他帮忙，我们就有机会赶得上时间节点，因为我还需要花时间来招聘项目需要的人员。比吉康接受了新的工作计划，难题得到了解决，嶋正利也获得许可，留在美国六个月来协助我的工作。终于，我可以集中精力设计"4000 系列"，这是我给这个项目取的新名字。

我的第一印象

我对比吉康项目的最初印象是喜忧参半的：我喜欢在单芯片中创建 CPU 的想法，这种可能性已经讨论了一段时间。事实上，仙童 MOS 设计团队的负责人李·博伊塞尔（Lee Boysel）是自 1968 年以来第一个提出同样想法的人，他表示，有 MOS 技术的加持，在几个芯片，乃至最终在单个芯片中实现 CPU 是可能的。我也喜欢将一系列芯片作为一个系统而完美协同工作的想法。

然而，尽管我热衷于在一个芯片上设计 CPU，但我对提议的架构仍有一些疑虑。我发现，所有芯片都使用 16 引脚阵列封装的做法是不可理解的，尤其是 CPU，因为它强制使用单一的 4 位总线来传送 12 位地址和 8 位指令，每次只能传送 4 位，不必要地牺牲了难以获得的速度。那时，仅使用 16 引脚阵列封装被英特尔奉为圭臬，尽管高达 40 引脚的阵列封装已经得到了业界的广泛采用。

此外，CPU 寻址 RAM 的方式在我看来相当繁复，委婉地说，这种方式需要一个复杂的序列，就好像它是一个 I/O 操作一样。我不明白为什么寻址RAM要搞得如此复杂,并且与任何其他CPU都不一样。必须要有更好的方法来做到这一点!但考虑到项目已经延迟了那么久,我最不需要做的,就是去修改一个已经获得客户部分认可的架构。所以我只需要把精力放在检验架构有无错误上。我平复了自己的心情,后面我得将"4000系列"变为现实,这可是一条漫长的征程。

设计"4000系列"

功劳属于那些实际身处竞技场的人。

——西奥多·罗斯福(Theodore Roosevelt)

设计一个集成电路产品需要很多步骤,先是架构的制定和每个芯片的基本规格,接下来是逻辑设计、电路设计、布局,等等。第一步是泰德·霍夫在斯坦·马佐尔的协助,以及与比吉康团队的互动下完成的。霍夫手下"应用研究"小组的任务,是完成芯片的规格设置。剩下的事情得交给另一个团队——MOS设计部来完成。这个部门负责的是芯片的实际设计和开发。

我在这个部门负责项目的开展,后续不会再有霍夫和马佐尔的帮助,他们俩都不是芯片设计师。确实,在项目的进行过程中,泰德·霍夫从未关心过进展情况。早先,我请他解释架构中几个不甚清晰的点,他只是干巴巴地回答说:"现在这是你的项目,你得自己摸索。"我听了大吃一惊,从此再也不问他什么了。在项目的整个进行过程中,我与他毫无交流。

完成了规格的制定以后,接下来的芯片设计遵循以下的步骤:

(1)逻辑设计;

(2)电路设计;

(3)复合版图绘制;

(4)红膜切割;

(5) 掩模制作；

(6) 第一硅片的制造；

(7) 芯片的测试与调试；

(8) 对芯片出现的问题进行修改；

(9) 对芯片进行表征；

(10) 开发生产测试模式；

(11) 投产。

从电路设计到第一器件（叫做"第一硅片"）的过程，需要至少6至9个月的时间，视芯片的复杂程度而定。从第一硅片到投产的过程，又需要3至8个月的时间，取决于期间所遇到的困难程度。因此，任何一款芯片从开始到完成，无论如何都需要9至17个月的时间。进入投产环节后，跟产品相关的责任就归生产工程师管了。

其他大多数MOS半导体公司，如仙童半导体、德州仪器、AMI和通用仪器等，拥有设计定制电路的经验。这些公司的主要业务是定制芯片，这是当时MOS技术最重要的应用领域。他们拥有广泛的电路库，其版图和操作已得到过表征和保证。他们还拥有复杂的计算机模拟程序，用于逻辑和电路的设计和验证，以及测试程序的生成。更不用说他们还有专用设备可对逻辑电路进行表征和测试，而且全流程都有经验丰富的工程师在场，他们可以指导新员工快速、不出错地进行设计。

英特尔没有这些资源，就要着手设计一种这些专业公司都没尝试过的CPU。更绝的是，唯一可以完成这项工作的技术SGT，其效果如何尚未可知，因为这项技术之前从未用于随机逻辑电路，而且这需要的还是与其他所有公司使用的金属栅不同的版图样式。

由于缺少方法论、足够的基础设施，以及逻辑芯片的专业人员，我不得不身兼多职，承担远远超过该领域中一般项目负责人所需承担的职责。最要紧的是，我还需要创建一种使用SGT的设计方法论。这项工作要从逻辑电路设计的最差情况开始。我需要建立起一套规则，用于保证一个逻辑栅，即便在供电电压、温度和制造工艺诸变量的最差组合下，仍能成功运作。我还得设计和构建用于对逻辑芯片进行调试和表征的测试仪，因为英特尔现有的类似设备只适用于存储芯片。

我向比吉康承诺（或许我得补充，是在胁迫之下），我们会在1970年12月交齐这四款芯片的样品。这个时间距离开工还不到九个月。由于单单CPU就需要不止八个月的时间，我不得不同时赶工这四款芯片，并将它们彼此错开，以求能最好地利用关键资源。我决定以这样的顺序来开展设计：4001，4003，4002和4004。这样的顺序能让我循序渐进地开发出方法论，以及设计极具挑战性的芯片——4004所需的大多数电路。除此以外，英特尔如能使较简单的芯片在第一硅片的阶段成功运作，也可重新赢得比吉康对自己的信任。

4001、4002和4003芯片

4001是当时最先进的2048位只读存储器（ROM），它增加了4条可编程的金属掩模I/O线路以及相应的控制逻辑，使用的随机逻辑的数量超过标准ROM中所使用数量的两倍多。ROM是一种只能读取但不能更改的存储器。被称为"固件"（firmware）的软件代码（通常由客户开发）在制造过程结束时通过定制金属掩模，以不可消除的方式"写入"芯片中。

我在几周内完成了逻辑和电路设计，并交给嶋正利检查。嶋正利是一位优秀的逻辑设计师，而作为工程师，他的任务是开发比吉康计算器固件——这将是4000系列的首次应用。不过，他并不是芯片设计师，对MOS电路设计和技术，他知之甚少。但他热衷于学习新事物，并且非常注重细节，这就弥补了他的经验不足。而英特尔缺少验证工具，他这样的品格可以说十分重要。

在我启动设计工作之初，我就告诉瓦达斯，我必须要使用自举负载来设计"4000系列"的所有芯片，不然工作就无法完成（请参考附录一，查看相关技术细节）。我向他保证，我在仙童的时候就已经解决了问题，能确保其顺利运作。但瓦达斯不信任，或者说不理解我的做法，好像有人早就说服他自举负载不能在硅栅工艺中使用。他要求我向多夫·弗罗曼解释电路是如何运行的。弗罗曼是一位物理学博士，比我早一个月离开了仙童。

我告诉多夫，我终于弄清了该如何处理自举负载，他却斥责道："你用硅栅是做不出隔离电容的！"于是我详细地向他解释工作原理，我也告诉他，我在仙童的时候就已经完成了这项工作，也测试了每个环节。他一言不发地走了。

第二天，我见到了瓦达斯的下属，工程师鲍勃·阿博特（Bob Abbott），此时他正将一个类似自举负载的电容装进 1103 的版图中。我问他在做什么。他回答说："瓦达斯让我把这些电容放在这里。"我问他，瓦达斯有没有告诉他这个想法从哪儿来的。他说："没有啊，他什么都没说。"瓦达斯就这样拿走了本属于我的想法，仿佛什么事都没发生似的，他压根就不承认是我解决了这一棘手且长期存在的问题；在别人都放弃的时候，是我坚持要使用自举负载。

为了避免对各种电路进行计算机模拟（特殊情况除外），我基于英特尔制造的最差情况晶体管的实际测量数值，准备了一系列标准化的 MOS 表征。有了这些图表，我就可以根据预期的容性负载，快速计算出达到要求速度所需的晶体管尺寸。这是一种图形计算方法，就像我在罗西学院学到的那样，可用于确定真空管电路的尺寸。这种方法较之计算机模拟要早得多。

早期阶段遇到的另一个挑战，是我需要发明一种触发器。当电源打开时，这个触发器总是会以相同的状态出现。这是必要的，因为 4001 的所有 16 个引脚都已占用，而且没有可用于外部重置信号的引脚。在接通电源后，将所有芯片连接在一起的外部总线的状态必须是"浮动的"，如此才可避免出现有可能导致芯片损坏的总线争用。要保证这一点，这个触发器是必不可少的。我为此目的发明的电路效果很好，后来我以我自己的名义为英特尔申请了该项专利[4]。

4001 的版图绘制工作,则从我的第一位版图绘制员罗德·塞尔(Rod Sayre)到岗的那一天开始。他来自洛克希德公司(Lookheed),在那里他是一名机械绘制员,他甚至还不知道芯片是什么。那个年代,版图绘制员比工程师还要难找,英特尔的绘制员们都忙于存储器项目,所以我得从头开始培训罗德。随着时间的推移,他学会了这项技术。但起初,我不得不徒手画出 4001 的所有电路,罗德只是将它们复制为最终形式,用尺子将它们正确地放置在我向他指示的复合版图里。他花了几个月的时间,终于做到了独当一面。

绘制完了 4001 的版图后,罗德又完成了 4003 的版图。4003 是整个系列中最简单的一款芯片。这是一款十级静态移位寄存器,带有串行输入、串行输出和 10 个由适当信号启用的并行输出。4003 可通过级联的方式,创建更长的移位寄存器用于扫描键盘,控制打印机,还有许多其他应用。

4003 的设计花了几天的时间,使用的是在 SGS—仙童时与卡波卡恰一起发明的一款新的静态触发器。1967 年我在意大利时设计的一款商用 16 位静态移位寄存器中也应用了这款电路[5]。我在所有 4000 系列产品中,将这同一款触发器广泛用于计数器和其他几个功能,因为与所有其他标准电路相比,它使用的晶体管数量较少。

接下来就轮到 4002 了,这是一款用于数据的 RAM 存储器。4002 被组织成四个寄存器,每个寄存器有 16+4 个半字节(一个半字节等于 4 位),总共 320 位。每个动态 RAM 单元使用的 3 个晶体管与 1103 中单元的使用类似,该芯片还有一个 4 位可寻址输出端口。4002 还包括在标准 DRAM 上的大量附加逻辑,以提供片上存储器刷新、4 位输出寄存器的一些特殊指令解码,以及所有的内部时序。

4002 的版图绘制由来自仙童的新员工朱莉·亨德里克斯(Julie Hendricks)完成,几年前她曾绘制了仙童 3708。幸运的是,朱莉有着丰富的制图经验,虽然主要是在双极集成电路方面的,但还是大大地减轻了我的工作负担。罗德完成了 4003 的制图后,就与朱莉并肩工作,加快了 4002 的制图进度。

当时我实在是太忙了，在家庭生活中我差不多是缺位的，没能帮上艾尔薇亚来照顾我们新出生的女儿。幸运的是，她的妹妹依蕾妮帮了大忙。但孩子出生三个月后，依蕾妮不得不返回维琴察。艾尔薇亚决定带上马尔齐娅跟依蕾妮一起回去。她想要抓住这次机会，把我们的女儿带给外祖父母、祖父母和叔舅们看看。她这么做，减轻了我全身心投入工作的负疚感。

在离开之前，艾尔薇亚一直问我工作的进度，尤其是在周末的时候，我们常常会去山里散步。她会问我许多问题，了解我的工作环境，我与什么人交往，她特别关心的是我的项目。我很愉快地向她说明自己在做什么，尽管她的背景是人文学科。她也会阅读我订阅的电子学杂志，尤其是《电子学》和《电子学新闻》（Electronic News）。多年以后，她受邀成为一名技术作家，为一家意大利出版商出版的通俗电子学杂志供稿，她的这些兴趣被证明是有用的。

最终，是时候开始设计 4004——这款最难的芯片了，与此同时还得保持其他三个芯片的开发进度，且每一个都处于不同的阶段。我还得设计和构建一个测试仪，用于对芯片进行调试和表征，这需要在两个月后准备好，我预计到那时候我能收到 4001 的第一块芯片。令人高兴的是，芯片设计工程师哈尔·费尼（Hal Feeney，他曾经在通用仪器工作，研发过几款使用随机逻辑的定制 MOS 芯片）和电子技术员保罗·梅特洛维奇（Paul Metrovich）被派到我这里来，协助我进行测试仪的设计和构建工作。我们的工作从一个废弃的内存系统开始。我们添加了新的电子设备——纸带阅读器和可调节的引脚电子设备，用于驱动和测量进出芯片的信号，从而构建了一个可编程模式发生器。整个仪器在我们收到第一批 4001 晶圆的前几天就准备好了。

在我设计好 4004 的大部分逻辑之后，嶋正利主动提出由他来完成剩下的工作。剩下的工作是控制部分，需要他耗费大量的精力。而他之前因协助我的工作，已经从中获得了很多知识，而我也已经创建了 4004

的所有基本逻辑和电路构建块，因此我很放心地把这项任务交给了他。

我还完善了设计方法论，特别是将逻辑和电路设计结合在一个文档中的方法，该文档还包含了如何在版图中组织芯片的相关内容。这种方法避免了从逻辑图到电路图，以及从电路到版图的转换中潜在的错误（图15）。此外，我也可以合理估计各种电路必须驱动的负载电容，以便根据同一文档适当地确定晶体管的尺寸。

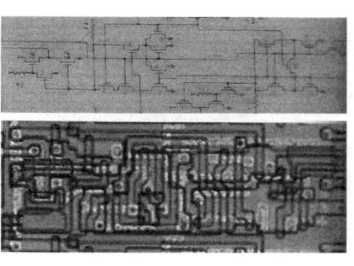

图15 图片展示的是随机逻辑电路的原始电路原理图和相关版图，包括24个组件（23个晶体管和左下方一个用于自举负载的电容器），这是4004运算单元的一部分。仅就尺寸而言，整个芯片包含约2300个元件

鉴于截止日期非常紧迫，我不得不在设计完成之前就开始4004的版图绘制。因此，我与嶋正利协调，以便在其余设计仍在进行时让绘图员保持忙碌并获得出色的布局密度。这就好像快速跟踪建筑物，也就是在施工计划完成之前启用建筑物。由于4004处于经济生产能力的极限，我不能浪费任何宝贵的硅资源。

芭芭拉·曼内斯（Barbara Manness）是一位资深的存储器绘图员，在英特尔创立之初就在这里工作了。她也加入了朱莉和罗德的4004绘制团队。不过，由于他们三个人之前都没有经手过那么复杂的逻辑芯片，我得持续地监督和协调他们的工作。每个绘图员都有自己的绘图板，并且在一张单独的聚酯薄膜上绘图。然后，所有这些薄膜必须无缝地合并在一起。而我是那个需要统揽全局，确保每个部分能装在一起组成成品的人。这当中容不得一点差错，可以说是个真正的挑战。4004的绘制耗费了3个人大约14周的时间，也就是共计42人周的工时，而4001的绘制只花了5人周的工时。

完成4004的绘制后，我一时兴起，在我的这个作品上签上了自己姓名的首字母F. F.，就像艺术家在自己的作品上签名一样（图16）。硅设计是第一台微处理器的精髓，每条线路都是必要的、实用的、重

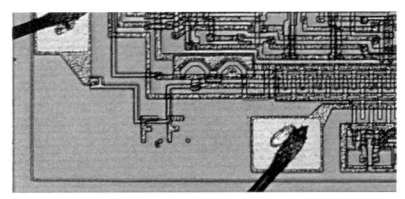

图 16 作者姓名首字母（F.F.）在 4004 上的放大

要的，而且也是经济的，同时整体也很美观。它就像一件艺术品，代表了微电子领域的最新技术。

这次的一时兴起后来被证明是有用的。当时英特尔试图否认我与 4004 的渊源，因为我要离开公司自立门户。但我的姓名首字母就像一个"确凿的证据"，它被复制了数百万次，出现在每个生产出来的芯片上——这是一个无法抹去的标志。

一旦复合布局完成，为制造芯片创建必要掩模的流程就要开始了，这是一个漫长且容易出错的过程。首先，需要为每个掩模生成一个单独的原图，称为红膜原图（rubylith）或红膜（ruby），然后将红膜交付给外面的服务公司，服务公司通过对红膜进行光还原，并在覆盖了掩模整个表面的阵列中重复芯片图案来生产掩模。附录二详细描述了这个过程，可供感兴趣的读者查看。

红膜是一片透明的聚酯薄膜，上面覆盖着一层半透明的红色聚酯薄膜，可以用刀切割并从其背衬层上剥下。红膜被放置在精密切割台上的复合版图顶部，而复合版图作为切割和剥离过程的指南，显示了晶圆上要被蚀刻的区域。检查 4004 的红膜需要几周的紧张工作，而且只能在流程的结束阶段进行，而检查复合版图是可以在流程进行过程中进行的。嶋正利和我承担了红膜检查的大部分工作，哈尔·费尼和其他人也来帮忙找出错误。

在检查 4004 的红膜时，我收到了 4001 的第一硅片。我非常紧张，因为这真的是将我的方法论付诸实践的试验品：如果 4001 不能完好地运行，那其他的芯片也会出现相同的问题。用于验证 4001 运行情况的样品刚搭建完，我就高兴地看到，示波器上出现了我在纸上画了很多遍的熟悉波形。现在它们被现场绘制了出来。在经历了那么多的工作和那么多容易出错的环节后，看到芯片竟运行得如此流畅，我都快惊

图 17 英特尔 4001。这款芯片是一个 2048 位金属掩膜只读存储器,用于存储计算机程序。该芯片还包含一段可编程逻辑,也使用了金属掩膜,可提供四行个性化输入/输出

呆了:这是一个技术上的奇迹,也是因细心和耐心而有的奇迹!经过几天的检查和复查,我发现一切都按设计工作,不仅在室温下表现良好,在高温下也是如此,并且在时钟频率和电源电压方面都具有出色的安全裕度。这下我就松了一大口气!我的方法论经过了测试,现在我看不出剩下的芯片还有什么障碍。

在 4001 进行测试的同时,4004 的红膜检查也结束了,嶋正利准备返回日本,因为他已经看到 4001 运作正常。在回去的路上,他绕道去了埃及,度了一个受之无愧的假。而我继续以每周 70 到 80 小时的强度工作了几个月,才有时间喘一口气。

又过了几个星期,我收到了 4003 的第一硅片。该芯片也运作顺畅,这更增强了我的信心。11 月底,4002 的第一硅片也问世了。这块芯片同样运行良好,只有一个小小的错误,也很快被识别出来并解决掉了。

成功了!

终于,大日子来了,我收到了 4004 的第一批晶圆。揭示真相的时刻终于来了!那是 1970 年 12 月 31 日前几天的一个傍晚,大部分员工已经离开了实验室。如果 4004 能够成功运作,我就能赶上大约九个月之前向比吉康许诺的那个"不可能"的时间表。我很紧张,还好旁边没有人看到我这副模样。在仪器运作的哼哼声中,我简直能听到自己的心"砰砰"跳动的声音。我哆哆嗦嗦地将第一块晶圆放在探针台上。探针台是一种特殊的设备,用来与仍集成在晶圆上的芯片进行电接触。我调低探针,测试了第一块芯片,

等待数据总线中出现熟悉的活动,就像在这个系列的其他芯片上发生的一样,但……什么也没发生。我没有气馁,我对自己说,一定是芯片坏了。

我又调低探针,测试另一块芯片,之后又换了几块,出现的总是同样的结果。也许是这块晶圆坏了,我想。然后我又试了另一块晶圆,结果同样如此。此时,我已大汗淋漓。有这么一瞬间,我想,什么都没成功!我怎么就把事情搞得如此糟糕呢?我决定用显微镜查看一下芯片,这下问题就一目了然了:在制造过程中,由于技术人员的疏忽,埋入式触点掩模被遗漏了,所以大部分晶体管没有连接,因此无法运行。如此,由于制造环节中一个微不足道的错误,计划受到了不可挽回的影响,导致了大约三周的延迟。这可真是太让人沮丧了!

几周后,我收到了新的一批 4004 芯片。一如往常,我是在那天快结束前收到这批晶圆的,实验室的人差不多已经走光了。我定下心来,要将这一晚的大部分时间都用来测试 4004。这一次,没有什么细节被忽略,我在将晶圆装载到探针台上之前,就用显微镜检查确认过了。当熟悉的信号出现在示波器上后,我的呼吸就轻松多了。现在一切都进行得很顺利!我一直测试到凌晨 4 点左右,终于看到一切都按预期运作。

我拖着筋疲力尽的身子回了家。一听到我进门,艾尔薇亚从浅睡中醒了过来,她等我等得太久了。她焦急地问:"情况怎么样?"我大声地回答她:"成功啦!"我们相拥在一起,欣喜若狂,因为这是一件划时代的事情:1971 年 1 月的一个寒冷的夜晚,世界上第一台微处理器诞生了!

此时,我刚满 29 岁。我想起九年前,我用数千个锗晶体管和其他分立元件完成了一台计算机的构建。那台计算机与现在这台计算机的表征大致相同,只是新计算机适配的是一块印刷电路板,而不是几百块,速度快了十倍,消耗的能量几乎只是原先那台的千分之一。更别提成本了。短短九年,微电子学真的发生了翻天覆地的变化!

在接下来的两周里,我继续测试 4004,发现了两三个小问题,我很快就诊断出来并解决掉了。与此同时,比吉康为 4000 系列构建了一个完整的模拟器,这样他们的计算器固件可以在必要时很方便地得到开发、验证和修改。在这个模拟器中，一个 RAM 取代了 4001 ROM。这是很有必要的，因为 4001 是带有金属掩模的可编程 ROM，需要数周时间才能被制造出来，因此只有在固件完全调试后才适用。

在听到好消息后不久，比吉康发给我四个经过全面验证的 ROM 代码，其中包含他们第一个产品的固件：比吉康 141-PF 打印计算器。这样我们就可以在不影响计算器生产计划的情况下，在生产修订版 4004 的同时生产 4001。3 月中旬，当我收到新版 4004 的第一块芯片时，我们也完成了 4001s。

这下，比吉康可以使用已准备好接收所有缺失组件的工程原型来测试整个计算器的运行。计算器启动后，它立即就与 4000 系列的所有产品完美匹配。这真是个了不起的结果！我大大地松了一口气。

英特尔立即就开始向比吉康批量销售组件，避开了在标准产品开发之后通常会有的漫长设计阶段。后来，比吉康的社长小岛义雄（Yoshio Kojima）亲自将这台独一无二的 141-PF 计算器工程原型赠送给了我，以表彰我成功开发了 4000 系列。这台有着历史意义的传家宝在我家中保存了 25 年。1996 年，我们一家人将其捐赠给了加州山景城的计算机历史博物馆，在那里，它作为世界上第一台使用微处理器的产品原型向世人展示。

英特尔 8008 微处理器

1969 年年底，计算机终端公司（Computer Terminal Corporation，简称 CTC），后更名为迪宝公司（Datapoint Corporation），带着另一份定制电路的需求提案来到英特尔。此时 CTC 已经为其终端购买了英特尔

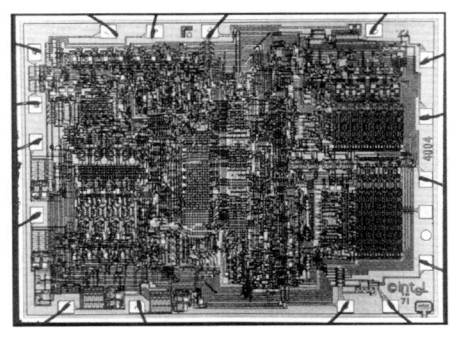

图 18　世界上第一款单芯片 CPU：英特尔 4004。这个 4 位微处理器包含大约 2300 个随机逻辑晶体管。该指令周期使用了 750 千赫兹的两相时钟的 8 个时钟周期，持续 10.7 微秒。典型功耗为 750 毫瓦

的 MOS 移位寄存器，这是当时对于移位寄存器的典型应用。CTC 计划要构建一个新的智能终端，叫做"迪宝 2200"，其核心是一个他们自己设计的简单 CPU，通过双极 TTL 逻辑电路来实现，这也是当时通常的做法。TTL 是"晶体管—晶体管逻辑"（transistor-transistor logic）的缩写，这是一个丰富的双极逻辑集成电路系列，已成为当时的行业标准。

CTC 找英特尔设计定制双极 RAM 集成电路来执行 CPU 堆栈指针寄存器的功能，因为 CTC 计算机还打算使用由移位寄存器制成的串行数据存储器。在那些日子里，堆栈指针寄存器是必要的，这样可以保存主程序的内存地址，以便在执行跳转到子程序指令后返回。只有移位寄存器读写存储器，跟踪移位寄存器存储器中的返回地址就太复杂了。他们向斯坦·马佐尔描述他们所要定制的芯片的用途时，马佐尔吹嘘说，如果他们从串行存储器切换到 DRAM，英特尔拥有的技术能将整个 CPU 制作在单个 MOS 芯片中，而不仅仅是堆栈指针。斯坦并不是芯片设计师，他这么说可真是太大胆了！而对我来说，后来 CTC 的情况成了比吉康事件的重演。

CTC 最终被说服了，他们相信英特尔可以将他们的 8 位 CPU 集成到单个 MOS 芯片中，双方于是签订了开发合同。该芯片在内部被称为 1201。哈尔·费尼在我入职英特尔前几周，被聘为该项目的负责人。入职英特尔几周后，我非常失望地发现，原来这里还有另一个微处理器也在开发中。由于 CTC 架构的 CPU 比 4004 更先进，而且有着通用性更强的传统架构，我就更加不满了。

我以为 CTC 的芯片会比 4004 先完成，因为哈尔只需要设计一款芯片，而我要设计四款，最后我还要设计微处理器。不过我沉浸在这么多的挑战里，很快就忘了 1201。而哈尔的项目数月来没有太多的进展，然后这个项目就被搁置了，哈尔则被重新分配去设计一个定制的 512 位静态存储器。1970 年夏，瓦达斯指派哈尔来帮助我设计和构建我之前所说的 4000 系列的表征测试仪。

哈尔主要是一名逻辑设计师。在通用仪器公司的时候,他设计了几款定制芯片,使用的是他们的方法论和许多英特尔没有的预定义和预表征电路块。他离职来到英特尔以后,和我一样只能自谋生路,得不到太多帮助。而且他此前从未设计过采用硅栅技术的芯片。放弃 1201 的另一个原因是,CTC 在 1970 年夏天决定继续设计 TTL 版本的 CPU,因为 TTL 的价格暴跌,这就使得 1201 的报价不再有吸引力。

1970 年年末,英特尔营销副总裁鲍勃·格雷厄姆找到了另一家对 1201 感兴趣的公司——日本精工电子。他们想要制造一款可编程台式计算器来与惠普公司的 HP9100 竞争。精工表现出的兴趣促使英特尔就使用 CTC 架构的权利进行谈判,交换的条件是免除 CTC 的合同义务,CTC 就不用再为他们不需要的 1201 芯片支付开发费用了。这对英特尔来说显然是一笔划算的交易,因为在那之前英特尔几乎没有投任何资金在 1201 芯片的设计上。

1971 年 1 月,瓦达斯发现 4004 已能成功运行后,立刻就让我负责指导 1201 项目,督导哈尔·费尼的工作。有了我的经验,再结合现已证明行之有效的方法论,以及现存所有必要的电路块,哈尔能够按照 4004 的模型进行 1201 的细节设计,并使项目圆满结束。

我们用了 1971 年一整年的时间来完成 1201 芯片。CTC 架构的 CPU 与 4004 一样简单,但通用性更强,因此也更有用。它需要更多的晶体管,仅仅是因为其字长是 8 位而不是 4 位。它的第一硅片于 1971 年 12 月问世,产品则于 1972 年 4 月上市。它的新名称是 8008,表示

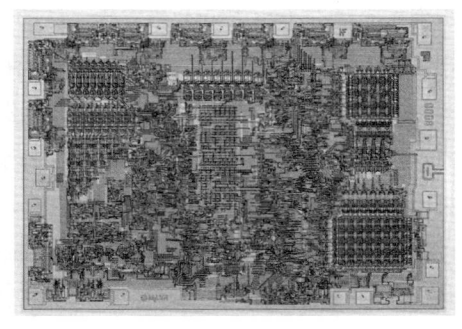

图 19 英特尔 8008,世界上第一款 8 位微处理器。请留意 8008 的版图与 4004 的很相似。8008 于 1972 年 4 月上市,采用 18 引脚封装,可寻址 16 KB 内存,指令周期为 12 微秒

这是一款 8 位微处理器。8008 是世界上第一款 8 位微处理器，而且成为了后来极为成功的英特尔 x86 微处理器系列的"奠基石"，该系列现在仍在大多数个人计算机和工作站中发挥作用。

驾驶一辆遥遥领先的汽车

1971 年 4 月，有一件有趣且深具启发性的事情曝光了。这件事情是一个典型，让人可以看出许多官方故事幕后常常会有的真实情况。当月，德州仪器（TI）大张旗鼓地宣布，他们成功设计出了"世界上第一款单芯片 CPU"。该公告是在 4004 已经完成，并出售给比吉康一个多月后发布的。换句话说，TI 宣称自己设计了第一款微处理器。后来我们发现，这项开发是作为 CTC 的一个定制项目开始的，当时 CTC 需要在委托英特尔设计的 1201 以外，再寻找第二来源。CTC 提供给 TI 的规格与 1201 的规格是一样的。但是，TI 使用了金属栅技术，因此芯片面积是 1201（8008）的两倍，这是英特尔认为不应该生产的尺寸。在这方面，与金属栅技术相比，具有埋入式触点和自举负载的硅栅技术的优势被展现得再清晰不过了。

许多年后，与英特尔和 TI 就 1201 合同进行谈判的 CTC 工程副总裁维克·普尔（Vic Poor）告诉我，TI 的芯片从未成功运作过，他的公司也从未使用过这款芯片。这款芯片没有被推向市场，甚至在 4004 和 8008 公开发布之后也没有。它仅仅用于公关。这表明，即便是 TI，这家掌握了 MOS 随机逻辑芯片技术的全球最大定制芯片供应商，对他们来说，要在当时落实微处理器的开发也被证明是一件不可能的任务。

即便 TI 的芯片能成功运行，微处理器的发明人仍然是英特尔，因为 4004 早在 1971 年 3 月就已经率先出售了，比 TI 公布芯片原型的时间早了 1 个月。执行至关重要，因为 4004 和 TI 芯片的开发差不多是同时启动的。

1970 年，微处理器的开发是业内顶尖公司公开竞争的赛场，而不是一个革命性的理念。微处理器是无法回避的，但落实微处理器开发需要强有力的技术支持。而具有引导负载和埋入式触点的SGT因为具备真材实料，才最先到达了终点。因此，微处理器真正的发明人是那个落实了其制作，并且使其能够成功运行的人，而不是构思了某个特定架构的人。

20世纪60年代末的许多工程师都知道如何构建一个简单的CPU，但不知道怎样将所有电路集成在一块芯片上，也不知道怎样使其运作起来。而4004不仅是一项开创了尖端技术标准的高科技作品，而且是一项充满了创作热情和奉献精神的作品。我确实正驾驶着一辆遥遥领先的汽车。

蓝雉鸡

艾尔薇亚和鲍勃·阿博特的妻子莱斯利（Leslie）成为了好朋友。她们经常在彼此的家中见面聊天，让同龄的女儿们一起玩耍。有一天，阿博特夫妇邀请我们在库珀蒂诺的一家餐厅酒吧共进晚餐，这家店有一个抓人眼球的名字——蓝雉鸡。他们补充说："在这地方吃饭很有意思，而且还有惊喜呢。"我以前从没吃过雉鸡，但我知道很多人都觉得这是一道佳肴。我不知道的是雉鸡还有另一个特点，是男女老幼都为之着迷的。不久之后我就会知道到底是什么特点了。

这个地方很好，从那里可以一眼看尽旁边的高尔夫球场。但菜单上列出的只有传统的美式菜肴。这就是惊喜吗？这里供应的居然是新鲜的太平洋海鲜，而不是我期待的美味雉鸡？

不会吧！晚餐后，惊喜来了。灯光变暗，音乐响起，DJ宣布说，舞蹈比赛即将开始，并且邀请所有在场的人参加。我一下子明白为什么这地方要叫蓝雉鸡了！因为雉鸡不光是肉好吃，它的舞姿更是迷人。美洲原住民甚至在仪式中模仿雉鸡的样子跳舞。

我尴尬地对鲍勃说，我觉得我跳舞不太好看，更别说参加什么舞蹈比赛了。鲍勃则舞技娴熟。他听了哈哈大笑，说："拜托，重在参与嘛。"他拉着莱斯利的手,领着她走进了舞池。他俩的脸上全然是一副胜券在握的表情。

好吧,既然这样,那我们也舞起来吧!艾尔薇亚和我交换了一下眼神,我们准备就随便跳着玩了,因为我们知道自己是没什么机会取胜的。就这样,我们纵情地舞动起来,在大厅里转圈,自创一些舞步,而我们的朋友注视着我们,他们觉得很好笑。

音乐一换,灯光转成了深蓝,慢舞开始了。我搂着艾尔薇亚,有一种强烈的感情涌上心头——天呐,我多么爱她!我感到我眼里有光,她也是。我们周围的一切仿佛都消失了,只有我们俩徜徉在舞池中。音乐戛然而止,我们还沉浸在情绪中,手拉手回到了座位上。

到了 DJ 宣布胜利者的时刻了。我们听到,胜利者居然是……我们,我们俩真是惊讶极了!但更惊讶的人是鲍勃和莱斯利,尽管他们俩还是恭喜我们赢得了胜利。我们获得的奖品是一个小小的银质高脚杯。那个不可思议的奖杯让我们开怀大笑,直到今天,我们一想到它,还是会会心一笑。

从排他性合同到全球市场

在设计 4000 系列的早期阶段,我发现英特尔与比吉康签订了排他性协议,这使比吉康成为了该款微处理器的唯一受益者。我非常失望,因为我预计这款微处理器会有巨大的市场潜力,而且我希望我的工作能产生更广泛的影响,而不仅仅是为一个客户做一份简单的定制工作。随着 4004 项目接近完工,我开始向英特尔的管理层游说,以求找到摆脱那份排他性协议,在市场上公开出售 4004 的方法。霍夫和马佐尔认为,4000 系列将主要适用于类似计算器的设备,并确信比吉康永远不会放弃此类市场。他们还认为 8008 的架构比 4000 系列更适合通用。此外,他们关心的是如何销售微处理器,而这款芯片是不同于任何其他芯片的。

我坚信,4000 系列尽管有其局限性,但在许多控制应用中都能很好地发挥作用。我决定自己想办法。机会很快就来了。我需要开始一个新项目：设计并建造一台用于4004晶圆分类的测试仪。对于其控制系统，我决定使用4004，而不是通常使用的、用TTL组件制造的"状态机"。我认为，这是了解4004能否胜任工作的最佳方式，我也会直接探索其他客户可以如何使用4000系列来解决问题。

4004没有编程工具，我也没有太多时间，因此我使用助记符为测试仪编写程序，然后我将它们手动翻译成机器语言，即翻译成驻留在ROM中的1和0。这显然是必须由汇编器自动执行的基本任务，而汇编器是所需的第一个客户工具。由于4001（ROM存储器）需要定制金属掩模，并且仅在需要同一设备的多个副本时才有意义，因此我决定使用多夫·弗罗曼当时正在完成的产品：1702，这是世界上第一个电可编程和紫外线可擦除只读存储器（EPROM）。1702旨在帮助ROM代码的开发、调试和原型设计（然后广泛用于各类应用）。使用EPROM的固件调试一完成，代码将被转换为传统的ROM芯片，生产成本要低得多。

在我的案例中，开发这个独一无二的产品只需要一个EPROM，我用更易开发和变更的软件取代了费力的TTL设计。为此，我只需要在4004和1702之间设计一个适当的接口，以便1702+接口能够像4001那样运行。

测试仪的设计非常成功。这使我更加确信，4004能在许多控制应用上行之有效。我用这个经历来游说英特尔的高层，让他们更广泛地销售4000系列。我主要试图说服英特尔的营销副总裁埃德·盖尔巴赫（Ed Gelbach），他看来对大规模销售4000系列的想法持开放态度。他之前是TI的营销经理，最近刚接替了鲍勃·格雷厄姆。

最终，在1971年年中与嶋正利的电话会谈中，我发现比吉康陷入了财政危机，因为他们未能有效地击败使用传统定制设计计算器的竞争对手。这主要是因为他们支付给英特尔的价格太高了。嶋正利还告诉我，鲍勃·诺伊斯和埃德·盖尔巴赫很快就会访问比吉康。这个消息对我来说非常宝贵。我向鲍勃·诺伊斯提起了我与嶋正利的那次谈话，并向他提议，我们可以降低给比吉康的价格，交换条件是合同不再有排他性。当然,我也再一次强调,基于我从测试仪项目得到的直接经验,4004 对于控制应用是非常有价值的。诺伊斯与盖尔巴赫访问比吉康后不久,我就得知英特尔从排他性合同中解脱出来,并决定将 4000 系列推向市场。我很高兴。

将微处理器公布于世

埃德·盖尔巴赫指派了汉克·史密斯(Hank Smith)来主持微处理器业务的营销工作。他是英特尔公司里一位非常有前途的工程师。哈尔·费尼和我,还有霍夫与马佐尔,都为了 4000 系列的上市来帮助这一新成立的营销部门筹备技术性文档和营销策略。汉克为 4000 系列取了一个新的名字:MCS-4,这是"微计算器系统—4(位)"的缩写[6][7]。

很快,到了 1972 年年初,MCS-4 就有了后继者,MCS-8,其核心为 8008。MCS-8 系列产品主要是标准的英特尔内存,它们被很体面地重新命名为 8xxx,仿佛它们是专门为 MCS-8 系列开发的那样。例如,2102 静态内存被重命名为 8102。

微处理器终于在 1971 年 11 月向全世界公布了,这时距其首次被出售给比吉康已经过去了八个月。《电子新闻》周刊上登出了两页广告,标语是"开启集成电子新时代",后文则是对 MCS-4 系列主要特性的描述(图 20)。微处理器对我们生活的影响真的是革命性的,这个论断在过去 100 年中恐怕只有少数几个发明才适用。

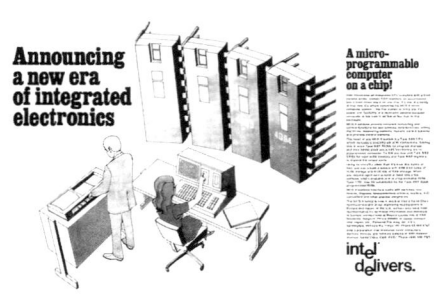

图 20 微处理器的首次公布。标语"开启集成电子新时代"是一个真正有预言性质的论断,这在夸张成风的广告界是罕有的例子

1971 年夏,就在微处理器公开发布前几个月,

我与汉克·史密斯一起去了趟欧洲,去探访那些潜在的客户。在保密协议的框架下,我向他们描述了 MSC-4 系列和版图即将完成的 8008。这次探访最有意思的地方在于,我们发现那些计算机公司对我们的产品非常挑剔,而那些用我们的芯片来解决问题的公司则乐意接受微处理器提供的新可能性。对于改进产品最有用的信息来自那些挑剔我们的公司,比如利多富计算机公司(Nixdorf Computer)和国际计算机公司(International Computers Ltd., ICL)。他们的反馈多少带着些不屑的口吻,指出我们的微处理器和他们的计算器相比的劣势,暗示我们:"你们对计算机懂多少?"有趣的是,这些公司(还有很多其他公司)在之后不到 20 年的时间里就被淘汰了,因为他们拒绝拥抱微处理器。

我很珍视他们所提的某些"建议",到了 1971 年年底,我构思好了 8080,这是一款大幅改进的二代 8 位微处理器,能够解决 8008 所有的主要问题,而且还增加了许多新的功能。

8008 使用的是可怜兮兮的 18 引脚封装,需要 20 至 30 个额外的 TTL 芯片来连接内存和 I/O 电路,从而将微处理器固有的许多优点排除在外。这一切都是因格罗夫和瓦达斯对封装毫无根据、近乎宗教般的热情造成的。8008 如果采用的是 40 引脚封装,就可以去除大部分的额外组件,但瓦达斯不想听到这个。更糟糕的是,由于这种荒谬的限制,他似乎并不关心 8008 的速度比原本可以达到的慢了 2 到 3 倍。

英特尔 8080 微处理器

> 我认为所有伟大的创新都是建立在其所收到的拒绝上的。
>
> ——路易-斐迪南·塞利纳(Louis-Ferdinand Céline)[1]

---

1 路易-斐迪南·塞利纳(1894—1961),法国小说家,代表作有《茫茫黑夜漫游》《一座城堡到另一座城堡》《死缓》《北方》等。——译注

1972 年年初，我就开始催促瓦达斯开启一个新的微处理器项目：未来的 8080。在我看来，8080 将充分利用英特尔为新的 4K 位 DRAM 开发的新 N 通道 MOS 工艺存储器，这是通往半导体存储器市场乐土的下一个门户。我的观点是，8080 将有新的总线架构、新的中断结构和许多附加指令，能够克服 8008 的所有主要限制，比 8008 快上大约 6 倍。

我使出浑身解数来说服我的领导，使用 40 引脚封装来优化 8080 的性能很有必要。但他拒绝了。幸运的是，与此同时，我也正在设计一款必须使用 40 引脚封装的单片计算器，这与竞争对手的芯片类似。由于一些难以捉摸的原因，瓦达斯对于给这个常规芯片使用 40 引脚没有什么意见，但对于将以高价出售的 8080，他就不乐意了。"这不合理！"我声嘶力竭地争辩道。他总算明白过来，让我与泰德·霍夫共同撰写一份备忘录给高层管理人员，以确保泰德同意我的计划，即便他其实对此没有任何贡献。瓦达斯明显是想要保护自己，以防该项目被高层拒绝。因此，在 1972 年 4 月，我向英特尔管理层写了一份提案，描述了 8080 项目，并请求获得批准。

8080 被设计成与 8008 机器代码兼容，并具有许多新指令和附加功能，可以将 8008 变成出色的微处理器。我的目标是获得 2 微秒的指令周期，比 8008 快 6 倍，与几款当下的小型计算机的速度相差不远。因此，许多第一代微处理器无法实现的应用将在 8080 身上成为可能。

然而，尽管我恳切地请求，我还是等了几个月的时间才获准开始开发 8080。我将嶋正利从日本请了过来，因为他是个非常优秀的逻辑及固件设计师，在研发 4004 的过程中帮了我大忙，也见证了完整的芯片设计周期。凭借已经掌握的知识，加之其他一些培训，他一定能成为一个出色的芯片设计师，即便他以前从没有设计过芯片。我深信这一点。

项目在 1972 年 11 月开始，此时距离我向管理层请求开启这一项目已过去了九个月。在与嶋正利并肩工作了几个月后，他便能独当一面，对项目做最低限度的日常监督，以保证项目顺利运行。

8080 的第一硅片于 1973 年 12 月问世，芯片能够完整地运行，只有几个小小的问题。8080是世界上第一款第二代微处理器。该款产品于1974年3月被公之于众并推向市场[8][9],很快就大获成功。有了8080,微处理器就成熟了,其市场也能迅速地扩展,这主要是因为,与第一代微处理器相比,第二代的速度有了大幅提升,并开启了延续至今的指数级增长。

摩托罗拉成了英特尔第一个重要的竞争对手,因为他们在六个月后就推出了摩托罗拉6800,这是他们的第一款8位微处理器,使用了SGT和40引脚。

而我一直对此忿忿不平的是,英特尔的疏忽大意浪费了我辛苦工作才赢得的竞争优势,以致损失了九个月的市场先机!幸运的是,8080成功地抵御了摩托罗拉6800的挑战,尽管竞争优势已不可逆转地缩小了。

很多年以后,瓦达斯和格罗夫才接受微处理器,因为他们俩都认识不到微处理器具备的革命性的潜力。在2003年3月31日的《时代》(TIME)周刊特辑中,格罗夫回忆说:"对我们这样潜心制造的人来说,看到1971年11月15日那天的杂志广告上竟然大张旗鼓地说'开启集成电子新时代',是感到非常惊讶的。老实说,我都有点吓到了。这个新时代是什么?有什么特别的呢?"这段话足以让人看出,对于我如此热心从事的工作和愿景,他的态度有多么轻蔑。这也是我决心在1974年离开英特尔自立门户的主要原因之一。

开启一项新技术

除了你自己,没有人能给出更明智的建议。

——西塞罗(Cicero)[2]

---

[2] 马尔库斯·图利乌斯·西塞罗(公元前106年—公元前43年),古罗马著名政治家、哲学家、演说家和法学家。——译注

到了 1973 年年底，瓦达斯带着一个存储器项目来向我求助。他需要我的帮助，因为英特尔没有能力向宝来公司（Burroughs）提供所有其所需的快速存储器。宝来是英特尔非常重要的客户，他们订购了大量的静态 2102 RAM，但 500 纳秒访问时间的产出率太低了，以至于英特尔积压了大量未售出的慢速芯片库存。

瓦达斯处在巨大的压力之下，因为制造工艺必须有所修改，存储器也得重新设计。我对他的要求感到惊讶，因为他不止一次告诉我，存储芯片比微处理器更难设计，仿佛存储设计是一门精致得多的艺术。

2102 是一款 1024 位静态 RAM，首次使用单 5 伏电源电压，和双极逻辑芯片使用的是相同的电源电压。由于这一选择，MOS 信号已经与双极信号兼容，一劳永逸地解决了从一开始就困扰 MOS 技术的一系列棘手问题。然而，2102 在 5 伏电压下运作几乎是不可能的，因为在最坏的情况下，逻辑门的输出电压略高于 MOS 晶体管的阈值电压。因此，正常的制造工艺变化造成了存储器访问时间的广泛分布。

瓦达斯想要让我通过减少栅极氧化层厚度来重新设计 2102。他确信，只要修改这一项就能解决问题。在分析了情况之后，我很清楚他的建议其实只是一片创可贴。而我想的是，如果我们使用耗尽型负载晶体管，那么我计算出所有的生产都将低于 500 纳秒（感兴趣的读者可以在附录一中找到耗尽型负载的详细描述）。我向瓦达斯指出，这项技术在制造仅以 5 伏电压供电的快速逻辑电路和微处理器方面具有优势。然而，对他来说，似乎只有存储器才是重要的。

瓦达斯拒绝了我的提议，因为这需要一个额外的掩蔽步骤，即便这么做没有风险，毕竟耗尽型负载晶体管已经成功地得到了使用。我告诉瓦达斯，他的想法行不通，如果他想按照自己的方式做事，他就得将项目分配给其他人。最后，瓦达斯接受了我的提议，砰的一声关上门，离开了会议室。

6 个月后产出的第一批芯片比之前的版本快了 5 到 8 倍！一些芯片甚至只需 80 纳秒的访问时间，与当时昂贵的双极 RAM 相差不多。然后我告诉瓦达斯，如果我们做一些进一步的改进，就可以进入利润丰厚、看似遥不可及的快速双极 RAM 市场。

这是 5 伏 N 沟道耗尽型负载工艺技术（附录一）的开端，该工艺在接下来的 15 年里推动了行业向前发展，基本上从市场上淘汰了双极 LSI 技术，然后又被 CMOS（互补金属氧化物半导体）技术取代，但 CMOS 使用的仍然是硅栅。CMOS 是一种众所周知但价格高昂的技术，自 20 世纪 60 年代后期以来一直用于需要电池的应用。随着手机大获成功，CMOS 成为主流，现已被普遍使用。

最初作为"权宜之计"的 2102A 项目最终使英特尔进入了利润丰厚的快速静态 RAM 市场，成功地与双极存储器竞争，并逐渐攻占了双极电阻的最后堡垒之一。到了 20 世纪 80 年代后期，除了一些特殊的应用，双极技术基本已经从竞争中消失了。而硅栅 MOS 技术不仅赢得了与金属栅技术的战斗，还赢得了与当时风头正劲的双极技术的战争，这是 1968 年的专家认为不可想象的结果。

客观看待微处理器的历史

一些重大发明，比如汽车、飞机或微处理器，需要人沿着一条被许多不同的发明家同时公认和追求的道路，去解决许多问题。不过，除了技术性成分之外，人还需要其他一些很少被提及但却不可或缺的特征，例如使发明真正发挥作用所必需的热情、勇气、决心和责任心。

现今有许多的"发明人"，他们设想出一个理念，为其申请专利，但却从未将其开发至可以成功运作的程度，更不要说在理念被证明能够成功运作之后，投入必要的精力，以保证理念能够落地实施了。这些所谓的发明人在等着有其他人（这些人通常并不知道前者做了什么工作）来独立开发一个类似的理念，使其成功运作，耗费了大量的精力、财力来为其打造市场。到了某个节点，这些所谓的"发明人"忽然从他们的木工活后面跳出来，挥舞着他们的专利，宣称自己在别人辛苦劳碌的成果中有份。这种行为普遍存在，但我认为这是应该受到谴责的，尽管这为许多律师增加了工作机会。这正如15世纪法国作家弗朗索瓦·德·拉罗什富科（François de La Rochefoucauld）所说的："这个世界更多的是奖赏表面上的优秀，而不是实质上的优秀。"

这种情况也发生在了微处理器上：吉尔伯特·海厄特（Gilbert Hyatt）在微处理器问世后十年忽然出现，宣称自己是微处理器的法定发明人，并索要相应的荣誉和钱财。在之前的十年中，海厄特同美国专利与商标局（US Patent and Trademark Office）就一项专利开展斗争，他不断根据事后观察，而非事先预见更新该专利。在与德州仪器公司的专利干涉案中，他的专利最终被宣告无效。这场官司倒是让涉案的律师们大赚了一笔。

比吉康在1969年4月第一次造访英特尔时，就已经开发了一套可编程方案，用于制造使用同一款芯片的计算器系列，这与霍夫和马佐尔所说的截然不同。比吉康之所以找到英特尔，是因为遵循了一位顾问的推荐。这位顾问叫吉姆·今井（Jim Imai），他是MOS技术方面的专家，熟知多家生产集成电路的公司所采用的技术。非常巧的是，吉姆也是我还在刻瑞斯工作时，1966年夏天参加GMe公司MOS技术课程时授课的工程师！

多年以后，吉姆告诉我，当时他在评估了比吉康项目的逻辑设计和速度要求以后，就明白这个项目是不可能用金属栅技术来完成的。这个项目至少需要硅栅技术，尽管他不是很确定这是不是就够了。于是他建议比吉康去找英特尔，因为英特尔是唯一一家有可能设计这样的芯片的公司。

英特尔对他们的原始设计不感兴趣，建议他们采用基于DRAM而非基于移位寄存器的简化架构。比吉康没有别的选择。而英特尔不声不响地将项目启动推迟了5个多月，以致比吉康无法像其他明智的客户那样，在这种情况下去找其他的友商。

然而，比吉康的设计并不像斯坦·马佐尔告诉我的那样，"只是一堆定制芯片拼凑成的打印台式计算器"，而是包含了7个芯片，其中 3 个组成了一个特殊用途的中央处理器（CPU），第四个则是用于数据存储的移位寄存器，第五个是 ROM，最后两个是用于控制键盘、打印机、开关和灯等部件的 I/O 芯片。

因此，原始的日本设计中就已经包含了一个 CPU，他们的芯片系列是可编程的，尽管这个系列是专门用于计算机的，并且对于 CPU 而言过于复杂，无法内置到单个芯片中。他们的 CPU 使用了特殊的宏指令来减少制作计算器所需的 ROM 内存的数量，但像任何其他计算机一样寻址 ROM 存储器，而串行数据存储器的寻址方式就仿佛是 I/O 一样。这也就是 4004 寻址 4000 系列 RAM 的方式如此繁复的根源；它带着比吉康设计的烙印。

由英特尔公布的微处理器官方历史是这样的：霍夫和马佐尔发现了一种可编程的解决方案，可用于取代一整套的定制芯片（暗示这些芯片是不能编程的，但其实是可以的）。不过，即便是比吉康的解决方案也不像乍看起来的那样具有革命性，没有能够使故事变得更深刻。

世界上第一家推出可编程台式计算器的公司是 1965 年的奥利维蒂。这台计算器叫做 Programma 101，是由詹乔治·佩罗托（Giangiorgio Perotto）构思并主导的项目。Programma 101 是以小型计算机为核心的可编程计算器，包含键盘、打印机和磁卡读卡器。这是一款革命性的产品，开启了一个全新的市场方向，是个人电脑的前身，尽管它是专门用于数值计算的。

Programma 101 由封装在紧凑的三维模块中的分立元件制成。它还有一个串行数据存储器，由 4 根磁致伸缩线（施加磁场导致其密度发生变化的导线，变化以声速沿导线传播）制成。这台计算器在市场上取得了巨大的成功，出售了超过 40000 台，这在当时被认为是非常大的销量。它最大的优势是可编程性。它的成功引发了激烈的竞争，而奥利维蒂却没有作好准备。他们坐享其成，而不是立即设计出更先进的产品来克服其诸多的局限性。

1968 年，惠普公司推出了 HP 9100，这是一款比 Programma 101 先

进得多的可编程台式计算器，成为奥利维蒂所开辟的市场的新领导者。比吉康只是遵循了奥利维蒂和惠普所开创的方向，但增加了一个重要的因素：他们明白，有了一组可以构建计算机的芯片，就可以通过重复使用同样的组件来创建一系列不同的计算器。换言之，比吉康已经清楚地看到，如果 CPU 够快，使用定制的软件以及不同数量的存储器和 I/O，就能制造不同的机器。

这是一种非常明智的做法，因为芯片开发的高成本将通过在许多不同的产品上使用相同的芯片来摊销，而其价格也会因各种型号的累积量而降低。更重要的是，在第一个产品之后，与任何新产品相关的开发时间和风险将大大减少。

但是比吉康并不知道英特尔已经在开发动态 RAM，这些 RAM 很快就会淘汰仍在小型计算机系统领域占据主导地位的移位寄存器。例如，HP 9100 的成功在很大程度上归功于由微型磁芯制成的 RAM，这是由 HP 工程师完成的真正杰作，而奥利维蒂的 Programma 101 使用的串行存储器则未免落后了些。

这家日本公司将英特尔描述为一家设计和制造定制电路的公司，就跟任何其他 MOS 公司没有什么区别。他们没有意识到，英特尔的企业愿景是主要生产标准产品。在意识到客户需要很长时间，才能将他们的存储芯片用于批量生产之后，英特尔才对定制项目产生了兴趣，这难免有些投机取巧。因此，定制芯片将有助于更迅速地提升销售额，因为芯片的产品开发是与客户的产品开发并行开展的。

泰德·霍夫看了比吉康的计划书，就立刻意识到这款 CPU 比其所需的复杂得多，因为它依赖于移位寄存器数据存储器。通过使用 RAM，就像所有当代计算机那样，霍夫可以简化系统架构。此时，英特尔正在开发一个动态 RAM，使用 3 个晶体管，而不像移位寄存器或静态 RAM 那样使用 6 个晶体管。将用于 CPU 寄存器与堆栈指针的移位寄存器和静态 RAM 替换成动态 RAM，晶体管的总数就可以减少近一半。

在鲍勃·诺伊斯的鼓励下，霍夫接下来就对比吉康的设计做了简化，他使用的是传统的计算机架构，这样就可以去掉移位寄存器和静态存储器了。最终的成果就是我先前描述的 4000 系列[10]。然而，这种架构算不上工程上的壮举，因为任何小型通用 CPU 都会导致类似的复杂性，许多工程师都知道如何构建这样的架构，包括我自己在内。这个 CPU 架构并没有什么不同寻常，最明显的证据是同一年中完成的 CTC 架构，前文已经说过，英特尔 8008 微处理器使用的就是这个架构。

1970 年生产的 MOS 集成电路大部分是采用金属栅技术的定制逻辑电路，具有高阈值电压。这些集成电路还包括 ROM 存储器，可使用金属掩模进行编程，以存储客户拥有的代码。唯一具有相当产量的标准产品是由移位寄存器制成的串行存储器。几乎所有生产 MOS 集成电路的公司（包括仙童）都具备将客户实现的逻辑设计转换为一个或多个集成电路的能力。这是通过互连起预先设计和表征的电路块，然后对全局系统进行计算机模拟来完成的。

先前由于缺少引导负载，以及 SGT 的拓扑布局差异，仙童要采用 SGT 存在很大的障碍。此外，埋入式触点的使用为创建更密集的电路提供了机会，尽管这样做需要更多的投资，也会改变现有电路块的稳定性。即便到了 4004 发布的时候，还没有一家公司将 SGT 用于逻辑电路，原因之一是从金属栅到硅栅的转变这一调整的耗资不菲。

不过英特尔是独一无二的，因为它生产的标准化存储器 IC 不需要高额的投资。公司决定生产一些定制电路作为次要活动，以提升短期销售额，并没有考虑到需要一个完善的定制设计方法论，而这样的方法论是需要大量投资的。英特尔内部没有人有定制电路的经验，尤其是瓦达斯和格罗夫，他们虽有制造工艺的研发背景，却不是逻辑芯片方面的专家。

微处理器必须从头开始设计，因为现有的基于金属栅的 MOS 的定制设计基础设施条件不够，不足以提供完成这项工作所需的速度和密度。尤其是版图必须"手工封装"，而不是使用类似乐高玩具这样的预定义构建块，后者是用于要求不高的定制芯片的。最重要的是，具有自举负载和埋入式触点的 SGT 是必不可少的，因为即便是采用手工封装的金属栅 MOS 版图，芯片也会太慢且太大，无法满足商业级微处理器的要求。我刚进英特尔的时候，公司几乎没有什么逻辑和电路设计基础设施，所以我不得不开发所有缺失的部分，用 4004 的芯片和版图建立起最新的技术。

我开发的方法论，另外结合了在 4001、4002 和 4003 设计过程中积累的丰富电路库，使得我设计 4004 的速度大幅提升。尽管如此，由于 4004 使用了埋入式触点，因此就需要额外的电路和更精细的版图绘制技术[11][12]。如果没有这些创新，霍夫的架构就不可能在 1970 年实现。

拉尔夫·翁格曼

1972 年，瓦达斯突然告诉我，他雇了一个人来经营英特尔的定制芯片业务，这是我受雇时的职位。他解释说，英特尔想要正式进军定制芯片业务，而我则必须专注于微处理器市场。新来的这位同事名叫拉尔夫·翁格曼（Ralph Ungermann）。瓦达斯解释说，他之前在西部数据（Western Digital）工作，负责运营一个小型的设计团队，开发的产品是用于远程通信的定制 MOS 芯片。拉尔夫有电子系统的背景，而不是我这样的半导体的背景。瓦达斯告诉我，翁格曼的经验对于英特尔的未来愿景非常重要。

在我看来，瓦达斯想要拿走我构建起来的东西，他不想花大力气去推动微处理器领域的进展，主要是因为当时我还没有获得许可来设计 8080，而这是我几个月来一直在努力推进的。我告诉瓦达斯，我根本不喜欢他的这一举动。我让他知道，如果他要按照他的计划来推进工作，我就会离开英特尔。几天后，瓦达斯退缩了。拉尔夫被安排到我手下工作。我很高兴地将我参与的定制项目移交给了拉尔夫。但我很快就发现，英特尔的高层管理人员并没有认真对待定制电路业务。公司无意进行必要的投资，以将这项次要活动转变为有意义的业务。此外，英特尔与行业中最好的供应商相比，在成本方面也没有竞争力。

不到一年，拉尔夫就向我提出离职，他要帮助他的妻子苏（Sue）在电子系统测试领域创立一家小型咨询事务所。他还表示，如果今后有好的机会，他还是愿意再回英特尔的。

1974年年初，英特尔进行了一次重要的重组。安迪·格罗夫成了行政副总裁，除了负责运营和研发之外，他还接管了营销。结果就是，因为有了双极芯片设计、工艺开发和应用研究（泰德·霍夫的团队）的加入，瓦达斯的职权范围大大扩展了。

我的职权范围也扩大了许多，因为我被指派接手了瓦达斯之前的工作，只有动态存储器除外，而这是英特尔的主要业务线。我之前是小型机器团队的负责人，大概有十来个人向我汇报工作。经过这次重组，我被提拔成了部门经理，有六个团队向我汇报工作。这下，我得管理80来个工程师和技术人员了。所以，我请拉尔夫回来接管微处理器团队，负责之前我主导的所有项目。

不幸的是，1974年是美国经济衰退的一年。这次衰退由1973年的石油禁运引发，禁运令导致汽油供应短缺且价格高昂，加油站排起了长队。半导体行业也未能从这次危机中幸免。英特尔不得不裁员约10%，以适应新的市场环境。尽管我取得了成功，但我越来越厌倦斗争，不想每一次都要为自己感觉重要的事情去争辩。这一次，我决定离开英特尔。

除了盗用我在仙童所做的工作之外，还有其他原因导致我作出这个决定。我不愿屈从于安迪·格罗夫严酷的管理风格。即便英特尔是完美的，我还是渴望朝着创业的梦想奔跑，就像之前硅谷的许多企业家所做的一样。此外，我觉得我没有得到与我的贡献相匹配的奖赏。如果我将同样的精力和主动性投入自己的公司，我想，我很快就能在经济上自给自足了。

1974年夏，我认为是时候离开英特尔了。如果英特尔不想成为一家微处理器公司，那我就自己创建一家专门生产微处理器的公司。我问拉尔夫是否有意入伙。他毫不迟疑地给了我肯定的回答，甚至都没问我计划做什么，并且很快就从英特尔辞职了。又过了几周，我告诉瓦达斯，我要离职，去创立一家自己的公司。瓦达斯让我去跟格罗夫谈。一开始格罗夫表现得很和蔼可亲，试着劝说我留下来。但他见我去意坚决，就变了脸色。他告诉我，如果我离开英特尔，我就不会有什么遗产留给儿孙。他甚至还说，如果我离开了，我就永远不会获得成功！他的话听起来既像是诅咒，又像是恐吓，而这只能更加坚定我离开的决心。他的管理风格就是这样，这让他赢得了"匈奴王阿提拉"的雅号。此时，这个雅号从我脑海中闪过，我觉得这简直太恰当不过了。

瓦达斯腆着脸让我再待上几个月，他说这样他就可以有时间找到人来接替我，并且让我不要跟任何人提起我离职的决定。我不情愿地同意"站好这班岗"，尽管后来我后悔自己答应了他这个请求。

最后的几个星期令我非常痛苦。我很喜欢我手下众多年轻、优秀的工程师，中间有几个是我自己招聘和培训的。离开他们，让我觉得很遗憾。我感觉自己好像在背叛他们，因为我不能告诉他们我要走了。但是我已经无法忍受继续留在英特尔。那时我才模模糊糊地意识到，我的决定将推使我走上一个新方向，我将成为一个企业家。我的第二段人生，作为一个身在异国他乡、从事高科技工作的高级物理工程师的人生，就要告终了。

1974 年 10 月 31 日是我在英特尔的最后一天，那一天是万圣节。那一天也标志着一场行动的开始，这场行动旨在将我的名字从硅栅技术和微处理器的历史上抹去。然而，英特尔的领导们却未将一个搅乱他们计划的"变量"计算在内。

艾尔薇亚为真相而战

真相也会历经艰难，但却不会消失。

——蒂托·李维（Titus Livius）[3]

3　蒂托·李维（公元前 59 年—公元前 17 年），古罗马历史学家，代表作《罗马自建城以来的历史》（*Ab Urbe Condita*）。——译注

与安迪·格罗夫最后一次会谈结束后，我回到家中，向艾尔薇亚说了这场交易。我用开玩笑的口吻描述了他是如何从"杰基尔博士"变身为"海德先生"的[4]。我也尽力向她保证，格罗夫的威胁是不会成真的。我坚定地反复告诉她："他办不到！"

见我一本正经地开着玩笑，艾尔薇亚笑了，但很快她就严肃起来，她说格罗夫的威胁很荒谬，她很确信他是不能得逞的。"他就是想要威胁你！"艾尔薇亚说，"你毕竟是 MOS 硅栅技术、第一款微处理器，以及英特尔首个大获成功的微处理器 8080 的所有原始文件的第一作者，他们怎么能把你的名字抹去？第一款微处理器和 MOS 硅栅技术密不可分。如果没有这项新技术，如果你没有给英特尔带去的相关知识，尤其是他们压根就不知道的引导负载，4004 根本就不会存在！你是这两个项目的负责人，这两个项目的成功是你的功劳！"

她继续说："他们怎么能这么歪曲事实呢？4004 的架构和设计怎么可能在不同的组织、不同的时间分头产生呢？硅设计以前从未实现过，现在是基于你的新技术和新方法才有的，怎么能跟那时候其他很多的 CPU 架构混为一谈呢？"

"他们怎么能无视你的创造力、你的热心，还有你的重大贡献呢？"艾尔薇亚特意强调了"贡献"，这其中也包含了她的付出。"这个项目之前都搁置了好几个月了，要不是你来接手，事情怎么能成呢？虽然瓦达斯和格罗夫都不看好那个方向，但多亏了你，英特尔才走到了微处理器行业前端！"

4　出自 19 世纪英国作家罗伯特·路易斯·斯蒂文森（Robert Louis Stevenson）创作的长篇小说《化身博士》（*Strange Case of Dr Jekyll and Mr Hyde*，又译《杰基尔博士与海德先生异闻录》），书中讲述了绅士亨利·杰基尔博士喝了自己配制的药剂后，分裂出邪恶的海德先生人格的故事。小说塑造了文学史上首位双重人格形象，后来"杰基尔博士与海德先生"一词成为心理学中"双重人格"的代称，该作品也多次被改编为电影、音乐剧等。——译注

此时，艾尔薇亚摒住了呼吸，陷入了沉默。过了片刻，她又开口："那些架构师又怎样呢？霍夫担心 4004 会失败，就躲得远远的，根本就不关心项目的进度！英特尔的每个人都知道这是你的贡献，是你推动了微处理器进入一般市场。实际上，你离开之前，他们就把你看作微处理器之父了。"

她滔滔不绝，言辞有力，忠心耿耿。这深深打动了我。我对她的支持万分感激。确实，事实太明显了，不容改变。我们却低估了英特尔操纵事实和舆论的能力。1975 年，差不多就在我刚离开英特尔的时候，《财富》（Fortune）杂志上发表了第一篇关于微处理器的重要文章。我没有接受采访。艾尔薇亚看到了这篇文章。她难以置信地告诉我，文中根本就没有提到我。很快我就发现，记者和作家们都被英特尔的公关机器引导了。多么讽刺啊！这家公司一面说自己推崇卓越，一面却无视为自身卓越作出巨大贡献的人！

我们都明白，英特尔之所以这么做，还有其他的原因：他们不仅尽可能地缩小了我为所有那些早期微处理器所做的贡献，还将我为开发硅栅技术所作的贡献（这是我于 1968 年在仙童半导体时开发的）降到了最低。英特尔在他们的存储器芯片中复制并使用了这项技术。通过删除微处理器的设计者，英特尔还可以加强其对 SGT 的主张。对他们来说，这简直是一石二鸟！

艾尔薇亚希望我作出反应。但我立马告诉她，我不想让自己陷入与强敌的官司中，而且这个强敌还有媒体的帮腔。我想继续为技术进步作出贡献，这意味着我不能浪费时间和精力。"最好的报复是继续取得成就。"我说。

就在那时，艾尔薇亚已无法容忍这种扭曲事实的行径，她决心自己抗争，还原事实真相。艾尔薇亚后来有幸成为杰克逊出版集团(Jackson Publishing Group）驻帕洛阿尔托（Palo Alto）办公室的主任。杰克逊是一家在信息技术领域非常重要的意大利出版公司。从那时起，她感到自己有了更大的权威性加持，也有了无数的机会来发声。她参加了各种出版会议和科技活动，与记者和想要聆听她说话的人交谈，甚至与英特尔高层会谈。在我们的女儿马尔齐娅的技术支持下，她还创立了一个网站（www.intel4004.com），并且持续地在上面更新内容。这个网站上有许多我在仙童和英特尔工作时的文档和信息。每当她在书中看到了假消息，她就会致信作者，纠正他们的错误。

她还写了许多信件，有些是直接寄给安迪·格罗夫的，也就是英特尔对我采取报复行动的主要策划人。有一个周日，她从家中给他打了电话。在那通电话中，他用外交辞令来答复她，许诺说他会逐渐把故事纠正回来，因为他不可能一次性立马改过来。但这明显是在诓骗她，是为了稳住她。事实上，他也确实没有采取任何的后续行动来兑现他的承诺。后来我听说，艾尔薇亚已经上了英特尔不受欢迎人员黑名单，不会再受邀出席他们的任何发布会了。对此，我一点都不意外。

在她抗争的过程中，艾尔薇亚一直得到意大利家人们的支持。她常常在半夜里打电话给她的母亲和姐妹们寻求安慰。她们说的话增强了她的信念：真相留下了太多的痕迹，是不能被彻底地压制的，只要你努力地去揭露它，即便面对巨人歌利亚（Goliath）[5]那样的敌人也不放弃，那么迟早它会浮现出来。对于我们整个家庭来说，本应该是带来欢乐和自豪的事情，却成了紧张和不安的来源。

英特尔继续展开狡猾的宣传攻势。他们把我的功劳归给他人，忽视和贬低我所做的创造性和本质性的工作，而那些从歪曲当中受益的人，胆子越来越大。例如，霍夫和马佐尔试图将4004和8080开发过程中的领导地位各自归给自己，直到今天，在这50年的时间里，他们从未提及我才是开发了所有第一批英特尔微处理器的负责人。

5　歌利亚，《圣经》记载中非利士军队的首席战士，是个身高2.9米的巨人，令人退避三舍，但后被大卫所杀。——译注

在 1988 年的一次访谈 [著名的克拉伦斯·拉森（Clarence E. Larson）[6] 系列访谈的一部分] 中，霍夫如此描述了他在创建微处理器工程中的角色："我不是 MOS 设计师……我的角色主要是做架构，然后接下来是为产品做支持。所以，在架构完成、指令集定义完后，架构就被交给了 MOS 设计团队，他们继续完成工作……"

在这段访谈中，他暗示真正有贡献的部分是架构，而芯片的设计只是例行公事。这与事实恰恰相反。

更糟糕的是，霍夫在鲜有的几次提到我的时候，只把 4004 的版图归功于我，却不提我最重要的贡献，即基于自举负载和埋入式触点的设计方法论、逻辑和电路设计，以及项目自启动到圆满完成和市场推广全过程中的领导工作。

1992 年英特尔博物馆开馆时，他们在解说词中将马佐尔列为 8080 的项目负责人。我们进行了抗议。之后，英特尔进行了改正，将我列为负责人。

瞪眼比赛

> 我是我自己的视野中那看不见的部分。
> ——佛朗哥·阿米尼奥（Franco Mario Arminio）[7]

双眼既能发出光亮，也能发出黑暗。既有爱抚的眼神，也有焚烧的眼神，至少是试图这么做的眼神。英特尔的 CEO 安迪·格罗夫就有一次试图对艾尔薇亚这么做。此事发生在微处理器诞生 25 周年的纪念活动上。这场活动是由计算机经销商博览会（Comdex）组织的。我受

6　克拉伦斯·拉森（1909—1999），美国化学家、核物理学家，他在退休后的 20 世纪八九十年代与数十位原子能及相关领域的科学家进行了一系列视频访谈。——译注

7　佛朗哥·阿米尼奥（1960—），意大利诗人、作家及导演。——译注

邀参加了这次活动，因为我发明了英特尔 4004 和 8080，还有齐洛格 Z80 这几款处理器。在活动中，安迪·格罗夫和他的妻子伊娃（Eva）坐在我们前一排。活动结束时我们都起身了，当我们穿过一排排座椅走向出口时，他转身回来，站在艾尔薇亚面前，伸出手来恭喜她获得了奖项。然后，他就死死地瞪着她，仿佛要用眼神来催眠她似的。当时我正走在他们前面不远的地方。

时间一分一秒地过去了，他的眼睛一直瞪着艾尔薇亚，想要迫使她退缩。但她没有。他未能得逞，就走开了几步，然后又踱了回来，重复了同样的动作：握手，然后瞪着她，跟之前一样用力。最终他不得不移开视线，朝着出口走去，而我们跟在他后面，保持着一段距离。安迪没有注意到，也不会知道，没多久，艾尔薇亚就紧紧抓住我的胳膊，因为她觉得自己的头在旋转，她害怕自己会昏倒在地。在赢得了这场挑战后，她的能量实现了更新，她感到自己变得更强大了，正如陀思妥耶夫斯基（Dostoevsky）所说："任何真诚地想要获得真相的人总是强大得可怕。"

2014 年，艾尔薇亚和我出席了华盛顿国家发明家名人堂博物馆的开幕式，该馆与 USPTO（美国专利商标局）有关联。我们惊奇地发现霍夫是这样出现在解说词中的："马西安·泰德·霍夫领导的团队设计了第一款单片机 CPU。"在这段错误的解说词中，霍夫扮演的是我的角色，芯片设计的功劳成了他的，但他其实没有作哪怕一丁点的贡献！霍夫的助手斯坦·马佐尔在解说词中则是"在改进单片机 CPU 的架构和逻辑设计方面发挥了重要作用"的工程师，但其实他对逻辑设计完全没有贡献！

我们进行了抗议。解说词就改成了这样："马西安·泰德·霍夫带领的英特尔团队定义了单片机 CPU 架构，之后另一位负责人带领的 MOS 团队完成了 CPU 的设计。"马佐尔的解说词也改成了："斯坦利·马佐尔在改进单片机 CPU 的架构方面发挥了重要作用。"

如今，美国国家发明家名人堂博物馆为我所写的解说词是正确的：

"费代里科·法金曾就职于英特尔的 MOS 团队,担任首席设计师和团队负责人,他带领团队在为使用硅栅技术的随机逻辑设计开发了关键的方法论后,设计了第一款微处理器。"

埃米尔·左拉(Émile Zola)曾经写道:"真相往前行,没有什么能够阻挡它。"然而,我们常常需要奋力抗争才能真正让这句话成真。而这正是艾尔薇亚这些年所做的事情。艾尔薇亚一直都是一个令人生畏的战士,她正直、勇敢,怀抱信念,不屈不挠地捍卫正义和真相。她的榜样作用也使我变得更真实、更正义。

第四章
我的第三段人生

事情在完成之前，看起来总是不可能的。

——纳尔逊·曼德拉（Nelson Mandela）

齐洛格公司

我离开英特尔后的翌日，即 1974 年 11 月 1 日，是我在自己的新公司的第一天。拉尔夫和苏夫妻俩已经在洛斯阿尔托斯（Los Altos）市中心的州街（State Street）租用了 550 平方英尺的办公空间。为了节省创建新公司所需的资金，拉尔夫建议我买下翁格曼联合公司（Ungermann Associates，UA）一半的所有权，这家公司是他和苏两年前创办的。我来当 CEO，拉尔夫来当执行副总裁，苏则是 CFO（首席财务官）。我同意这个提议，考虑到 UA 目前几乎没有业务（部分原因是当时的经济衰退），因此我们不会在未来发展方向上受到什么阻碍。下一步是决定我们想要做什么，并准备一份商业计划书，提交给风险投资圈来获得资金支持。这当然是对任何一家初创公司都行之有效的路径。为了支持我们三人，苏将继续经营现有业务，而拉尔夫会投入部分时间从旁协助，直到我们获得风险投资，而我则专注于规划新的发展方向。

进入新的人生阶段没几日，我就接到了《电子新闻》周刊记者的电话。这位记者已经得知了我们倒戈的消息，想要写一篇关于我们的简讯。他的短文随后就出现在了下一周的期刊上。一周后，我接到了另一通电话。这次是埃克森企业（Exxon Enterprises，EE）的亨德森（Henderson）先生打来的，他询问我们是否需要他们提供帮助。亨德森先生解释说，EE是由当时世界上最大的公司——埃克森公司资助的风险投资机构，旨在参与快速发展的信息领域。我告诉他，我们还在规划未来的发展方向，但如果他近期来市中心的话，我们会很乐意与他见面。几天后，亨德森先生再次打来电话，说他和丹·马蒂亚斯（Dan Matthias）大约一周后会来湾区，他们想见见我们。他来得可真快呀，我想。

　　离开英特尔后，我一直在考虑我们的第一款产品。我想过单片机，这款产品要有针对I/O操作进行优化的高速CPU、大量可编程I/O端口，以及足够的内部ROM和RAM。这样的芯片可以解决许多的控制问题，因为4004又慢又贵，而8080也造价不菲。德州仪器刚刚推出了TMS 1000微控制器，它在概念上是一个类似的产品，但比我想象的要慢得多，且灵活性较差。因此，在与EE第二次通话后，我开始准备一份初步的商业计划书，以便在即将进行的面谈中与他们讨论相关事宜。艾尔薇亚此前在山麓学院（Foothill College）[1]上过打字课，她就来我们的办公室帮忙打字。终于在客人到达前几分钟，她把计划书打完了。

　　会谈进行得很顺利，持续了两个多小时。亨德森先生是一位穿着无可挑剔的金融专家。丹·马蒂亚斯是一个精力充沛、富有创造力的人，他对微处理器了解颇多，并且提出了大部分问题，其中许多问题颇为尖锐。我们给了他们一份初步商业计划的副本。他们离开时说，几周后他们会告诉我们，他们是否有兴趣跟进。

　　我们的计划书表明，有了50万美元，我们就可以达到第一个里程碑，

---

[1] 山麓学院，成立于1957年，是一所位于加州洛斯阿尔托斯山区（Los Altos Hills）的公立社区学院。——译注

包括拥有一个工作芯片和一个带有基础软件的开发系统，而这是客户开发定制固件的绝对必要条件。对当时的环境来说，我们的制造计划很新奇：我们打算将早期的晶圆生产承包给第一家提供晶圆代工服务的公司协力（Synertek）。然后当我们达到足够的产量时，我们就建立自己的工厂来保证投资。

Super-80 CPU

然而，在那次会谈之后，我开始重新考虑计划要做的产品。我主要关心的是成本结构。我意识到，除非我们有自己的晶圆厂，不然我们就无法赚钱，因为这款芯片给我们带来的利润不足以同时满足我们和晶圆代工厂的需求。另一方面，如果我们从一开始就决定建立自己的晶圆厂，那么我们就得花费巨资来建厂，这样前两年我们就没有什么收入，这段时间里我们要等待客户设计好他们的产品，然后进行大规模生产。

我花了几个星期思考这个问题，忽然想到一个解决方案。那天晚上，拉尔夫在办公室忙着 UA 的业务，而我正在思考要做什么，未来工作的整个愿景忽然在我的脑海中闪现，我不由自主地惊呼："Super-80！"我发现，我们需要的是第三代 8 位微处理器，以及真正集成的高端系统组件系列，而不是 8080 和 6800。

这款 CPU 将使用 5 伏电源的 40 针脚封装，以及我用于英特尔 2102A 的耗尽负载技术。它的速度至少会是 8080 的两倍，可与大多数小型计算机相媲美，并且其中断结构将与当时最好的那些小型计算机中的结构相似，而后者都是采用昂贵的双极技术构建的。

如此，这个芯片系列的利润率就会高得多，使我们可以在需要建立自己的工厂之前，先使用代工服务来拓展市场。而且由于 Super-80 将具有广泛的市场吸引力，我们可以在等待批量芯片业务实现的同时，先用开发系统的收入来支撑公司的运作。Super-80！之所以选择这个名称，是因为我设想的微处理器必须与行业新标准 8080 的机器代码兼容，而且它将包括几种新的寻址模式，以及许多其他有用的指令和工具。

不过，我们还是需要有一个可行的第二来源，即我们许可的同一产品的另一家独立供应商，因为如果客户不得不靠未经验证的公司来供应芯片，那就很少会有客户采用我们的产品并开发昂贵的软件。第二来源可以保证有一家替代供应商，从而显著降低我们客户的风险。如今，有许多有能力的晶圆代工厂可供选择，因此人们不再需要获得许可的第二来源。但在1974年年底，只有协力这一家初创公司能提供耗尽负载MOS硅栅的代工服务。

我觉得新的战略非常好，因为我一直在努力解决的所有关键问题都得到了解决，至少在纸面上是这样。但现在我担忧的是另一个问题：EE怎样看待我的信誉呢？因为我上次热情洋溢地介绍我们的商业计划，才过了几周我就做了更改，这样看起来不太好。

几天后，我接到丹·马蒂亚斯的电话，他说EE有兴趣继续下一步，但有几个问题需要商榷。他提议在圣诞节前来拜访我们。在为他的来访作准备的过程中，我完成了整个系统架构，包括CPU及其指令集的详细框图，以及前四个可编程外围组件的概念设计，即并行I/O芯片（PIO）、计数器定时器控制器（CTC）、串行通信接口控制器（SIO）和直接存储器访问控制器（DMA）。

名称的选择

那段时间，我们也在考虑公司的名称。我列出了一些领域内的专用词汇，比如电子学、半导体、电路、逻辑、微型、集成、计算机等，尝试做了一些听起来不错，且还没被人占用的新组合。起名的标准如下：如果到了第二天早上，我们还能记住某个名字，我们就会考虑采用这个名字，不然就不予考虑。

我们花了一段时间想到了"ilog"，我之所以想到这个组合，是因为这是集成逻辑（integrated logic）的缩写。拉尔夫一听到ilog，立马就说:"齐——洛格(zzzzilog)!"这可能是因为他受到了当时流行的达特桑(Datsun)240Z的影响,这是当年一款备受推崇的跑车。我立马回答:"好!最后一个字母Z配上集成逻辑!"接下来我们也没有多想,就各自回家了。但第二天早上,我们俩醒来时想的都是"齐洛格"。这个名字就这样留在了我们的脑海里,其他那些都成了历史。

为了准备下一次与EE的会谈,我更新了商业计划书,将新的公司愿景写了进去。我还调整了早前的想法。新的想法是:单片机将会是我们在建立自己的晶圆厂之后推出的第二条主要产品线。重新制定完计划书后,我的压力明显减少了,因为新的这份经过了进一步的深思熟虑比上一份更有说服力。

与丹的会谈进展顺利,尽管他对是否需要第二来源有些疑虑。我的印象是,较上一份计划书,他更喜欢现在这份。而我先前担心做改动会引起他的不信任,这其实是多虑了。丹说他会在1月中旬与我们联系。告别时,我们为即将到来的节日互致祝福。留给我的主要功课是,更好地阐明为什么需要第二来源。

丹找出了我们的战略中的一个关键要素,这个要素使得我们不得不两害相权取其轻。如果没有官方的第二来源,即我们授权制造和销售我们产品的公司,齐洛格就无法成功。另一方面,如果我们选择了一家野心勃勃的公司作为第二来源,这家公司就可能成为我们的竞争对手,抢走我们大部分的业务。真是左也不是,右也不是。

我们成功的唯一途径是凭借新产品,保持对第二来源的领先优势;同时,我们的目标是成为拥有自己工厂的成本最低的生产商。因此,我们之间的稳定状态就好像一场拔河比赛,是一种动态平衡,而不是赢家通吃。同样的动态平衡也发生在存储器业务中:销售商被迫接受一种标准引脚排列,并提供相同的功能,因此即便每个供应商都必须独立开发自己的产品,实际上也会有第二来源。换句话说,对多个供应来源的需求与产品无关,必须以某种方式解决。

只有拥有多家独立工厂的公司才能在没有第二来源的情况下脱身。

但即使在这种情况下,如果供应商无法交付,大客户很可能希望有权制造自己的产品。几十年后,随着大量独立晶圆代工厂的出现,这一需求终于在很大程度上得到了缓解,客户有权在出现供应问题时直接从他们那里购买产品。

就我们的情况来说,我只找到两家公司可以作为第二来源的可行候选者,莫斯特克(Mostek)和罗克韦尔国际(Rockwell International)。我准备在即将举行的与 EE 的会谈上讨论这个问题。

投资获批,新问题出现

在之后的那次会面中,丹和他的领导约翰·迈尔(John Meier)一同出现了,我们再次查看了计划书,这样就能让约翰跟上进度。拉尔夫和我很好地回答了他们提出的所有关键问题,包括他们担心英特尔可能会起诉我们,因为我们将与他们正面竞争。我说我们离开英特尔的时候只带走了自己的脑袋;在英特尔工作的时候,我们完全没有考虑我们后面要制造的产品。这就是为什么我们花了相当长一段时间来制定一部商业计划书。我还说,英特尔无法起诉我们,因为他们盗用了我在仙童时发明的埋入式触点,我可以在法庭上证明这一点。我的回答似乎足以令人信服,足以消除这类担忧。

约翰和丹在离开时说,他们会向董事会推荐这项投资,如果交易获得批准,下一步就是准备一份投资文件。当时他们还问我们有没有律师。我们的回答是肯定的,因为 UA 偶尔会聘请律师处理公司和税务事宜。

会谈结束几周后,我们收到了好消息:EE 董事会已经批准了交易,并承诺将在几周后向我们发送一份投资文件。但在我们收到合同,并让我们的律师介入后,他们立马提出了各种各样的问题,谈判开始陷入僵局。那时我还不知道,但之后我才发现事情原来一直如此。

当时是 1975 年 3 月。我想启动这个项目,因为市场是不会等待我们的律师的。与此同时,尽管有拉尔夫的承诺,UA 的业务却只能支撑办公室租金。离开英特尔后,我没有任何的薪酬,虽然我有一些英特尔的股票,但当时股市相当低迷。此外,嶋正利表示他想要加入我们,我告诉他我要离开英特尔的当天,他就这么说了。他想在新项目启动之前离开英特尔,而那个时间点很快就到了。我指望嶋正利来完成 Super-80 的具体设计,因为我不认识任何其他我可以信任的芯片设计师来完成如此重要的项目。

所以我给丹打了电话,此时我已跟他建立起了良好的关系。我请求他每月支付 1 万美元来启动设计。同时,我们的谈判也结束了。我告诉他,我们准备好了要冒失去竞争优势的风险。他表示理解,我们达成协议:如果我们无法就投资达成共识,并且如果公司不得不倒闭,我们的贷款就可以免除。账户上有了这些资金后,我们立即聘请了嶋正利与我共同开发 Super-80,并且聘请道格·布罗伊尔斯(Doug Broyles)与拉尔夫一起开发系统。道格是拉尔夫之前就认识的一位系统工程师。

事实证明,聘请嶋正利比我想象的要复杂,因为在最后一刻,他要求我们补偿他英特尔股票期权的"损失收益",如果他留在英特尔,他将来就可以行使该期权。这个要求完全不合理,但他固执己见,而我们又别无选择,于是不得不作出让步。我们商量下来,决定支付他 3 万美元,这对我们来说是一笔相当可观的数目。我们没有让 EE 参与这件事,而是决定以五五分的比例来支付这笔钱,但由于拉尔夫说他没有钱,最后是我借了他 1.5 万美元,这样基本上就耗尽了我所有的积蓄。现在我真的需要从 4 月份开始领薪水了,那时 EE 的贷款就开始生效了。要不然的话,我就得出售一些英特尔的股票。

谈判的最后一个干扰因素是公司的估值和 EE 的一项坚决要求:我们必须在其中做个人投资。他们想要掌握超过 50% 的公司股份,而我们则必须持有 10% 的股份作为抵押。这意味着拉尔夫和我必须各拿出 2.5 万美元才能完成交易。我说服 EE 将我的英特尔股票作为我和拉尔夫的个人投资，并与 EE 签署了一份转让协议，以防我们到 1976 年 3 月 6 日还不能完成计划，无法推出功能完善的 CPU。这个日子正好是我们的女儿马尔齐娅的六岁生日。如果我们实现了目标，我们抵押的股票就退还给我们。不然，股票就是他们的了。交易的一部分还是将 UA 的所谓"知识产权"转让给苏，苏会继续独自从事这项业务。她不能为齐洛格作贡献，我也不希望她参与公司的业务。在最后的谈判中，困难似乎仍然没有尽头，我们的律师对 EE 的霸道颇为不满，因为这位投资方最终获得了齐洛格 51% 的股份，这让他们得到了他们坚持要掌握的控股权。最终，所有这些个人投资都是我出的，拉尔夫没有掏一分钱。我们收到了一张 48 万美元的支票（50 万美元减去前两个月借款的还款），作为齐洛格达成下一个里程碑所需的资金。

在谈判过程中，我还联系了著名的风投机构萨特山（Sutter Hill）。他们向我诉说了当前风投界的惨淡情形。风投业务受到高科技泡沫破灭、经济衰退和股市暴跌的严重影响。风投公司已纷纷进入了生存模式，对任何新的交易都不感兴趣。许多公司连维持现有投资不失败都很困难。很久以后我才发现，齐洛格是 1975 年里为数不多的几家获得资金支持的公司之一。我们很幸运能找到 EE 这个投资方，但这种运气在几年后付出了沉重的代价。

Z80-CPU

齐洛格创立最初的 7 个月对我来说就像坐过山车一样可怕。在没有收入的压力下，我不得不处理各种不熟悉的事务。实际情况比我想象的最坏情况还要差，我几乎把所有的财务资源都押在了公司上，只有我的住房除外，毕竟这是在我看来不能触碰的。现在，我终于可以回去做我最熟悉的事情了：管理一个高要求的工程项目。有 7 名新员工加入了我们的队伍，来完成计划的第一阶段。这样我们总共就有了 11 个人。在实际成果，也就是一个成功运行的 CPU 出现之前，我们不想再雇更多的人了。这 11 人的队伍中有负责开发系统软件的迪恩·布朗（Dean Brown）和协助他的查理·巴斯（Charlie Bass）。嶋正利于 4 月入职了齐洛格，我们两人的任务是完成 CPU 架构和详细的开发计划。接下来他要专注在 CPU 的逻辑和电路设计上，我则要使用新的 N 沟道 MOS 工艺和耗尽负载对设计方法论进行更新，这些技术此前还没有被用在随机逻辑上，而这正是我的专长。

我开发了一套版图设计规则，这些规则足够宽松，因此任何一家尖端工厂都能够制造我们的芯片。原因很简单，我不希望齐洛格依赖协力的设计规则，因为我们不确定他们能否交付。而在那段日子里，手工绘制版图和掩模制作过程约占芯片开发周期的三分之二。后来我们发现，协力这个供应商并不可靠，当初的决定现在看来是非常有远见的。

5 月底，设计工作已经进展到可以开始绘制版图的程度了。我们聘请了两名绘图员，一名比较资深，曾在英特尔短暂工作过，然后转到另一家公司；另一名资历较浅，但很有前途。到 6 月中旬，很明显，绘制需要的进度必须要比两位绘图员能够完成的速度快很多才行。我决定介入并扛起责任，否则嶋正利就会陷入困境，整个项目也将无可挽回地延迟。

我每周工作 80 个小时，直到 10 月底才按时完成了版图绘制。除了管理两个绘图员之外，我还亲手绘制了大约三分之二的芯片，速度比两名绘图员加起来还要快。我遵循严格的时间表：周一至周五上午 8:30 至晚上 11:00，午餐休息 30 分钟；周六上午 9:00 至晚上 7:30。星期天我需要休息，与家人共度时光，除非我没赶上进度。

在我们绘制版图的阶段，拉尔夫和道格·布罗伊尔斯正在组装一个 CPU 模拟器，该模拟器使用低功耗 TTL 逻辑和绕线板。模拟器逻辑由嶋正利设计，他将 Super-80 的逻辑设计转化为可用的 TTL 构建块。模拟器的主要目的是使开发系统的硬件和软件设计与芯片并行。其次，模拟器还允许检查芯片的逻辑设计，尽管这并不是绝对必要的。在芯片布局接近尾声时，拉尔夫和道格已经完成了模拟器的构建，然后由嶋正利进行调试。他只发现了一个微小的、不易察觉的逻辑错误，这个错误在Super-80的版图上立即得到了纠正。

这台模拟器包括一个40针插头，可适配于开发系统CPU板上的Super-80插座，其表现与未来的芯片完全一样。如此，开发系统硬件和软件的调试工作便可扎实推进了。

与此同时，迪恩·布朗和查理·巴斯正在编写系统软件，该系统软件由基本操作系统、文字处理器、汇编器以及客户软件的调试器组成，而客户软件是与追踪Super-80活动的专用硬件协同工作的。大约在同一时间，我们还定下了构成这个产品系列的五款芯片的名称。这个系列名称是Z80，系列的前五个产品分别被命名为：Z80-CPU、Z80-PIO、Z80-CTC、Z80-SIO、Z80-DMA。这也是芯片被引入市场的应有顺序。

可怕的时期

版图绘制接近尾声，只剩下大约30个晶体管需要绘制时，我猛然意识到，我绘制的版图并不能装下所有的内容。从一开始这就是我最害怕的事！芯片必须是矩形的，因此需要确定两个基本尺寸，也就是长和宽。第一个尺寸在绘制一开始就要确定下来，第二个尺寸则是临近尾声时定下的。一旦决定好了第二个尺寸，所有电路都必须适应这个已定义好的矩形。人在手工绘制版图时，必须估计好芯片的最终尺寸。如果最终的估计有误，一部分工作就得抹掉，重新开始！对于当下的电子设计自动化（electronic design automation, EDA）来说，这已经不是一个大问题，但这里我们谈论的是在此类工具问世许多年之前设计的芯片。

当我意识到我必须删除已经完成的大部分工作时，我的感觉就像要砍掉自己的一条臂膀。但只凭意愿，问题是不会消失的。我不得不做出删改。在重新绘制时，我无法确定自己是否已经删减得够多，能否装下漏掉的内容，直到接近绘图完成之时。在完成工作的两周中，大约有10天，我陷入巨大的痛苦，因为我不确定是否有足够的空间。

图 22 Z80-CPU 的版图，由作者本人手工绘制了三分之二。Z80 包含 1 万个晶体管，指令周期为 1 微秒

这可真是伤脑筋！等到完成的时候，我终于看到 Z80-CPU 的版图成了我的杰作！时至今日，我仍为此感到万分自豪。我还没见过比 Z80 更密集的随机逻辑手工版图！

版图一完成，我就开始编写产品手册。就在那时，我意识到我们可能会步入一个陷阱。如果我们使用与 8080 相同的指令助记符（指令的缩写名称），英特尔可能会以侵犯版权为由起诉我们。但如果我们更换助记符，8080 的用户将不得不学习一套新的助记符，尽管已经编写好的 8080 软件也可以在 Z80-CPU 上运行。我一直不喜欢 8008 的随意助记符（最早是由计算机终端公司决定的），这些助记符也限制了 8080 的助记符，因此现在是改进它们的好机会。

幸运的是，几个月前，一位瑞士工程师造访了齐洛格，并向拉尔夫介绍了他的毕业论文。他为通用计算机的指令提出了一个合理的命名约定方法。他的方法对我来说很有意义，我使用了其中一些约定来命名 Z80 指令，从而更改了 Z80 指令库中的所有 8080 助记符。

新的命名比旧的命名更具连贯性，并且提供了关于每条指令操作的更多信息，帮助了许多不了解 8080 助记符的新微处理器使用者。我们算是躲过了一发潜在的子弹。

当时，我还与协力谈了供应合同。到 12 月中旬，当我们收到 Z80 掩模时，一切便都准备就绪了。到了 1 月中旬，我们收到了第一硅片，嶋正利开始检查我们是否存在重大问题。我们手工绘制了近 1 万个晶体管，第一硅片完全成功的意思是：我们能够通过发现所有错误和问题来彻底检查芯片，以便下一次迭代能够完美运行。没有人会期望芯片在第一硅片的时候就是完美的。确实，在最初几个小时的系统测试中，我们就明确地发现了一些问题。但是我们又花了一周多的时间检查完整的芯片，才得出最终的结论。在整个过程结束时，嶋正利只发现了一些小错误，修复起来很简单。我们立即开始校正版图和掩模，然后进行新的晶圆运行。此刻，我知道 Z80 已成为现实，我们终于拥有了一家公司！

我们的新家

围绕圣克拉拉谷（Santa Clara Valley）的山丘总是会让艾尔薇亚和我回想起那些围绕着维琴察的山丘，这里的山丘还能让我们一览旧金山湾（San Francisco Bay）的壮丽景色。住在山上对我们来说是长久以来的梦想，所以我们聘请了房地产经纪人来帮我们物色这里的房子。

我们按常规四处搜索了一番后，选择了一栋位于洛斯阿尔托斯山北端的房子，靠近斯坦福大学和帕洛阿尔托（Palo Alto）的市镇。这栋屋子是新建的，还没有人住过，地理位置绝佳，周边景色优美。这正是我们想要的，因此我们毫不犹豫地买下了它，并于 1976 年 3 月搬了进去。这时马尔齐娅已经上一年级了。幸运的是，离家不远处就可以搭乘校车。

周围的风景点缀着常青的橡树，夏日炎炎之时，草地被炙烤成金黄色，橡树就显得格外突出；而在通常持续到四月的雨季，在一片郁郁葱葱的绿色中，这些橡树仍然分外醒目。我们只能看到对面的两三栋房子，但我们从来没有见过它们的主人，只见过他们的马。我们沉浸在大自然中。与此同时，我们距离建在湾区和太平洋之间的山脚下的280洲际公路（Interstate 280）只有几分钟的路程。那时候，通往旧金山的高速公路的最后一段仍在建设中。

在附近散步时，我们会遇到许多鹿、野兔、鹌鹑、野火鸡和浣熊。我们还看到过猞猁、赤狐和郊狼。园丁甚至在杂草堆中发现过响尾蛇的巢穴。其实这类爬行动物并不会侵扰我们，倒是有些西装革履的"蛇"让我们碰上了。

直到今天，我们还是住在这栋屋子里。即使随着时间的推移，这栋房子经历了各种改造和翻新，我们还是很喜爱这个美妙的居所。

Z80 成功运行！

让我们把视线移回办公室。我们在3月6日收到了经过修改的Z80掩模的第一硅片，这正是大约一年前我们给EE的计划书中写明的日期。晶圆到达时，开发系统硬件已经开始运作，尽管大部分软件仍在开发中。嶋正利将晶圆放在探针上，探针上有一个40针插头，准备好插入开发系统主板的CPU插座。我在人机界面上的电传打字机上输入"Control-C"，机器立即在纸张上回显了我的输入。这个简单的操作需要芯片执行一个相当复杂的程序。Z80运行正常！我开开心心地跑去附近的商店，买了一瓶昂贵的香槟和一些酒杯，与团队一起庆祝。我们按时、按预算，并照着严格的时间表完成了任务。

我们花掉了40万美元，这正是我们计划要花费的。我甚至为位于加州埃尔塞贡多（El Segundo）的施乐公司（Xerox Corporation）做了一些咨询，以增加2万美元来满足我们的预算。我想给EE留下深刻的印象，让他们感受到我们严守承诺，可信度极高。第二天，我得意洋洋地打电话给丹，转告他这个消息。他被深深地折服了。我现在可以拿回我的英特尔股票，这是创始人抵押的个人投资，其实也就是我的个人投资。

嶋正利需要完成彻底的检查，这样又花了十天的时间。检查结束时，

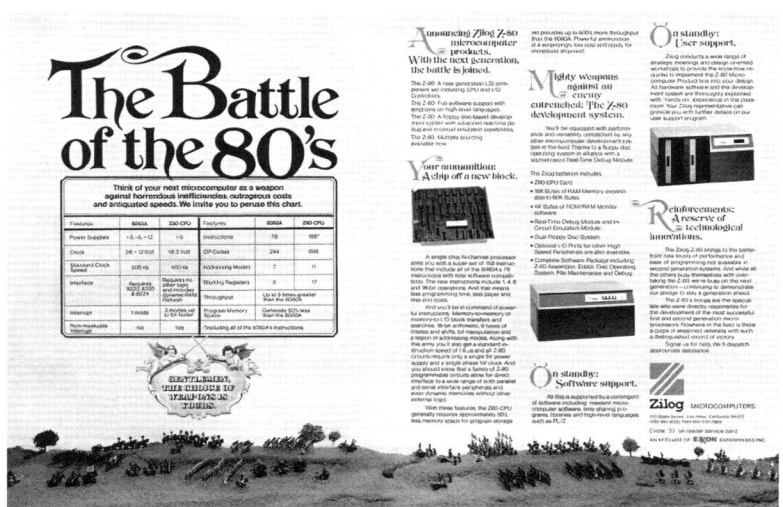

图 23 刊登在 1976 年 5 月《电子新闻》周刊上的首则齐洛格广告。广告中将 Z80-CPU 与英特尔 8080 进行了对比

我们发现整个温度范围内的功能、速度、功耗和电压裕度均超出了规范。

接下来,我们开启了几次最坏情况下的运行,以构建大约 200 个单元。测试的设计是这样的:在整个温度范围内,以及允许的生产流程变量(包括基本的可靠性测试)中,执行彻底的表征,以确保没有任何问题出现。如果一切顺利,我们就可以开始生产一些单元,以便为客户提供样品。

80 之战

齐洛格忽然就被推入了一个活跃期,要为计划于 1976 年 5 月推出的产品和计划 6 月首次交付的开发系统作准备。我们很快就需要更多的资金来雇佣十几名新员工,这样我们才能实现下一个里程碑。埃克森兑现了约 50 万美元的可兑换纸币,随后在我们完成一项新的商业计划(包括建造我们自己的晶圆厂)时将其转换为股票。这次我们只

图24 刊登在《市场+技术》（Markt+Technik）杂志上的插图：英特尔 8080A 的城堡遭受到 Z80 的围攻（1976 年）

需要打几个电话，就可以拿到之前需要 7 个月才能拿到的钱。

有了新的资金，我们就聘请了一家营销机构，为我们第一款产品的发布作准备。广告必须大胆又抓人眼球。我们最终定下了"80 之战"这个标题，这个广告会首先出现在《电子新闻》中，然后在其他科技期刊上投放。广告横跨两页，将 Z80-CPU 与英特尔 8080 进行了对比。

我们的产品仿佛被点上了火一样，火势迅速就蔓延到了全世界[13]。很快，一家德国杂志《市场+技术》就刊登了一幅漫画（图24），图中展现的是英特尔 8080A 的城堡遭受到 Z80 的围攻。背景则是齐洛格的投资方——埃克森的炼油厂。

广告发布后的第二天，就有几个客户走进了我们位于州街的办公室，想要支付 200 美元购买样品。第一个客户是克罗门科（Cromenco, Inc.），这是一家新成立的公司，他们成功开发了微型计算机业务，以取代低端工业应用中的微型计算机。他们发现我们所有的芯片都以 4 千赫兹运作，他们就以 4 千赫兹的规格推出了他们的产品，尽管我们已经谨慎地推出以 2.5 千赫兹运作的产品以确保安全，因为我们还不知道速度分布，而且我们不想报废任何速度较慢的良品 Z80。

抄袭者

我们的第二个客户是日本的NEC,这是世界顶级的半导体公司之一。

我已经料到,他们很有可能要抄袭Z80。不过我已经为那些抄袭者准备了一些惊喜,让嶋正利在版图中战略性地布置了几个陷阱。只有嶋正利和我知道这些陷阱在哪个位置,我们将这些信息保存在各自的家中。六个月前我就考虑到了这个问题。我有一个基本的想法:如何使陷阱无法通过光学被发现。这些不可见的陷阱是由新的耗尽负载工艺实现的(最初我为英特尔2102A开发了此项工艺),该工艺允许制造两种特殊类型的MOS晶体管:增强型和耗尽型。

这使得通过显微镜下的光学检查无法区分晶体管类型,因为晶体管类型是由不留下光学可见痕迹的掩模确定的。合适的负载晶体管都是耗尽型,合适的开关晶体管都是增强型。但是,如果开关晶体管被不当地制成耗尽型,它就会像一个低值电阻器一样工作;如果负载晶体管被不当地制成增强型,它就会像开路一样工作。这种不寻常的特性使得我们构建的电路可以在光学上看起来在执行合法功能,而实际上它们却在破坏芯片的运行。

我们在版图中放置了七个陷阱,其影响从灾难性到极细微,这样我们的防守就越来越难被发现。最具破坏性的陷阱会切断内部和外部总线之间的任何通信,同时看起来在执行一个无关紧要的辅助功能。最凶狠的陷阱则重现了嶋正利在模拟器中发现的模糊逻辑错误,涉及条件跳转,如果它前面有一个难以计算的指令序列,就不能成功运作。我觉得这个策略会导致至少六个月的延迟,超出对产品进行逆向工程所需的时间。事实上,NEC花了将近两年的时间才推出Z80的克隆版,尽管我也不知道陷阱到底造成了多少延迟。

我可以确切知道的是,美国国家半导体"落入"了这些陷阱。因为多年后,当我离开齐洛格,在斯坦福大学攻读暑期MBA课程时,我遇到了参加同一项目的一位工程经理,他曾经为国家半导体工作。我们互相认识以后，他半开玩笑地说："去你的，法金！"

于是我问他："你有什么问题？"

"当初我试着复制 Z80-CPU，给国家半导体做 CMOS 版本的时候，我多花了九个月的时间，就因为你设的那些陷阱！"

我打趣道："我认为一个优秀的工程师只需要多花六个月的时间。"

有了 Z80 的成功运作，我开始与莫斯特克和罗克韦尔国际就第二来源进行谈判，并聘请了 AMD 公司的莱恩·佩勒姆（Len Perham）担任我们的半导体制造副总裁。莱恩和我为我们的第一栋建筑制定了计划，我们将在这里安置我们的晶圆厂，我们委托卡尔·伯格（Carl Berg，他是一位成功的硅谷建筑商）来设计和建造这栋占地 2.5 万平方英尺（约 2323 平方米）的厂房。

与此同时，我们在洛斯阿尔托斯租用了一些额外的办公空间，与我们初创时租用的办公室在同一楼层。我们还在邻近的森尼韦尔租用了一栋建筑物来安置开发系统的制造厂。拉尔夫负责系统运营。我们聘请了迪克·贝朗格（Dick Belanger）来负责系统制造。迪克曾担任英特尔存储器系统部门的制造经理。

功能完善的 Z80 引发我们开启了第一轮招聘，期间我还聘请了 Microma 的鲍勃·萨姆斯（Bob Sumbs）。Microma 是全球第一家电子手表公司，1972 年被英特尔收购，1974 年就陷入了困境。Microma 项目是涉及半导体公司的几项命运多舛的计划之一，这些公司被幻想所蒙蔽，以为仅凭技术就足以征服一个陌生的消费市场。这样的不务正业让它们付出了高昂的代价，影响了其中许多公司，包括英特尔、得州仪器和美国国家半导体。在进入 Microma 项目之前，鲍勃·萨姆斯曾担任英特尔内存系统部门的营销副总裁。他从这个岗位被派到 Microma 担任营销副总裁，去拯救一家无法挽救的公司。鲍勃是一个精力充沛的销售人员，非常适合初创阶段，因为在这个阶段，意志坚定、足智多谋和某种程度的即兴发挥都是一种资产。

谢谢你,艾尔薇亚!

> 有一个词,虽然老旧,却像一枚旧硬币般闪闪发光,它就是:谢谢!
> ——巴勃罗·聂鲁达(Pablo Neruda[2])

到了1976年夏天,齐洛格活跃的部门已经很多了,我很难一一追踪它们的进度。在这种压力下,加之不规律的饮食,我出现了严重的健康问题。有一天晚上,我们一家人一如往常坐在餐桌前吃饭,我忽然感到胃部一阵刺痛。疼痛让我越来越难以忍受,于是我让艾尔薇亚立即带我去附近的斯坦福医院(Stanford Hospital)挂急诊。

医生给我做了检查,拍了X光片,却没有发现任何问题。他们向我道歉,因为他们不能给我镇静剂,原因是,疼痛是唯一可以帮助他们诊断问题来源的信息。疼痛十分剧烈,持续了大约三个小时后,我开始发烧,这表明内部感染正在加剧。我记得当时我产生了一种强烈的冲动,想拿自己的头去撞墙,好让自己失去知觉。幸好,那是我第一次也是最后一次感受到如此残酷的疼痛。

我发烧越来越严重,医生初步诊断为穿孔性溃疡,决定为我进行紧急手术。他们拿出一些同意书让我们签字,因为他要进行的是幽门神经切断术,还可能有胃切除术。艾尔薇亚拒绝签字,她毫不含糊地告诉医生,不要进行幽门神经切断术和胃切除术,即使这种诊断通常都要进行这些手术。在确信医生会尊重她的要求后,她才最终签字。我仍记得麻醉后失去知觉前的无力感。我尽力与疼痛搏斗,但此时我需要完全相信将为我做手术的医生。我放下一切,内心深处觉得一切都会好起来。这是我有生以来第一次感到自己完完全全地依靠一个陌生人。

---

2 巴勃罗·聂鲁达(1904—1973),智利诗人、外交家,1971年诺贝尔文学奖得主。——译注

图 25 作者站在位于库珀蒂诺巴布路（Bubb Road）上的第一栋属于齐洛格的楼房前 (1977 年)

几小时后，我在恢复室里醒来，我得知我的幽门瓣确实有一个小穿孔。医生清理了伤口，做了缝合。根据艾尔薇亚的要求，他没有进行其他的手术。多年后的医学研究发现这些手术是有害的，完全没有必要。

这是一个重要的教训，让我要更加注意身上出现的微小迹象，更好地去照顾自己的身体。唉！可是第二天，我办公室的人就来到病房跟我讨论业务问题，这个教训立马就被我抛到了脑后。

四天后，我回到了工作岗位。1976 年 10 月，在莱恩和我与卡尔·伯格初次会面的六个月后，我们搬进了新楼，未来晶圆厂的清洁区差不多已经准备好了，那里已经装满了我们订购的新设备。

自给自足的重要性

我们的目标是能够在来年 1 月之前制造出我们的第一块 Z80 芯片。五个测试晶圆中有一个能生产出功能正常的 Z80，我们的第一次测试就成功了。而事情也是这么发生的。工程流水线的负责人赫伯（Herb）骄傲地把那个良品指给我看。我回答他说："赶紧包起来！"为了庆祝达到了这一关键里程碑，我们临时举行了一个小小的庆功会。活动还在进行过程中，赫伯一脸愁容地出现了。他说晶圆掉了下来，砸在了那个孤零零的良品芯片上，把芯片砸坏了。他的话说得仿佛是世界末日来临了。我安慰他说："不要担心，在接下来的几天里，我们就会生产出比我们需要的还要多的芯片。"我们总算是自给自足了！

自给自足已变得至关重要，因为 6 月初，在我与协力的一次例行会议中，他们的 CEO 兼营销副总裁发现他们正在为我们构建 Z80 微处理器，因此要求齐洛格向他们提供我们产品的第二来源。我惊呆了。这是一家为客户提供代工服务的公司，却公然对我们打劫。此外，雪上加霜的是，他们交付给我们的最后几批产品的良品率为零。我立即告诉他们，我们的关系已经结束了，我是不会为他们的零良品率晶圆买单的。

这一事件使我们加快了晶圆厂的建设进度，因为现在我们失去了唯一的供应来源。幸运的是，我们与莫斯特克的谈判进展顺利，我们同意他们出售 Z80，但前提是必须免费向我们提供大量产品。该合同条款使我们较他们有大约一年的时间优势。令人高兴的是，在我们的晶圆厂启动之前，我们从未缺少过芯片。

在此期间，我们还是经常和哈尔·费尼共进晚餐。哈尔就是负责 8008 详细设计的工程师，他还留在英特尔工作。跟我们一样，他和他的妻子玛丽·乔（Mary Jo）也住在洛斯阿尔托斯山。他们的家装修得很好，温暖宜人。厨房是他们最引以为傲的地方，里面放着哈尔的宝贝——他从父亲那里继承来的一块超大砧板。至于玛丽·乔，她称得上是一名精通新式料理的大厨。我记得她的沙拉很棒，里面有各种配料：核桃、苹果片、芹菜、豆芽、玉米粒等，每次都不一样。她知道怎样呈现自己的菜肴，好让我们惊讶得说不出话来。他们俩都喜欢他们家周围山丘的自然环境，甚至能辨别出在他们后院游荡的每一种动物，他们会给它们起名字，研究它们的习性。

在费尼家的夜晚总是那么令人愉快。哈尔知道如何让客人宾至如归。餐桌上，他的话题总是一个接着一个，他的故事让我着迷。不过有一天晚上，或许是因为菜肴和美酒太过丰盛，更主要的原因是齐洛格快节奏的工作导致我睡眠不足，我感到我的眼皮再也撑不住了。无论我怎么努力，我都无法保持清醒。正如吉本·芭娜娜（Yoshimoto Banana）[3] 所写的那样，"当睡眠的浪潮来袭，对抗它们是不可能的"。

3　吉本·芭娜娜（吉本ばなな，1964—），本名吉本真秀子，日本作家。——译注

简单来说,就是睡神在我身上戏弄了一番。不知过了多久,我醒了过来。哈尔还在说话,令我欣慰的是,他好像没有注意到我刚才睡着了。

当天晚上我们亲吻和拥抱着说再见,并且约定很快要再次见面。大约一个月后,机会来了。但是,当我们走到他家门口时,注意到了一件不寻常的事:门上贴着一张大幅海报,上面是一张大图,就像是用来报告失踪人员或美国联邦调查局"通缉"人员的图。我好奇地走近一看,原来这个人就是我。原来在我歪着头睡觉时,哈尔看到了,还拍下了照片。而我沉浸在无意识的状态中,什么都没注意到!

完美风暴

> 播下气流的种子,收获的将是风暴。
>
> ——意大利谚语

Z80-CPU 是我管理的最后一个工程项目,它意味着我的第二段人生——技术生涯的结束,也标志着我的第三段人生——创业生涯的开始。这款芯片取得了巨大的成功,为许多早期的个人电脑和许多领域数以千计的其他应用提供了动力。令人惊讶的是,如今 Z80 仍在被大批量生产,几乎是片上系统的一部分。其在漫长的生命周期中,已被售出数十亿块。

事实证明,为支持 Z80-CPU 而搁置我一开始的产品创意是明智之举,尽管在 Z80-CPU 进入市场后,很快就是合适的时机来让我们回到我一开始的创意上去了。几年后,这个产品成了 Z8 微控制器。Z8 于 1978 年推出,多年来一直是市场上销量最好的微控制器之一,如今它仍在量产。

齐洛格迅速成长。1976 年 3 月 6 日,也就是 Z80 问世的那一天,我们有 11 名员工和 2000 平方英尺(约 185.8 平方米)的办公空间。

1979年3月，我们在多个国家拥有超过1100名员工、两个晶圆厂（第二个位于爱达荷州博伊西附近）、一个位于加州森尼韦尔的系统制造厂，以及一个位于菲律宾马尼拉的大型芯片组装厂。我们还扩张到了库珀蒂诺巴布路沿线的四栋既有建筑物中，这些楼离我们的第一栋楼很近。

然而，成功常常会把人最坏的一面暴露出来，这对我们中的许多人，包括我自己在内，造成了很大的影响。

时间一年一年地过去，我与拉尔夫的关系开始变味。发生了一些不愉快的事情，我有意无视它们，我宁愿忽略这些事情，也不愿直接面对。但这些事压在我的心上，让我的内心十分紧张。而拉尔夫从执行副总裁变成了首席运营官，我留意到他鼓动员工和我对着干。很明显，他想要坐我的位置。我的生活开始变得凄惨，我无法继续默默承受痛苦；这种无法忍受的状况必须结束。我直接去了董事会，向他们解释了状况，告诉他们，我们两个人当中必须有一个人离开。董事会选择让我留下，让拉尔夫离开。我赢了，但实际上，我们都是输家，公司也是。这件事留给我的是深深的苦涩和失望，以及几个悬而未决的问题。

董事会还作出决定，认为我需要其他人来接替拉尔夫的工作，他们说他们有合适的人选。这个人是埃克森企业另一家初创公司的CEO曼尼·费尔南德斯（Manny Fernandez），当时那家公司已经歇业。先前埃克森聘请了曼尼来挽救那家公司，曼尼接手后，发现没有任何值得挽救的地方，于是建议将其解散。因此，他解决了一个大麻烦，赢得了埃克森的高管之一，同时也是齐洛格董事会实际主席本·塞克斯（Ben Sykes）的尊重。我反对这个提议，并向董事会解释，在作出改变之前，我需要重新把公司团结起来，我需要让所有副总裁都向我汇报一段时间，重新获得他们的信任。塞克斯否决了我的提议，强迫我接受他的决定。我别无选择。可以肯定的是，曼尼顶替了拉尔夫之后，原先向拉尔夫汇报工作的副总裁们对我非常生气，因为他们以为是我找来了这位新的首席运营官。这发生在1979年年初。从那时起，齐洛格开始失去动力，因为一系列事件仿佛一场完美风暴汇聚在了一起。

插曲

在洛斯阿尔托斯和库珀蒂诺之间有一片巨大的自然保护区，叫做圣安东尼奥牧场（Rancho San Antonio）。牧场向公众开放，内有多条小径通往圣克鲁斯（Santa Cruz Mountains）山脚下，小径的行走难度各不相同。这是一片壮美之地，有各种各样的动物生活在这片自然栖息地里。比如说，我们在一次散步过程中看到了一百多只野火鸡，它们黝黑而苗条，喉下长着红色的肉垂，在金色的山丘里行走：这样惊人的景象是我从未见过的。有很长一段时间，艾尔薇亚每天都和她的朋友安娜一起去牧场散步。她们在位于平坦小径上的入口处碰面，走不多久，小径变得陡峭，一路上坡，不过她们俩身体都不错，爬坡没有什么问题。小径的一些部分有橡树和红杉树遮阴，旁边则有一条清凉的小溪在岩石上汩汩流淌；之后的路途则又有阳光照射。

有一天，这两个朋友决定沿着一条通往山顶的长路行走。她们沉浸在大自然中，享受着美景，突然，在 15 码（约 13.72 米）外，有一头巨大的山狮从山坡上冒了出来，穿过她们脚下的小路，朝着下方陡峭的山谷走去。她们俩惊呆了，迅速交换了充满恐惧的眼神。幸好，或许是因为她们俩顶着风，又或许是因为狮子已经享用过早餐，它只片刻将头转向她们俩的方向，就消失在山谷中了。她们俩吓得肾上腺素飙升，转身跑回了安全的地方。

艾尔薇亚告诉我这件事的时候，她的情绪仍然有些激动。她们真的冒了很大的风险，因为报纸上偶尔会有报道说，有山狮杀死了路人或骑行的人。艾尔薇亚觉得自己之所以得救，是因为她的人生使命还没有完成。我倒以为，狮子一眼就看透艾尔薇亚是个铁娘子，所以它才吓得逃命去了。

Z8000

在 1976 年 3 月招聘的第一批新员工中，有一位是伯纳德·佩托（Bernard Peuto）。伯纳德是计算机科学的博士，也是计算机架构师，曾在阿姆达尔（Amdahl）工作。这家公司的创始人是吉恩·阿姆达尔（Gene Amdahl），他曾是 IBM 大型机的主要架构师之一。我让伯纳德来构建我们的下一款高端微处理器 Z8000。我已经确定好，这款微处理器是具有 24 位地址空间的 16/32 位 CPU，因此能够寻址高达 32 MB 的存储器。在 1976 年年初，由于新推出的最先进的 DRAM 芯片每个只存储 2 KB，所以这样的存储器看来几乎是无限的。

同样清楚的是，Z8000 无法与 Z80 在机器代码上兼容，因为分配给 8008、8080 和 Z80 指令的体系结构和操作码是在对未来可扩展性没有任何预先考虑的情况下制定的。此外，Z8000 的架构必须是常规的，并且可以扩展到未来的 32/64 位架构，这使得 Z80 成了产品线的末端，尽管我想保留 Z800 的名称以用于 Z80 的未来扩展：存储器空间增加到 16 MB，执行速度提升，功能增强。伯纳德对计算机架构非常了解，学术功底深厚，仿佛历史学家一般，但他的想象力有限，他对计算机应用的了解仅限于大型机，基本上不了解微处理器的未来。主要问题又是由标准封装中可用的引脚数量造成的，这是喧宾夺主的典型案例。有了 48 引脚，我们可以有 16 个数据引脚和 16 个地址引脚（每位一个引脚），其余引脚专用于辅助功能，如 Z80 就是这样。为了在单个芯片中拥有完整的 24 位地址，我们需要一个不存在的 56 引脚封装。有一种 64 引脚封装，占用面积大，成本很高。我认为那种封装行不通。最好的选择是 48 引脚，这样的话只比 Z80 使用的 40 引脚大 20%；但这样我们只能寻址 128 KB 的存储器（64 KB 16 位字）。即使对于比我们大得多的公司来说，自行开发非标准封装的想法也是不可能实现的。

伯纳德提出的解决方案是存储器分段，这最早是宝来 B5000 计算机使用的一种方法。通过存储器分段，存储器被寻址为"段号加上该段内的地址"。分段有许多有用的特性，前提是不需要太频繁地跨越分段边界。这确实是当时大多数已知应用的情况。

伯纳德和我都没有想到的是图形用户界面（GUI）的出现，就像施乐奥托（Xerox Alto）计算机和苹果麦金塔（Apple Macintosh，8 年之后出现）中使用的那种。它需要对显示器大小的大数据块（远大于128KB）进行线性寻址。

我预感到分段缺少某些东西，但我无法指出这一点，每次我表达我的担忧时，伯纳德都会强调它的许多优点，比如存储器的经济性（因为大多数地址只有 16 位，而不是 24 位）、具有用户和监督模式的存储器保护、可重定位程序等。

分段的另一个问题是需要第二个芯片，即存储器管理单元（MMU），这样才能在总存储大于 128 KB 时执行地址转换。诚然，有一天我们可以将两个芯片集成为一个，但在那之前，我无法忍受我们的这个双芯片解决方案。不过，伯纳德知道怎样说服别人。从理性上讲，他似乎是对的，因为他在逻辑上消除了每一个具体的反对意见，但我仍然感到不适，因为我觉得存在一种限制，其后果是我无法清楚表达的。我的直觉发出了危险警报，但最终我还是屈服于逻辑。我应该相信我的直觉，并更加努力地找到一个例子，说明分割造成的问题将会是灾难性的。

英特尔也面临着同样的问题，他们为 8086 选择了分段。不过，他们的解决方案最初寻址的内存是我们用 Z8001（没有 MMU 的单芯片 Z8000）时的 4 倍。最终，英特尔的方案赢了，更多是出于政治原因，而不是因为品质更好。其实 Z8000 在各方面都远胜英特尔 8086，但 IBM 选择将 8086 用于他们的 PC，这是因为齐洛格本质上归 EE 所有，而 EE 是 IBM 明面上的竞争对手。

如果我们选择线性寻址，我们很可能就能拿下苹果的麦金塔，这款产品让摩托罗拉 68000 赚到了大钱，尽管不如英特尔的那款赚得那么多。我们最终作为第三名被排除在外，陷在了政治和技术决策当中。

齐洛格队长

伯纳德花了很长时间才完成 CPU 和 MMU 的架构，部分原因是嶋正利对他怀有深深的敌意。这两人本应紧密合作，但嶋正利比伯纳德更固执己见，他们俩每次见面似乎都会发生冲突。最终，规格制定完成，嶋正利接手了持续约两年的芯片设计项目。Z8001 于 1979 年推出，大约比英特尔 8086 晚了 6 个月，是后者的直接竞争对手。

Z8000 的营销活动之一是创造一个新角色——齐洛格队长。这是一个科技领域的英雄，他的故事是由著名漫画作家卢·布鲁克斯（Lou Brooks）和乔·库伯特（Joe Kubert）创作的。齐洛格队长立即在年轻的微处理器用户中收获了一众追随者。而 Z8001 也很快被奥利维蒂用于他们的 PC。这是一个好的开始。

图 26　齐洛格队长是一个科技漫画英雄角色，是 1979 年齐洛格 Z8000 推出时的一项广告营销策略

埃克森企业

在与 EE 谈判期间，拉尔夫和我毫不掩饰地表现出想将齐洛格变成上市公司的愿望。而事实上，我早就直接问过本·塞克斯，齐洛格上市是否也是 EE 的目标。本说他们觉得没问题，但没有告诉我们，他们的长期目标是创建一个全资归他们所有的部门，这样他们的母公司在信息行业就能获得多样化的发展。信息行业在当时已是一个快速增长的市场，被正确地视为下一个新兴全球经济的主要推动力。因此，EE 已经在一些信息技术的战略领域做了投资。

当我们与 EE 第一次会谈时，他们已经持有了 Qume（一家生产专业高质量快速打印机的公司）的少部分股权、Vydec（一家文字处理器制造商）的大部分股权，以及 Qwip（一家传真机制造商）的大部分股权。

在投资了齐洛格之后,他们还投资了一家液晶显示器公司、一家固态激光公司以及另外几家公司。其中包括一家电子打字机公司 Qyx,该公司计划在他们的打字机上增加一定程度的文字处理,以此来与 IBM 的 Selectric 打字机竞争。我惊讶地发现,Qyx 的 CEO 是丹·马蒂亚斯(Dan Matthias),并且 Qyx 是作为 EE 的一个部门,而不是一家独立的初创公司启动的。这明显是一个"下集预告"。

转折点

1976 年,到了我们第二轮融资的时候,风险投资的情况已经有了很大的改善,我想在公司里引进一些外部投资者来分散我们的财务基础,并在董事会中增加一些有行业经验的成员。当时齐洛格的董事会有 5 名成员,其中 3 名是 EE 的人——也就是丹、约翰和本,再加上拉尔夫和我。这样的组合差不多等于只有两名成员,因为约翰是丹的上级,而本是约翰的上级,而拉尔夫和我总是意见一致,至少在董事会会议上是这样。因此,每当到了投票的时候,丹会看着约翰,约翰会看着本。本作出决定的时候,另外两个人总是支持他。这让我觉得,我们还能做得更好些。

在第二轮融资之前,我们与海因茨·利多富(Heinz Nixdorf)取得了联系,他是德国利多富计算机公司(Nixdorf Computers)的老板,他有意投资我们,而风投界的传奇人物比尔·德雷珀(Bill Draper)也有此打算。我告诉本,我们想要增加一些外部投资者。他却回答说,EE 不需要任何其他的投资者。他强调说,他们对我们很好,他们会继续照顾好我们。

很明显,EE 不希望其他任何人参与交易。这下我才明白,为什么从一开始就控制公司对他们来说如此重要。我们引入外部投资者的唯一机会就是发起一场斗争,而这很可能导致拉尔夫和我被踢出董事会,除非他们认为我们对齐洛格的成功而言是不可或缺的。这似乎不太可能,因为 Z80 的运作良好,从他们的角度来看,这只是一个管理方面的问题。他们相信,像他们这样的优秀管理者可以管理任何事情。

这是决定齐洛格未来的转折点。我有一种感觉：如果我们接受 EE 给出的条件，我们就永远都不会成为我们梦寐以求的上市公司。相反，我们将成为 EE 的附属机构，或者可能是 EE 的一个部门，被埃克森公司的引力场所管辖，永远失去业已渺茫的机会，无法逃离他们，重获自由。不幸的是，我的直觉再次被证明是正确的。

图 27　这期杂志的封面故事讲述了齐洛格和埃克森企业的关系。文章在 1977 年 12 月已经对齐洛格的未来给出了清晰的表述

到了 1978 年，埃克森创建了一家名为埃克森办公系统的大型组织，其中包括三个部门：Vydec、Qwip 和 Qyx，由 IBM 之前的一位高管领导。齐洛格还不是该组织的一部分，但此事已板上钉钉。埃克森向 IBM 宣战，很快我就开始在纽约市美洲大道的埃克森总部耗费越来越多的时间，而我与客户在一起的时间却越来越少。我与拉尔夫的地位下降，而 EE 则越来越多地接管公司，我已然失去了优势。最后一幕发生在 1980 年年底。他们的人曼尼·费尔南德斯（Manny Fernadez）成了齐洛格的 COO（首席运营官），埃克森希望将齐洛格与其办公系统的其余部分合并。

体面离场

这下我得离开了。我向 EE 提出了一个离开的方式，不会对齐洛格产生任何负面影响：我提议，让我在 EE 内部"晋升"为一个公开的高管，然后我就搬去纽约。曼尼将成为齐洛格的首席执行官，我将成为董事会主席，我搬到纽约来协助整合的工作。如果过了 6 个月的试用期后，我不喜欢我的职位，我就会辞职，EE 可以购买我的股票，而我将会离开,去另谋机会,并签署竞业禁止条款。他们接受了我的计划,我不得不和我创立的第一家公司说再见。就在1980年圣诞节前夕,我与所有在库珀蒂诺的员工举行了告别晚宴。我收到了很多礼物,在热情的送别声中,我带着沉重的心情离开了齐洛格。

1981年1月,我在纽约开始了新工作,地点位于EE的总部,每周五我返回湾区与家人共度周末。1981年5月中旬,我与EE沟通,告诉他们我不会留下来,这是双方预期中的结果。在拿到了EE开出的大额支票后,我离开了纽约,回到了硅谷。

当年的8月,在我离开EE之后,齐洛格被排除在了计算机史上一个最重要的发展之外。IBM推出了配备英特尔8088(英特尔8086 16位微处理器的8位总线版本)的个人电脑。这一产品带给人们巨大的惊喜,因为行业专家和权威人士并不指望IBM会推出个人电脑,更不用说开放系统的个人电脑,因为IBM此前推出的都是许多个用户之间分享的大型计算机。当时人们将IBM视为美国信息行业的尖端,凭借此举,他们不可逆转地改变了行业。但这也削弱了他们自身,没有人想到后来IBM会被自己的决定所引发的大量事件所淹没。

在接下来的30年里,个人电脑塑造了信息革命的民主化,直到苹果手机iPhone的推出将革命推向了社会更深层,再次改变了市场动态。讽刺的是,引领早期个人电脑革命并一手打造了iPhone的苹果公司,如今(2020年10月22日)的市值是埃克森美孚的14倍。

经过四代微处理器之后……

> 我们不仅要为自己做的事情负责,也要为自己没做的事情负责。
>
> ——莫里哀(Moliére)[4]

4　莫里哀(1622—1673),法国喜剧作家、演员、戏剧活动家。代表作品有《无病呻吟》《伪君子》等。——译注

在这段动荡的时期，我们家有幸诞生了两个男孩，他们一个接一个来到人世：马克（Marc）出生于 1971 年 11 月，埃里克（Eric）则于次年同月坠地。我尽我所能地去爱我所有的孩子。我付出的爱心就像我小时候得到的一样。但过了很久以后，我才注意到我的这份爱心存在局限性。同我父亲一样，我也把自己的工作和研究放在首位，我坚信我的首要职责是做好一名供养者。我没有意识到，孩子们最需要的其实是我的关注和照顾。等到我明白过来的时候，他们已经长大了。

在美国，孩子们一般会在 18 岁时离家。我们的孩子离家的时间比这还要早得多：埃里克 8 岁时在意大利米兰佛朗哥叔叔（Uncle Franco）和薇薇安娜婶婶（Aunt Viviana）家度过了一个学年，然后在他 13 岁的时候又回到意大利住了一年。马克在米兰国际学校读了 3 年中学，也是与佛朗哥夫妻住在一起。那几年对他来说很宝贵，对他的叔叔婶婶来说也是，他们俩没有自己的孩子。

马尔齐娅也在意大利度过了几年，先是在维琴察上我母亲任教的小学三年级，然后在古典学校上了四年级。她后来从米兰的欧洲设计学院毕业，成了一位小有成就的艺术家。

现在，经过这么多年的个人反思，我意识到，人只有获得一种新的意识，才能打断世代相传的制约链，不让情感创伤永久存在。正如荣格（Carl Jung）[5]所写："我们没有意识到的东西，后来都会宿命般地回来。"

我离开齐洛格之时，已花费了大约十年的时间发明了最初的四代微处理器。对我来说，微处理器就像一个孩子，这个孩子在世界上取得了长足的进步，现在可以自己照顾自己了[14]。现在是时候让我做点别的事情了。

与 EE 打交道的经历让我更加坚信，只有一家初创公司才能激发出创新所需的非凡激情、活力和专注力。我要再赌一把，再亲手建立一个初创公司来试试。

在开启新的冒险之前，有必要和全家人一起过一个长长的假期，让自己休养一下，这是我以前从未做过的事情。在过去的 15 年里，我几

5　卡尔·荣格（1875—1961），瑞士心理学家。创立了荣格人格分析心理学理论，提出"情结"的概念。——译注

乎不间断地工作，甚至累积下来的假期连一半都没用掉。我们等着马尔齐娅学校放假，然后一起离家，与亲朋好友在意大利度过了几个月的假期。此时应该停下来，"拔掉插头"。我卖出了我的齐洛格股份，这为我提供了充足的经济来源，让我无需工作就能在余下的日子里舒适地养家。

然而，"拔插头"并不像看起来那么容易。虽然我身体远离了齐洛格的大陆和海洋，但我的心思仍留在那里。即便在度假，我也一直在想发生了什么事，想知道如果我作了不一样的决定，现在会变成什么样子。拉尔夫离开公司以后，我就一直在想，事情发展到这个地步，我是不是也有责任。拉尔夫确实有挑衅行为，要把所有责任都推给他很容易。但是，我们都知道"一个巴掌拍不响"，所以我也一定做错了什么。但是，到底是什么呢？

过了一段时间，我才意识到，事情之所以到了这般境地，我的责任不在于我做了什么，而是在于我没有做什么。当拉尔夫第一次用他的行为伤害我的时候，我选择了放过，默默承受。我这才意识到这是我通常的行为模式，是我从小就自然而然地采取的行为，或者是我所受的教育让我采取这样的行为，而我却不自知。当有事情降临到我头上时，我会避开进攻，以免发生不愉快的情况。然后，如果情况变得难以忍受，我就会作出强烈而出人意料的反应。

第一次挑衅出现时，我没有为自己说话，我默许拉尔夫做出了越来越多同样的事情，直到最后摊牌才爆发。尽管我在履行对他人的承诺方面非常负责，但我没有对自己负责。我不住地想，到底是什么导致我没能阻止他？为什么我要假装什么事都没发生？我为什么要保护那些伤害我的人？

潘多拉的盒子

做自己生活的英雄，不要做受害者。

——诺拉·艾芙隆（Nora Ephron）[6]

---

6 诺拉·艾芙隆（1941—2012），美国编剧、制片人、导演，代表作有电影剧本《西雅图不眠夜》等。——译注

我也思考这些问题：我默默承受痛苦，从中能得到什么？到底是什么促使我成了受害者？我越深入地挖掘，就有越来越多的问题浮出水面：这是一种隐性竞争吗？我默默忍受拉尔夫的侵犯，是不是为了显得比他优越？我是否也陷入了权力斗争？我在暗，他在明？

马西莫·雷卡尔卡蒂（Massimo Recalcati）[7]在其《受害者》（"Vittimismo"）一文中写道："选择占据受害者的位置，确保了灵魂的高尚和获得无限赔偿的权利。"如果早十年读到这些话，我是无法理解的，因为那时候我穿着厚厚的盔甲，勇敢地捍卫我的信念：我的行为是"高尚"的。有生以来，我第一次看到了人类心理是多么错综复杂。而当我一心扑在自己热爱的事情上时，忽略了这点。我花了很多年的时间来理解，如果我对自己不负责，也就是对别人不负责，因为我在放任侵犯行为的加剧和传播。

带着这些问题，我迈出了精神之旅的第一步：只有当一个人对自己生活中发生的事情——无论好坏——承担全部责任时，这一步才能开始。

我打开了潘多拉的盒子。直到今天，我仍然面临着这些问题引发的深层心理和精神方面的问题。多年来，我发现，要诚实地回答我问自己的问题，我就得发现并揭开许多的面具，而这些面具是我为了对自己隐藏真相而制造出来的。一旦面具被揭开，我就得明白，到底是什么促使我制作了这张面具。要做到这一点，我必须直面自己的恐惧。

我花了更多的时间才完全认识到，让我受苦最深的事情，最终暴露出了自己最不愿意承认的事实。正如赫尔曼·黑塞（Hermann Hesse）[8]所说："我也开始明白，悲伤、失望和忧郁不是为了让我们不快乐，不是要夺走我们的价值和尊严，而是为了让我们成熟。"

7　马西莫·雷卡尔卡蒂（1959—），意大利拉康派精神分析学家。——译注
8　赫尔曼·黑塞（1877—1962），德国作家、诗人。代表作有《彼得·卡门青》《在轮下》等。——译注

第五章
继续第三段人生

成功不意味着终局；失败也并不致命：继续下去的勇气才真正作数。

——温斯顿·S. 丘吉尔（Winston S. Churchill）

等到我过完这段悠长假期，我意识到如今我已经从工作的奴役中解脱了。但是解脱是为了什么呢？这个问题令我不安。我感到体内有一部分在推动我做某些事情，随便什么事情都好；而另一部分则想在开始新的冒险之前，更好地明白什么是我真正想要的东西。有生以来，我第一次发现自己内在有一种工作的冲动，一种在活动中迷失自我的冲动。那是我避免自省的方式吗？那是我之所以工作狂的隐藏目的吗？不过，尽管受到这些问题的困扰，但我还是又惊又喜地注视着行业内发生的快速变化。

到了 1981 年年底，IBM 个人电脑显然已获得了巨大的成功。IBM 选择让个人电脑成为一个开放系统，这造就了他们的成功。他们的个人电脑比苹果 II 更开放，因为其操作系统是从微软购买的，双方的协议不是排他性的。因此，制造个人电脑的所有关键要素都可供第三方使用，从而也就鼓励了市场竞争，以求造出最好的个人电脑。当 IBM 决定让个人电脑成为一个开放系统时，他们要么认为过度竞争无关紧要，要么根本没有预料到会出现这种情况。

在个人电脑推出之前，IBM 是典型的企业对企业（B2B）公司，销售的是在许多用户之间共享的大型计算机。而苹果则是向私人客户出售个人使用的电脑。因此，当 IBM 在企业社群中推广个人电脑时，苹果完全没有取胜的机会。这种定位鼓励许多公司为各种类型的业务都创建专门的硬件和软件附加产品。因此，个人电脑的实用性远远超出了单一公司所能达到的水平，即使是像 IBM 这样强大而高效的公司也不例外。

IBM 的个人电脑是一种革命性的产品——它在社交方面甚至比在技术方面更重要，因为 IBM 一直推崇每个员工都有个人电脑的理念。于是出现了许多制造个人电脑的公司，这样，市场就能从所有可能的市场利基中快速寻找到所有理想的功能。这样的情况为新理念创造了一个巨大的试验场。在这种集体疯狂的高峰期，大约有 100 家公司在生产个人电脑。他们中只有少数能够幸存下来，而其中有一些公司的发展非常好，这是 IBM 没有预料到的。

IBM 不仅与其传统行为背道而驰，而且在外包业务中，在个人电脑的关键硬件和软件组件方面做得太过头了。他们这样就为英特尔、微软、康柏（Compaq）和许多其他公司创造了条件，使这些公司从他们的误判中获得了丰厚利润，最终危及他们自己的生存。简单来说，他们这样就像是玩火自焚。

如果我们将今天的情形和 1982 年（IBM 推出个人电脑的次年）的情形作一番对比，会觉得很有意思。1982 年，苹果的市值大约是 9.4 亿美元，即便对于如今的初创公司来说，这个数额也是很高的；而 IBM 的市值约为 350 亿美元，是当时最高的。而在 2020 年的 10 月 20 日，苹果的市值达到了 20200 亿美元，IBM 则是 1200 亿美元。38 年过去了，苹果成长了 2000 倍，而 IBM 则成长了 3.4 倍，这充分说明了这两家公司在面对技术和市场的变化时采取的是不同的应对策略。不过，在这 40 年的信息革命中，由计算和通信民主化引发的海啸让那个时代的大多数大型机和小型机公司纷纷倒下，IBM 毕竟还是活下来了。

小天鹅科技公司

所有这些理念和创新不断发酵，最终也感染了我，因此我加入了这股潮流，决心开发一种特殊的语音和数据智能电话，这种电话与PC相连，这是为经理人创造的一个理想工具，因为他们的主要活动是通信，而不是计算。一段时间以来，几位推动"未来办公室"或"无纸化社会"的未来学家已经抽象地提出了这类功能。他们推测蓬勃兴起的信息革命将带来工作场所的快速转型，这样就会产生许多新的可能性。

要实现这一愿景，第一步我先提出了一个理念：将独立的智能语音和数据电话与个人电脑相结合，以此创建一个环境，将语音和数据通信与个人生产工具无缝集成。为实现这个目标，我在1982年年初创立了小天鹅科技（Cygnet Technologies），由劳伦·亚佐利诺（Lauren Yazolino）担任工程副总裁，杰里·克莱因（Jerry Klein）担任营销副总裁。原始资金由美林风险投资公司（Merrill Lynch Venture Capital）和湾区合伙人（Bay Partners）提供，后来文洛克（Venrock）和萌芽集团（Sprout Group）也加入其中，这些都是声名显赫的风投公司。

我们将我们的这个产品称为通信协作系统（Communication Cosystem，图28）。它被定义为"PC的另一半"，专门用于用户的语音和数据通信，以提升小型工作团队的生产力。除了使用户的语音通信自动化之外，通信协作系统还包括一个强大的电子邮件系统，这个系统不需要中央计算机。它可以自动向多个用户发送电子邮件，并在新电子邮件到达时提醒每个用户，方法是在他们的通信协作系统中亮灯。通信协作系统还使PC能够充当数据终端，管理自动和无差错的文件传输，并执行许多通信管理功能，用于保存记录和时间计费。它还提供了一些生产工具，如联系人列表、日历管理等。例如，当光标位于姓名或电话号码上时，人们只需按下电话上的按钮，即可拨打写在电子邮件消息或日历中的电话号码。

图 28 通信协作系统,"PC 的另一半",这个系统可以将用户的语音与数据通信连同诸多的个人生产工具一并管理(1984 年)

请记住,这个功能在多任务操作系统,以及苹果麦金塔和微软视窗(Microsoft Windows)的图形用户界面出现之前,就已经可以使用了。也是在那个时候,可以承受的最高数据通信速度是 1200 波特(Baud),即每秒 150 个字符(一个字符是字母表中的一个字母或一小组其他基本符号中的一个符号)。这意味着典型的文本页面需要大约 25 秒的时间来传输。在当时,美国电话电报公司(AT&T)认为 9600 波特(比特/秒)是使用标准双线电话连接可实现的最高速度。我们要感谢美国电信行业垄断的终结,因为这释放出了鼓励激烈竞争和创新精神的市场力量,从而引发了互联网革命,使得如今的通信速度较之电话线时代高出了数千万倍。

通信协作系统于 1984 年年初在旧金山的个人电脑展览会(PC-Fair)上正式推出,受到了媒体和消费者的广泛关注,并夺得了展会最具创新产品奖。不幸的是,它在远程电信行业最糟糕的时候推出,1984 年 1 月贝尔运营公司(Bell Operating Companies)解体,引起了市场普遍的观望情绪,大大减缓了人们购买新电信设备的速度,尤其是在大中型公司领域,而这正是我们的目标市场。此类采购需要 CIO(首席信息官)和

（或）电信服务负责人等多方面的批准。由于市场存在不确定性，那些守护企业秩序的人害怕自己会作出错误的决定。这使我们很难获得足够数量的订单。

我们的商业计划要求第一年有 15000 台的销售量，这才能使我们实现盈利，并为后续产品的开发提供资金，保持领先地位，并抵御肯定会出现的竞争对手。然而，我们只卖出了 5000 台。这个销量不算糟糕，但还不足以让我们起飞，这让投资者和员工都感到沮丧。竞争也如预期的那样出现，像康柏和罗尔姆（ROLM）这样的大公司提供的集成解决方案表面上看起来比我们的更便于使用，但实际上却较为僵化和昂贵。尽管他们拥有更多的资源和更强的持久力，但他们的表现甚至比我们还要糟糕。而且他们最终也都像我们一样，不得不退出这项业务。

最后一幕是，小天鹅科技公司被 Everex 收购，这是一家正在崭露头角的生产 PC 的公司，他们对我们的累积亏损而不是我们的产品更感兴趣，因为那些亏损可以帮他们减税。Everex 不想扛下责任，继续为安装通信协作系统的用户提供服务，而是让小天鹅的员工来负责这项义务。我们的许多用户群体是在军队中的，在 20 世纪 90 年代，我们那些前员工靠着为他们提供服务过得很好，直到互联网海啸的来到结束了这一切。这长达十余年的使用时间也证明了我们的产品确实实用性很强。

我记得在通信协作系统于 1984 年推出市场后不久，我碰巧遇到了史蒂夫·乔布斯（Steve Jobs），他称赞了我们的产品，然后不屑一顾地补充说："但它占用了太多的地皮。"令人惊讶的是，2007 年推出的 iPhone 是当时唯一一款实现语音和数据集成，以及 1984 年 PC—协作系统提供的个人生产力工具的产品。在涉及语音和数据集成的许多专利诉讼案件中，小天鹅有好几项专利被引用，以此来确立现有技术。

随着时间推移，我意识到高科技初创公司即便未能产生经济财富，也会产生巨大的智力财富。这样的公司创造了孕育未来创新的腐殖质，也为经理人和员工提供了独特的体验，帮助他们在个人生活和职业上取得进步，作好准备赢得下一次的成功。

寻找认知计算机

1985年年末,圣地亚哥的一家种子风险投资公司阿瓦隆风投(Avalon Ventures)的凯文·金塞拉(Kevin Kinsella)听说人工神经网络可能是一项很有前景的技术。这些结构可以模仿我们大脑中的生物神经网络,可以从示例中学习。凯文与加州大学尔湾分校的加里·林奇(Gary Lynch)教授进行了会面,林奇教授对嗅觉皮层的神经解剖学有一些洞见,并对啮齿动物大脑的学习过程提出了一些假设。因此凯文将林奇和刚从小天鹅工程副总裁岗位上离职的劳伦·亚佐利诺召集到了一起,想要共同创办一家新企业。劳伦知道我对机器学习有着浓厚兴趣,也知道我很想要了解大脑如何运作的愿望,所以就请我就这个机会发表看法。1986年年初,他安排了我与林奇在加州大学尔湾分校的校园里会面,讨论生物神经网络科学的最新进展。

人工智能(AI)在20世纪60年代曾夸下海口,声称要大有作为,但此后一直乏善可陈,这让人们感到失望。我已得出结论,大脑必须使用与我们的计算机完全不同的原理来处理信息。因此,我非常想知道大脑是如何不费吹灰之力地解决人工智能难以破解的问题的,例如手写识别和语音识别。如果我能找到合理的商业策略,我就会为其做免费顾问,并选择成为联合创始人。

在听完加里的论述之后,我对这些可能性很感兴趣,尽管科学仍然相当模糊,而且加里不知道如何将这些知识转化为技术,遑论将其转化为可以使初创公司获得成功的产品。回到家后,我编写了一台PC来模拟加里所描述的网络类型,我发现这些网络有望用于手写识别。因此,我成了联合创始人,做了免费的顾问,协助业务战略的开发,并打算在出售小天鹅科技公司后全职投入这项工作,当时出售正在洽谈过程中。劳伦成为首席执行官,加里则担任顾问,另外还有为加里工作的博士后米歇尔·博德里(Michel Baudry)。我最初的工作重点是了解加里描述的大鼠嗅觉皮层神经网络架构的功能,并找出用我的专长——半导体技术来实现这种架构的最佳方式。

没过多久,我想到可以使用浮栅晶体管存储模拟值来表示突触权重(synaptic weight),也就是一个神经元的输出对另一个神经元的输入的影响。这是一个新的想法,因为浮栅晶体管仅用于存储二进制信息。添加由浮动栅极制成的模拟突触(synapses)产生的可变电流,可以让我们并行执行数万次的乘法和加法,每次乘加计算仅使用两个晶体管,包括突触权重的非易失性存储。这种方法比 1986 年数字技术所能达到的密度高很多数量级,并且有可能使人工神经网络经济高效地用于实时模式识别应用。

新突思公司

董事会主席金塞拉给公司起的名字是美诺(Meno)。美诺是柏拉图最早关于美德的对话之一,但这与我们手头的业务几乎没有关系。而且 meno 在意大利语中的意思是负数或更少,这名字可不太吉利。我觉得我们可以起个更好的名字,考虑到我们的核心技术是固态突触,我很自然地想出了 Synaptics(新突思),这是 synapse(突触)和 electronics(电子)两个词合并后的缩写。大家都很喜欢这个名字(金塞拉弃权),我们检查了这个名字的可用性后,决定予以采用。

我提议,公司最初的愿景是开发能够使用 MOS 浮栅晶体管进行学习的人工神经网络。我和林奇发明的新突思的第一项专利就是关于这一结构的[15]。

小天鹅科技公司的出售完成后,我于 1986 年下半年全职加入了新突思,担任首席技术官(CTO)。到 1987 年年初,我很明显地意识到,我们至少需要四到五年的时间,才能拥有一种有用的技术来创造一些新颖的产品。到那时,加里·林奇不能再提供任何价值,而在可预见的未来,公司也不需要劳伦来担任全职的 CEO。此外,凯文此时正推动产品问世,他拒绝接受我的结论:我们甚至还没有制造产品的技术,更不用说有什么成功的产品了。

我还发现，卡弗·米德（Carver Mead）教授 [他是加州帕萨迪纳市著名的加州理工学院里的几位计算机辅助设计（CAD）技术的先驱之一] 多年来一直致力于研究使用模拟技术制成的神经形态感觉系统。我从 1969 年就认识卡弗，他是戈登·摩尔的顾问，早先在仙童，后来又在英特尔。我向他解释了我们想要做什么，他很有兴趣，愿意每周花一整天的时间来新突思。

因此，我向两位投资者兼董事会成员——科技风险投资者（TVI）的吉姆·博赫诺夫斯基（Jim Bochnowski）和萌芽集团的基思·格斯林（Keith Geeslin）建议，眼前最好的方法是，在决定生产哪种产品之前，先花几年时间与一个由年轻工程师和科学家组成的小团队一起开发学习系统的基础技术。我说要建立一个有活力的公司需要很多年，虽然我们不需要花很多钱。我还提议由我来接任 CEO，并提名卡弗·米德来担任董事会主席，尽管我真正的工作是开发公司的基本技术和愿景。他们同意了，我们就在 1987 年 3 月重组了公司。

到 1988 年，公司的愿景已经发展到包括用于制造基于神经形态 IC 的感觉系统的通用构建块。这意味着，定义一系列芯片来解决基于学习而不是编程的通用模式识别问题。其中的关键是能够用同一个主要模拟芯片的小系列来解决这类问题。总体的想法是结合不同数量的四五种不同类型的芯片来构建不同的模式识别器，就像我们今天使用存储器所做的那样，存储器的数量和组织取决于程序的复杂性和所需的数据类型。然后，整个系统的操作将由通用微处理器或微控制器进行协调。然而，这个目标说起来容易做起来难，因为我们需要的是一个尚不存在的神经网络的整体架构。

为了开发这项技术，我们专注于为潜在客户解决几个困难的模式识别问题，同时我们也正在开发能够持续学习的神经网络的基本 VLSI 技术和视觉系统的成像技术[16][17]。

我们早期的定制项目之一是为惠尔丰（Verifone）设计字符识别芯片，该芯片以光学方式读取银行支票底部的磁性墨水字符集，并实现比明确设计这些字符的磁性读取更高的准确性。这个芯片被称为 I-1000。

惠尔丰是支付系统的全球领导者，他们制造了一个实验性的销售点支票阅读器，其电子设备由一个微控制器和一个 I-1000 组成。与磁性阅读器相比，其广泛的现场测试获得了更好的结果，而无须前者所需的电动运输支票。I-1000 是一个高度复杂的芯片，包含：①一个光学成像器，②两个神经网络，第一个用于定位字符串中的每个字符，第二个用于识别它，③几个用于输出数据的模数转换器，以及④ 与传统微控制器接口的控制逻辑。新突思 I-1000 与经过适当编程的微控制器相结合，实现了支票阅读器的整个电子设备。

该产品是在 1992 年 6 月的新突思—惠尔丰联合新闻发布会上发布的。惠尔丰支付了芯片的研发费用，但后来决定不进入该业务。这令人失望，尽管这个项目让我们学会了许多关于神经网络设计的事情。

图 29　新突思设计的实验性神经网络芯片（1989 年）

制造一台有意识的计算机是可能的吗？

自从加入新突思，我就开始学习生物学和神经科学，这些学科我没有在大学时学过。我读过的所有神经科学书籍对大脑运作的描述，都是用隐秘的假设将其还原为纯电化学活动，从不直白地说明这种活动与感知是完全相同的。在我看来，一定存在无意识和有意识的两种识别，后者是通过与纯电化学活动非常不同的感受和感觉发生的。因此，我请加里·林奇解释大脑中的电活动如何以感觉和感受的形式表现出来，因为两者不可能是一回事。

由心理学家转为神经科学家的加里回答说："你说的是意识吗？"

我不知道"意识"就是我想要表达的正确词语，但这个词听起来不错。我说："是的，意识是如何工作的？为什么这个词从来没被提到过？"

"哦，别担心。显然，这是在大脑中发生的事物，总有一天我们会理解的。"他回答道。

我们的谈话就这样结束了。我以前从未想过意识的本质是什么。加里的立场与唯物主义的假设完全一致，即所有存在的东西都必须由基本粒子的相互作用产生。多年来，我也曾转向物理主义的世界观，根据这种观点，意识必须以某种方式从大脑的运作中产生。但是这到底是如何发生的？仅仅说它"以某种方式"出现是不够的。我需要一个解释。

我认为，如果意识来自大脑，一个复杂的信息处理系统，比如一台机器，一台计算机也可以是有意识的，至少在原则上是这样的。我抱着极大的好奇心，开始思考如何制造一台有意识的计算机。这促使我对意识的特性进行了深刻的反思，很快我就遇到了巨大的障碍：我完全不了解感觉和感受的本质。

例如，让我们考虑如何通过气味识别玫瑰。一朵玫瑰会散发出具有独特三维结构的特定分子。这些可以作为嵌入位于鼻上皮细胞膜中的某些受体分子的"锁"中的"钥匙"。当这种情况发生时，含有现在被激活的受体的细胞会产生电信号。由玫瑰发出的特定分子混合物激活的嗅觉细胞产生的各种电信号构成嗅觉皮层神经网络的输入信号,其输出信号对应于识别对象的名称:在这个案例中就是"玫瑰"。

一台机器当然也可以通过"气味"来识别玫瑰,模仿我刚才描述的自然过程。然而,一台机器不会感受到任何东西,而我们却能感受到香味,并将"玫瑰"识别为它的来源。换句话说,如果识别对象的名称是另一个符号,那么玫瑰的香味就不是一个符号,而是别的东西。这是一种有感觉的体验,将我们与我们的情感和知识连接在一起。气味与神经网络产生的电信号完全不同。当然,它与电信号有关,但并不相同,也不能直接从它们中产生,因为它与电气或机械活动是完全不同的品质。玫瑰的气味,就像巧克力的味道或小提琴的声音一样,不是另一个符号。这是一种体验,一种使符号数据具有意识的感觉:我们"知道"气味的存在是因为我们在意识中"感觉"到了它。意识是了解某些符号意义的能力。通过香气来识别玫瑰的计算机只是机械地捕获由玫瑰发出的气味分子(化学符号)传感器产生的电信号模式。计算机对玫瑰的气味没有意识,尽管它可能以各种方式对"玫瑰"这个符号作出反应。因此,计算机盲目地以它被编程的方式或它自动学习的方式来对"玫瑰"作出反应。计算机既不能意识到,也不能有意识地知道任何事情。因此,意识带来的理解力是计算机无法实现的。这就是人工智能的局限性。

感觉、感受和情绪,不同于电或化学信号,不是符号。相反,它们代表了我们意识"空间"中符号的意义。意识是内在的空间,在其中,来自世界的信号由大脑进行处理,被"翻译"成感觉、感受和我们内在"感知"到的意义的形式。感觉的性质与物理现象的性质完全不同。物理现象是物质世界中发生的事情,可以通过我们的感官和仪器从外部获知。这就是产生所有观察者共有的所谓第三人称体验的原因。另一方面,感觉是一种第一人称体验,只有意识的所有者从内部才能获得。从玫瑰符号到其气味的"转换",是所谓"意识的难题"的一个例子,这是哲学家大卫·查尔默斯(David Chalmers)在 1995 年提出的[18]。这个难题可以表述为:我感觉到玫瑰香味的物理现象是什么?某种"感觉到"、感受或体会被称为感受质（quale，复数 qualia），因此意识的难题可以表述为："感受质如何从物质中产生？"

意识的难题

科学无法解释这种现象。没人知道这个"奇迹"是如何发生的。令人惊讶的是，大多数研究人员认为没有奇迹。我们太过习惯于意识到的一点是，我们通常不承认，意识不可能从无意识的物质中出现。只有那些已经开始认真思考这个问题的少数人才认识到，意识是一个基本的未解决的问题。

多年来，我一直试图了解意识是如何从电信号或生化信号中产生的。情况总是这样：电信号只能产生其他电信号或其他物理后果，例如力或运动，但绝不会产生品质上不同的感觉和感受。感觉是与我们认为客观的物质的外部属性相关的内部主观属性或状态。它们代表了与物质现象根本不同的一类现象。

我认为，就像电是一种基本的物理属性，不能从没有某种"基本电气特性"的基本粒子中自发产生一样，意识也是如此。电和磁性存在于宏观物体中，因为一些基本粒子包含电荷和磁自旋。同样，意识必须已经以某种基本形式包含在构成一切的基本粒子中。没有人能解释，意识如何能从某个不包含某种意识形式的物质中产生。意识是从外部物质符号性现实向内部语义现实转换发生的地方。但，意识不也是从意义到符号的逆转换发生的空间吗？

如果答案是肯定的，这就意味着，内在现实也可能对外在现实产生直接影响，尽管经典物理学通过假设只有外在现实存在，而内在现实没有因果力来否认这种可能性。这相当于说，要么内心世界是虚幻的，要么外在现实可以影响内在现实，但反之则不然。但是，当物理定律只控制外在现象向其他外在现象的转化时，内在性怎么能单单从外在现实中出现呢？唯物主义合乎逻辑的结论是，内在现实是虚幻的，意义不存在。

然而，外部世界通过感知—大脑系统被带到我们内部，并成为一种内在体验。如果意识不存在，我们就不应该有任何内在或外在的体验，也因此我们什么都不会知道。即便要知道的是最微不足道的事情，也需要意识。再者，如果有一个从外到内的基本影响，那不应该也有一个由内而外的影响吗？

就在那时，我认识到，意识只能通过第一人称体验来研究，因为没有第三人称实验可以揭示我正在经历的主观感受。因此，我决定用我可能知道的唯一例子来研究意识，也就是我自己。

今天，我知道我自己是有意识的，但我无法证明这一点。如果我甚至不能证明我是有意识的，我怎么能证明其他人有意识呢？意识的存在不能用任何外部测量来客观地确定。它是私人的，无法从外部观察到。因此，只有当一个人向我透露他的真实感受时，我才能知道这个人的真实感受。但在这种情况下，我的知识是不确定的，因为那个人可能是错误的，或者在撒谎。任何外部测量只能揭示意识的"物理关联"，而不是那个人的真实感受。意义的承载者——感受质，以任何外部的方式来看，都不是可见的。这番紧张的考察仿佛是一片沃土，其中孕育了一些令人惊喜的事情。

觉醒

> 心灵上的觉醒是人一生中最重要的事情，是存在的唯一目的。
> ——哈利勒·纪伯伦（Gibran Khalil Gibran）[1]

尽管我在青春期的时候接受了大量的宗教灌输，又或者可能恰恰是因为这些灌输，随着我年岁渐长，我逐渐放弃了宗教信仰。到了 30 岁

---

[1] 哈利勒·纪伯伦（1883—1931），黎巴嫩裔美国作家，代表作有《泪与笑》《沙与沫》《先知》等，早期用阿拉伯语，后期用英语进行写作，是阿拉伯现代小说、艺术、散文的奠基人，其许多作品带有基督教色彩。——译注

的时候，宗教在我心中唯一留下的痕迹就是：无论如何，上帝必然以某种形式存在。我把上帝想象成一个创造原则，原因很简单，宇宙不可能自己创造自己，除非"宇宙"是上帝的另一个名字。

40岁时，我已经完全接受了唯物主义的世界观。我得出结论，我们死去的时候，我们的游戏就结束了，因为意识必然是物质的一种属性，而又只有物质是存在的。因此，当身体死亡时，意识肯定也死了。现实就是这样。很简单。没什么了不起的。没必要为此大惊小怪。在不知不觉中，我被"催眠"了，接受了唯物主义关于现实的观点。我就这样接受了，就像我年轻时接受了那些宗教教条一样。

我觉得，即使上帝存在，他也一定离我们很遥远，他对人类的事务漠不关心，他对我们的个人生活也不会产生任何影响。既然我的人生是如此转瞬即逝，上帝对我又如此漠不关心，我就没有理由要对他感兴趣。

我们人生的中途

在我们人生的中途，我发现自己身处幽暗的森林……

——但丁（Dante Alighieri）

到了20世纪80年代后期，我在技术和商业上都取得了成功，我已经足够富裕了，我不需要再上班了。最重要的是，我还有一个美满的家庭。我确实很幸运，这个世界所说的会让人快乐的所有东西，我都得到了。我还能奢求什么呢？就在那时，一场危机降临到了我头上。就在我达到成功顶点的时候，我感触到了自己内心深处的不满。我意识到自己很不快乐，但我在假装快乐，因为我在阻止自己经历绝望。我躲在一个人造茧房里，这个茧房是我自己搭建的，为的是保护自己免受最深层、最真实的感受所伤害。我只是在模拟快乐。一般人以为的快乐所必需的一切条件，我都已经实现了，我无法理解我怎么会如此不快乐。到底哪里出了问题？我想知道。

还有两个我一直在回避的问题。我将全部身心投入事业中,尽力去压制这两个问题,它们却一再地浮现:"生命的意义是什么?""我想从我的人生中得到什么?"

长大过程中,在我足够成熟,能正确地提问之前,宗教曾给了我充满希望的答案。但现在我不能放弃我的理性,不能放弃用自己的头脑思考的权利。盲目信仰要求的东西可太多了。另一方面,我的唯物主义阐释甚至夺走了希望存在的希望,因为唯物主义描述的是一个反乌托邦、没有灵魂的机械世界。一旦接受了唯物主义的愿景,那些赞美德行、美丽、责任、利他主义和知识的智慧碎片,就再也不能让我感到满足了。所有冠冕堂皇但实则空洞的美德,都会随着我们的死亡而消失,因为它们纯粹是人类构造出来的幻象。

我到了极度绝望的阶段,感到内心几乎要死了,我思考:我活着是为了什么?与此同时,我在表面上还必须要撑住,因为我背负着许多责任,我是一个丈夫,一个父亲,还经营着一家颇有前途的公司,而这事关许多人的生计。我心灵的痛苦已经到了极限,所以我寻求帮助。我开始祷告,不是口头地,甚至不是有意识地,我要寻找基本问题的答案:"我人生的意义是什么?死亡真的是一切的终结吗?"

每当我陷入绝望的谷底,认为我的人生毫无意义之时,我在意识的最深处感受到,在黑暗无比的背景下,还有一个微弱却持久的光点。在这幽微的光里,我找到了足够的希望,支撑我继续活下去。

忽然的光亮

> ……是爱也，动太阳而移群星。
> ——但丁，《神曲·天堂篇》第 33 篇第 145 节 [2]

1990 年 12 月的圣诞节假期期间，我和家人在塔霍湖[3]度假。有一晚我在午夜时分醒来，想要喝一杯水。我从厨房的冰箱里取了冰水，走到旁边的客厅里，一边睡眼惺忪地看着幽暗而神秘的塔霍湖，一边呷着清凉的水。然后我回到床上，尝试再次入睡，忽然我感到有一股强大的能量从我的胸口涌出，这是我以前从未有过，甚至无法想象的感觉。这种感觉是爱，但这种爱是如此强烈，如此充实，令人难以置信，超越了我对爱的任何可能的看法。更令人难以置信的是，我认识到我就是这份爱的来源。我感到这是一束闪烁的白光，充满活力和满载幸福，以惊人的力量从我的心里喷涌而出。

然后突然间，这道光炸开了，充盈了整个房间，然后以同样的白色光辉，扩展到了整个宇宙。那时我认识到，毫无疑问，这是构成一切存在的"实体"（substance）。正是这个"实体"，从自身创造出了宇宙。然后，我无比惊讶地认识到，我就是那道光。

这整个体验可能持续了不到 1 分钟，却永远地改变了我。我与世界的关系一直是将自己作为一个独立的观察者，感知到世界在我之外，与我分开。这次体验让我大为震撼，这是一种不可能的视角，因为我既是体验者，又是体验本身。我同时是世界的观察者，也是世界。我是正观察着自己的世界！我同时认识到，世界是由一种感觉起来像爱的实体构成的。而我就是那个实体！

2　本译文引自但丁：《神曲》，王维克译，人民文学出版社，1997 年，第 502 页。——译注

3　塔霍湖（Lake Tahoe），又译为太浩湖，位于美国加利福尼亚州和内华达州边界上内华达山脉北部断层形成的淡水湖。——译注

换句话说，现实的本质被揭示为一种实体，实体在自我反思中认识自己，它的自我认识感觉就像是一种无法抑制、充满活力的爱。

这次体验包含了前所未有的真实的力量，因为在我存在的各个层面，我都感觉到它是真实的：在物质层面上，我的身体如此鲜活、富有生命力，仿佛是我之前从未感受过的；在情感层面上，我体会到自己是一种不可思议的强大的爱的来源；在心理层面上，我确切地知道，一切都是由爱"构成"的。那次体验也揭示了另一个现实层面的存在：心灵层面。在这个层面，我感到自己与世界融为了一体。这是一种直接的认识，比人类逻辑提供的确定性更强——这种认识是从内部而不是从外部发生的。这种认识第一次涉及了我所有方面的意识的同时发生：身体、情感、心理和心灵。我是这么想的：用我们普通逻辑思维无法理解的量子力学进行类比，我体验到的是自己作为粒子和作为波的本质。粒子的一面是我保持自我独一无二的身份的能力；而波的一面则是世界。自我也是世界。但，甚至我的身份也是世界的一部分，而不是我的一部分，因为我将自己体验为世界，而不是"我的"观点。因此，现在我将我的身份视为独一无二的观点，用这个观点，太一（One，所有存在之物的整体）来观察自己，认识自己。我就是太一的一个观点，太一不可分割的一部分。

过了许多年，我的这次体验仍维持住了它最初的强度和清晰度。它从内到外改变了我的人生，并且至今仍在产生强大的影响。

难以说清

> 在那些听不见音乐的人看来，那些跳舞的人是在发疯。
> ——弗里德里希·尼采（Friedrich Nietzsche）

在我觉醒之前，如果有人向我描述类似的体验，我会不屑一顾地认为这是一种生动的想象，一个没有任何现实性的白日梦。因此，我很同情那些怀疑论者。然而，这种生动的体验发生在我完全清醒和警觉的时候，揭示出了一个比我之前认为是唯一现实的物理世界更加真实的现实。

我的处境类似于生活在深海中的海洋生物，从未见过海床、海面或阳光，它坚信存在的一切只是它所生活的海洋。想象一下，如果将它从水中取出，让它体验到太阳耀眼的光芒和温暖，那它会有多么惊讶！它还会发现，大海有波浪状的表面作为边界。更让它惊叹的是天上移动的云彩和飞翔的鸟儿，更不用说远处一个岛屿的土地上冒出的树木了。

但回到它原来的环境，这个生物会发现，它不可能说服它的同伴，海洋并非唯一的现实，海洋是有边界的，在海洋之上还有另一个世界。到这里，这个可怜的生物就会意识到，没有什么词语能够描述它那些生动而清晰的体验。它会遭受误解，于是它不再谈论那次的体验，尽管它会永远把这放在心里，它非常确定其真实性，即使它不能恰当地对其进行描述。

我确知我那次体验到的现实比我之前认为是唯一现实的物理现实"更加真实"，即便我无法解释"更加真实"的意思是什么。这次觉醒的体验揭示了，"现实"是一个相对而非绝对的概念。在接下来的许多年里，我有很多其他自发的和非凡的经历，这些经历逐渐改变了我对现实本质的许多看法。正如布莱兹·帕斯卡尔（Blaise Pascal）[4]所说："理性的最后一步，是认识到有很多事物是在它之上的。"

在接下来这些年里，我过着一种双重生活，一方面我致力于对自己意识的内在探索，另外一方面则面向外部世界。我担任新突思的 CEO 直到 1999 年，然后担任其董事长直到 2009 年年中。但这两方面满满地融合在一起，也帮助彼此相互理解，这个过程持续到了今天。我也保留着写日记的习惯，这本日记成了一种私密而不可或缺的方式，帮助我将双重生活连接在了一起。

4　布莱兹·帕斯卡尔（1623—1662），法国 17 世纪著名的数学家、物理学家、哲学家。——译注

第六章
双重生活

学着去看。意识到万物都是互相联系的。

——列奥纳多·达·芬奇（Leonardo da Vinci）

从神经网络到触摸板和触摸屏

鼠标和轨迹球

施乐阿尔托（Xerox Alto）是第一款使用带有图标的图形用户界面（GUI），并且使用鼠标作为指点设备来"导航"计算机屏幕上虚拟桌面的计算机。GUI 和鼠标都是由斯坦福国际研究院（SRI International）的道格拉斯·恩格尔巴特（Douglas Engelbart）发明的。后来，施乐帕洛阿尔托研究中心（PARC）对二者进行了完善，并于 1973 年开发出了阿尔托计算机。这款计算机在施乐公司内部使用了很多年，却从未被商业化。1981 年，施乐推出了施乐之星（Xerox Star），这是第一款使用 GUI 和鼠标的商用计算机。该系统具有创新性，但价格昂贵，因此销量只有 2.5 万台。

施乐采取的创新举措启发了苹果，苹果于 1984 年推出了麦金塔个人电脑，这款产品普及了新界面，也为鼠标创造了巨大的市场。微软依样画葫芦，在 1985 年年底推出了 Windows 套件，这是一个基于 IBM 个人电脑所装载的 PC-DOS 操作系统的 GUI 软件层。Windows 的推出很快就创造了一个庞大的售后市场，让鼠标可以服务于 PC 的用户群。不久，鼠标就成为所有新计算机的标准配置，从而创造了一个巨大的原始设备制造商（OEM）市场。

触摸板和触摸屏

自 1983 年以来，我一直在罗技（Logitech）的董事会任职，当时罗技还是一家奋力打拼的初创公司，有一款软件产品和一款销量不高的机械鼠标。等到罗技的鼠标在市场上站稳脚跟，罗技已经在与其他鼠标供应商的竞争中获胜，成了顶级制造商。到 20 世纪 90 年代初，罗技开始生产轨迹球，这是一种倒置的机械鼠标，被用作早期笔记本电脑的指点设备。轨迹球体积庞大，需要定期清洁，对用户来说，用起来真的很麻烦。当时我是新突思的 CEO，我觉得我们需要的是更好的东西，因此我向我们的工程师提出挑战，他们很有创意，希望想出一个固态解决方案来解决这个问题。我开始每周与四五个人定期举行一次或两次头脑风暴会议，构思一些创意。

在几个月内，我们提出了电容式触摸板和触摸屏的基本概念和设计。这些是了不起的集体发明，最终改变了我们与移动设备的交互方式。在轻松愉快的氛围中，所有参与者的互动使它们的出现成为可能。发明者不是一个单独的人，而是整个团队。

1992 年，我们证明了这个概念可行，之后我联系了罗技，我们达成了一项协议，准备开发一种定制模拟芯片，用触摸板代替轨迹球。当时，我们正在开发模拟神经网络技术，要为这项技术寻找几项新的用途，这个罗技的项目就是其中之一。

到了 1993 年，我们在我们所有的项目中都证明了神经网络优于以前的自上而下的模式识别算法方法。然而，这一结论并没有得到大多数实践人工智能专家的认同。他们认为神经网络是错误的方法，而将专家系统作为新方向进行推广。专家系统基于这样的理念：领域专家可以详细阐述他们有意识遵循的"规则"，这其实是办不到的。

我们还证明了这点：使用高度专业化的模拟芯片来模拟神经网络，可以实现实时应用所需的海量计算。不幸的是，模拟芯片比数字芯片更难开发，成本也更高。因此，为了使这项业务可行，我们需要发明一种通用架构，以便使同一组芯片可以在许多不同的应用上使用。尽管我们在这个方向上付出了许多努力，但从未找到过这样的架构。

有趣的是，即使在25年后的今天，世上仍然没有用于学习系统的通用芯片架构，尽管神经网络最近已经成为人工智能和机器人技术的正确解决方案，这也证明了我们最初的愿景是对的。今天，计算机的功能是25年前的数百万倍，人们可以利用图形处理单元（GPU，用于视频游戏和其他图形应用，以及正被不断改进以更好地满足人工智能和机器人技术需求的设备）的强大计算能力来模拟神经网络。GPU现在已经得到了大幅改进，可以更好地服务于人工智能和机器人的需要。

赌赢了

到了1993年年底，我们在与罗技的合作下，用我们开发的工程芯片证明了触摸板的可行性。在谈判芯片生产价格时，罗技提出了极为苛严的条件，以致继续该项目已没有商业意义了。因此，我终止了该项目，并辞去了罗技董事会的职务。

没有通用的神经网络架构，这让我十分担忧，我开始思考，我们是否应该开展自己的触摸板业务。我们的工程主管蒂姆·艾伦（Tim Allen）向我保证，他的团队可以制造出整个触摸板，而不仅仅是模拟芯片。在我们开展的所有项目中，触摸板是唯一有可能创建公司的项目，因此作出这项决定相对容易。这意味着我们要改变方向，放弃开发人工神经网络的最初愿景。我们将公司押在触摸板和触摸屏上，并且体面地终止了正在进行的所有其他项目，将所有可用资源都集中在新愿景上。如今，新突思仍是触摸板和触摸屏的顶级生产商。

触摸板如何获得成功的故事非常有趣且具有启发性，因为从 1994 年到 1998 年，新突思面临着许多挑战，我们如有一着不慎，就有可能会导致公司的倒闭。1994 年 5 月，苹果推出了带有触摸板的 PowerBook，这是一个重大新闻。我们震惊了。那时，我们期望在几个月内制造出我们自己的触摸板样品，而现在苹果已经在生产"我们的"产品了。发生了什么？

几个月前，我们听说犹他州有一家名为 Cirque 的公司，多年来他们一直在开发像我们这样的触摸板，但我们不确定这个传闻是否属实。后来我们才知道，这是真的。Cirque 将他们的技术授权给了苹果，而苹果使用 Cirque 的技术开发了自己的定制模拟集成电路。我们立即以 5000 美元的高价购买了 PowerBook，用来评估苹果的触摸板。我们发现，苹果用三个定制模拟芯片和一个微控制器制造了一个非常昂贵的触摸板，而我们的设计只有一个模拟芯片和一个微控制器。

因祸得福

一开始的震惊过后，我们意识到，发生的事情其实是福不是祸，这样我们的感觉就好多了，因为苹果是全世界最善于推广新理念、创造新市场趋势的公司。如果市场对触摸板的初步反应是积极的，我想那我们也会有很大的成功机会，因为占市场 85% 以上的 IBM 兼容笔记本电脑就也得采用这项新技术了。

多年后，当我们开始向摩托罗拉、诺基亚和 RIM 等手机厂商推广触摸屏时，这一理论得到了有力的证明。我认为在手机上安装触摸屏是个好主意，但多年来没有客户愿意采纳，直到苹果对我们的产品表现出兴趣。但苹果想要独家采用这项技术，我们拒绝了。苹果继续开发自己的触摸屏，并在几年后推出了 iPhone。iPhone 立即开创出一个市场,这是我们在经历了多年的尝试后无法靠自己构建起来的。而其他的手机厂商开始从我们这里购买触摸屏,我们因而获得了丰厚的利润。现在回想起来,如果不是苹果率先推出了触摸板,我们可能无法靠自己来说服业界采用这项技术。

在 PowerBook 推出几个月后,我们还发现,Cirque 已向阿尔卑斯(Alps)授予了制造和销售 OEM 触摸板的许可。Cirque 决定只专注于售后市场,后来他们推出了一款名为 Glidepoint 的 PC 附加装置来取代鼠标。如果有足够多的鼠标用户表现出对触摸板的偏好,Cirque 的策略就会奏效,但这种情况并没有发生。事实上,直到今天,几乎所有的台式 PC 仍然在使用鼠标,因为它的性能足够好,因此没有理由要去换掉它。只有在笔记本电脑上,触摸板才有吸引力。Cirque 只是过于自信,以为触摸板会是一个更好的"捕鼠器"。这家公司多年来挣扎求生,主要靠特许权使用费支撑,最终被阿尔卑斯收购。

我们的策略是主要服务于 OEM 市场,这是一个几乎可以确定的市场,而我们不确定触控板能否取代台式电脑中扎根已深、普遍使用的鼠标。但现在我们不得不面对阿尔卑斯,这是全球 OEM 市场上一家实力强大的日本供应商,而不是与像我们这样的初创公司 Cirque 竞争。

1994 年的夏初,我聘请了鲍勃·萨姆斯担任我们的营销副总裁。他拜访了我们在中国台湾地区的潜在客户,当时大多数的笔记本电脑都是在那里制造的,他向客户展示了我们的新突思触摸板。由于市场一开始就对苹果的解决方案产生了良好的反应,而且轨迹球有着众所周知的问题,鲍勃成功激起了一些客户的兴趣。鲍勃还带回了一件非同小可的东西:阿尔卑斯触摸板的样品。我们发现他们的基本设计和我们的类似,有一个定制的模拟芯片和一个微控制器。幸而他们的模拟芯片的尺寸比我们的要大得多。而芯片越大,成本就越高,我们现在知道,我们有机会战胜阿尔卑斯!

我要求蒂姆·艾伦修改我们的设计,让他采用阿尔卑斯触摸板的精确物理尺寸,并将连接器的类型和位置改为与阿尔卑斯的相同。这样,我们就把自己变为阿尔卑斯的第二来源了,因为我们的客户可以将阿尔卑斯和我们的触摸板交换使用。有了这样的变化，客户不得不依赖小型初创公司的担忧就消除了。一年后，我们扭转了局面，阿尔卑斯成了我们触控板的第二来源。

新突思于1995年1月开始交付触摸板的生产单元，当时距正式发布过去了两个月。到了1995年8月，新突思已实现盈利。如此迅速地实现盈利是非常特殊的情况。我预计的是，在我们的第一个客户启动生产之前，至少需要一年的时间。但这份计划是在苹果推出他们的产品之前起草的。如果没有苹果，触摸板的命运很可能与触摸屏一样，要熬上个五年的时间。

作为回应，阿尔卑斯威胁说要起诉我们和我们的客户，他们声称，我们侵犯了他们拥有许可的Cirque专利。当然，我们已经申请了自己的专利，并且通过了现有技术搜索。我们惊讶地发现触摸板已经有了很多专利。我们双方都不是第一个想到触摸板的人，尽管我们各自独立地提出了相同的想法，但解决方案是不同的。触摸板的知识产权格局相当复杂，许多现有技术的存在使得差异的区分变得非常微妙。我们为我们的相关客户起草了一份详细的分析报告，表明我们使用了与Cirque不同的方法，并且说明，如果不得不上法庭，我们也已经作好准备，可以让他们免受伤害。过了这最后一道障碍后，我们度过了一段顺利的日子，但蜜月期并没有持续多久。

我们的最强套件：执行速度

> 凭着天赋，你能赢得比赛，但凭着团队的合作和智慧，你才能赢得冠军。
>
> ——迈克尔·乔丹（Michael Jordan）

接下来的一系列挑战都是内部挑战：我们必须快速学习如何在一个需要一流质量、持续降价和不断改进性能的市场中制造出能够盈利的产品。同时，我们必须完善公司的基础设施，以便与大型老牌公司阿尔卑斯形成有效竞争。

我们最大的优势是执行速度。那段日子比我们预期的要艰难得多，主要是由于世界各地的使用条件不同，几乎每周都会有许多技术问题出现。触摸板是一种非常难制造的产品。而竞争又十分残酷。在蒂姆·艾伦的杰出领导下，我们的工程团队压缩了休息时间。正是因为他们的无私奉献和卓越才华，我们才得以幸存下来。

还有其他一些恼人的问题，是某些供应商未能遵守微软操作系统的整体接口规范而导致的。我们必须不断进行更改，以降低成本并提高性能。所有这些额外的工作导致了新一代产品设计的延迟，而这些产品最终要通过将微控制器和模拟芯片（通常称为片上系统或 SoC）组合到单个芯片中来实现尽可能低的成本。

我们得知罗技的管理层已决定设计触摸板，因此我们很快就会遇到另一个主要的竞争对手。我担心他们会推出使用 SoC 的产品，因为他们已经知道我们的计划。但罗技最可能将阿尔卑斯视为他们真正的竞争对手，而不是我们。而且他们需要成本最低的解决方案来与阿尔卑斯竞争。阿尔卑斯很快也会有 SoC 触摸板。因此，如果我们不尽快拿出自己的 SoC 版本，即便我们赢得了这一场战斗，我们也会输掉整场战争。

然而，在我们的处境中也隐藏着一颗宝石，因为我们被迫比竞争对手更快地学习如何生产最好的触摸板。这种关键的学习曲线优势使我们能够设计出最好的 SoC 解决方案，而罗技在设计他们的芯片时，并没有这么坚实的学习曲线可供其利用。的确，高科技行业的赢家必然是学得最快的人，而不是财力最强的人。

罗技的致命决定

在我们投产大约 18 个月后，罗技发布了他们的 SoC 触摸板，这正是我所担心的，尽管比我预期的时间要晚。他们很快就开始对我们施加价格压力。这一事件提高了两个方面的标准：我们必须降低现有设计的成本，并且在创纪录的时间内开发出单芯片，而此时工程团队仍然忙着在前线救火。我们面临着艰难的 18 个月，这是作出反应所需要的时间，因为我们已经决定开发自己的微控制器，以求将成本降至最低，这是只有少数公司才有勇气选择的方向。但此时出现了一个人为失误，拯救了我们。

罗技犯了一个致命的错误。这个错误就像一颗定时炸弹，迟早会爆炸，给他们带来灾难性的后果。为了最大限度地降低芯片成本，他们决定使用 ROM（掩模可编程只读存储器）来支撑固件，而不是使用一次性可编程（OTP）存储器。这意味着，要纠正任何固件问题并生产无错误的部件，就需要几个月而不是几天的时间。更糟糕的是，所有带有缺陷的固件库存都必须以高昂的代价报废。

我们从一开始就知道这种危险，并且我们已经在现有的双芯片中使用了带有 OTP 存储器的微控制器。这一决定使我们能够立即对问题作出响应，同时避免了任何库存损失，因为我们在发货前将固件加载到预先构建的空白单元上的微控制器存储器中了。因此，我们的单芯片设计也将具有 OTP 存储器，即使我们已经花了 18 个月的时间来调试和改进代码。罗技知道我们在当前设计中使用的是 OTP 存储器，但由于他们已经成功地将 ROM 用于鼠标和轨迹球，他们还是决定对触摸板进行同样的操作。他们严重低估了触摸板高得多的复杂性，这又一次让我们看出，过度自信是商业成功的最大障碍之一。

尽管如此，这场战争还没有结束！罗技打出了价格战，使我们的客户能够向我们提出更低的价格。有六个月的时间，我们没有屈服，但后来我们开始失去一些业务，这是一个很明确的信号，让我们看出罗技正在交付他们的触摸板。我们推测，罗技是在以成本价出售，以赶走我们和阿尔卑斯。

新突思自 1995 年 8 月以来一直都有盈利，但到了 1997 年年中，我们开始亏损。亏得不多，但这很不妙，因为我们要等有了 SoC，才能作出回应，而这还需要大约一年的时间。我担心到那时我们可能会失去辛辛苦苦从阿尔卑斯手上争来的市场主导地位。

积极的一面是，我们知道我们是可以击败罗技的，因为我们的新芯片制造成本比罗技低得多，即便我们使用的是成本较高的 OTP 存储器。这其中原因有二：我们可以设计出比他们小得多的芯片；我们是一家制造触摸板的无晶圆厂半导体公司，不像罗技和阿尔卑斯那样需要从半导体供应商那里购买芯片。具有讽刺意味的是，罗技是从我 23 年前创办的齐洛格公司购买芯片的，使用的是齐洛格 Z8 微控制器（这是我在那里的第一个产品创意）。罗技和齐洛格的工程师共同设计使用 Z8 来管理的复杂模拟子系统。

新突思的反击

到了 1998 年年中，我们终于有了单芯片触摸板，在失去了一年的市场份额，并遭受一定的损失之后，我们如今已作好了反击的准备。而且，现在我们能够以比罗技设定的更低的价格来获得丰厚的利润，而他们无法在不亏损的情况下继续降价。但罗技设计了另一个巧妙的策略来打击我们。他们决定生产定制触摸板，这是我们拒绝做的，因为这会使我们的间接成本成倍增加。这种方法的好处是可以与客户建立更密切的关系，并使触摸板在使用该定制产品的模型的整个生命周期内都"粘"在上面，而这个时间通常是一年。

他们成功地拿下了 1998 年秋季的一系列定制项目，这样就可能会从我们手中夺走大部分的市场份额。然而，他们糟糕的技术选择，也就是那颗定时炸弹，即将爆炸。

1998 年夏初，一位来自中国台湾地区的客户拜访了我们。他此时正焦头烂额，因为他的罗技定制触摸板无法正常工作。这个问题阻碍了他们笔记本电脑的生产，因为他们是从罗技独家采购的。这对他们而言是一场真正的灾难。由于罗技需要几个月的时间来解决这个问题，客户问我们是否可以在一周内设计一个定制的触摸板，以便赶上他们的生产计划。

我意识到这是我们反击的机会，尽管为确保交易需要付出巨大的努力，我还是否决了我们的营销副总裁不愿参与定制项目的想法。我们协商了比罗技要高的价格，并向客户承诺，他们将在两周内获得工程样品。我们的工程团队顺利完成了任务，我们的触摸板运行完美，这使客户转危为安，也让罗技心生畏惧。

"罗技开始走下坡路了。"这句话在中国台湾地区迅速传开，所有其他正在进行定制项目的客户都担心，发生在同行身上的事情也会发生在他们自己身上。很快，他们就弃罗技这艘大船而去，而我们趁机把他们都拉进了我们的阵地！几个月后，罗技退出触控板业务，损失惨重。

几个月内，我们就凭借着1500万至2000万美元的季度销售额恢复了盈利，从那时起，公司就一直有盈利。这场战争终于打赢了，新突思占据了市场上的主导地位，多年来都维持着欣欣向荣的发展。

与罗技的战斗，让我们不得不为了制造出质量最好且成本最低的触摸板而筋疲力尽，我们差点因此倒闭。然而，这种超人般的努力也让我们付出了代价：我们失去了几个关键人物，其中包括蒂姆·艾伦，10年间，他带领工程团队为公司作出了巨大贡献。他离开后，我不得不聘请一位新的营销副总裁。而我本人在领导公司12年之后，也决定寻找一位新的CEO来接替自己。

1999年1月，我们的新CEO弗朗西斯·李（Francis Lee）从国家半导体来到新突思，而我成了董事会主席，自从卡弗·米德离开董事会以来，这个职位已经空缺了大约四年。我一直承担着这个职务，直到2009年年中我从商界退休。如今，新突思仍然是触控板、触摸屏和其他一些人机交互产品方面的全球领导者。

新突思的文化

成功的秘诀在于互助。如果你以为你独自一人可以成功，那你就会一直独自一人，不会成功。

——豪尔赫·阿尔瓦雷斯·卡马乔（Jorge Álvarez Camacho）[1]

---

[1] 豪尔赫·阿尔瓦雷斯·卡马乔（1980— ），西班牙作家、演讲家。——译注

1974年，我之所以离开英特尔，主要原因之一是安迪·格洛夫营造的那种公司文化——只以结果为目标。我只是觉得安迪咄咄逼人、竞争激烈和高对抗性的风格造成了太大的人员损失。我觉得，公司目标应与个人目标更一致。而且我还认为，公司必须起到重要的教育作用，应该帮助员工实现个人成长，而不是仅仅助力他们当下的职业生涯。

我记得我曾与拉尔夫进行过多次讨论，试图阐明我想要创建的公司是什么样的。但是我缺乏经验，不够老到，加上我不愿面对某些类型的情况，我未能在齐洛格里营造出我本能想要的那种公司文化。我还记得与比尔·韦尔特罗普（Bill Veltrop）的一次会面。他在埃克森企业总部工作，是一位杰出的组织发展经理人。比尔向我介绍了社会技术分析和创新工厂管理。我对他解释的这些原则产生了共鸣，我决定运用这些原则，在爱达荷州博伊西附近的南帕（Nampa）组建我们当时计划建造的新晶圆厂。

那家工厂后来成了一颗宝石。在那里，每个操作员都受到教导，了解每台机器的工作原理，并学习如何操作它们，这使我们的工作流程有了更大的灵活性，因为行业内的做法是，每个工人只会操作一种机器。我们的工人们在很大程度上能自我组织，在技术人员的协助下自行解决生产问题，而技术人员扮演的角色更多的是顾问，而不是督工。生产提速（这在传统组织的工厂中是一个非常痛苦的过程）进行得完美无缺，人员流动率极低，不久之后，这家工厂的产量比我们成熟的库珀蒂诺工厂还要高。

那次经历让我相信，如果公司愿意投资在对员工的培训和扶持上，员工就可以承担起更多的责任，并获得更好的结果和更高的个人满意度。回想起来，我认为南帕制造厂、Z8和Z80是我在齐洛格的三大成就，这三个项目是我至今最满意的。

在我创办小天鹅科技公司时，我雇用的早期员工之一是齐洛格的员工发展经理保罗·古斯塔夫森（Paul Gustavson），他负责监督南帕晶圆厂文化的"建设"。他的工作是在坏习惯生根发芽之前帮助我塑造新的公司文化。他帮助我落实并阐明了一些原则，是我在齐洛格已经意识到，但无法用语言表达的。

在新突思获得成功之前，我花了几年的时间与几位年轻的工程师进行了研究。这种较慢的增长创造出了一个连贯的文化基石，使我们能够有意选择具有相似价值观的员工，并将他们吸收到正在形成的文化中。讨论公司未来方向时的开放、相互尊重的氛围，以及积极地让每个人都有机会作出贡献的做法，使每一位新突思员工都感到自己是新突思不可或缺的一部分。

我学到的是，在文化方面，并不存在硬性和快速的规定。人需要良好的判断力和足够的智慧才能理解，在自上而下和自下而上的思想信息流中，实现微妙的动态平衡需要的是什么。

寻找意义

我会让你看看这个兔子洞有多深。
——刘易斯·卡罗尔（Lewis Carroll），《爱丽丝梦游仙境》（Alice in Wonderland）

前文我描述了我经历的觉醒，觉醒之后，我开始阅读《道德经》和《薄伽梵歌》等书籍。这些古老的文字反映并丰富了我个人的觉醒，揭示了自古以来人类的思想之旅就是由那些与我有着类似体验的先人们所照亮的。在我觉醒之前，那些书只会满足我肤浅的兴趣，因为"灵魂"对我来说没有什么真正的意义。经历了觉醒以后，灵魂意味着鲜活的、熠熠生辉的、充满爱的实体，一切都由它构成：它成了一种活生生的体验，而不是一种智性上的观念。那次的觉醒也打开了一扇大门，让我得以对意识及其进一步的融合有了超凡的体验，这样的体验一直持续到了今天。其中包括生动的梦境、深层的直觉和其他意识状态，这些都极大地扩展了我对现实的观念，而此前我对现实的理解是受到先入之见的限制的。

那段时间，我做了好多的梦，其中有些有特别的意义。有一个梦让我非常痛苦，也非常个人化，对我的身体产生了强大的影响，因为它使我的心脏摆脱了收缩状态，我之前不知道这一情况的存在，因为这已经成了我身体的一部分。只有当我从梦中醒来的那一刻，我的胸腔有了一种非常放松的感觉，我才意识到了状态的不同。之后，这种收缩的情况再也没有出现。

还有一个梦揭示出了我心灵之旅的本质：在一栋巨大的房子里，我面孔朝下飞行，以巨大的同心螺旋朝着地板飞去。我的心是敞开的，我的心在歌唱，当我下降到可以看见婀娜多姿的植物和五颜六色的花朵时，我感到兴奋，热情高涨。

我贴近这番美景时，我才意识到这些花草树木只是简单地画在瓷砖上。它们不是真的！我对这种欺骗深感失望。我直起身子，在不接触地板的情况下滑翔。我挪到了上锁的巨大双开门前。我知道门后有一个大花园，虽然我刚看到的花草树木是假的，在那里的却是活生生的。在我的左边，有两位着黑衣的年长妇人，一个站着，一个坐着。她们没有看我，而是像两尊圣像一样，不知道我的存在。我知道她们有开门的钥匙。

然后我醒了，我感觉这个梦包含了一个深刻的信息。我立刻明白，房子代表了更广阔的自我。那些看起来如此生动和令人兴奋的花草树木代表了那些我先前以为是真实的东西。我以为那些是我真实的目标，但其实那些是幻象的世界，从远处看似乎十分美妙和诱人，是我必须要到达的目的地。但只有当我靠近时才会发现，这些是骗人的，只会让我感到失望和空虚。真实的世界在那扇门后面，只有先跟那两个披着神秘面纱的人交朋友，我才能进入其中。而那两个披着神秘面纱的人，就是我自己那些未知或不愿接受的方面。只有正视它们，我才能获得进入真实生活的钥匙。

意识的扩张

> 认识你自己（ΓΝΩΘΙ ΣΕΑΥΤΟΝ）
> ——刻在德尔斐阿波罗神庙的古希腊箴言

有一天，我开车去上班的途中，在等信号灯转绿的时候，我将目光转向了左边的车。方向盘后面坐着一个女人，我立刻感觉自己的意识跃入了这个女人的位置，片刻后又回到了我自己身上。我从来没遇到过这样的事情，我惊呆了。不过这段体验稍纵即逝，我不能参透到底是我的意识真的离开了我的身体，还是扩张到了那个女司机身上。

等我到了办公室时，我开始在日记中写下刚刚发生的事情，试图厘清这件事。我一边写作，一边抬头看着对面窗外的新突思园区里被人精心照料的地面。就在那时，我的意识扩张到了各处，渗透了一切：土壤、树木、青草、花朵，同时伴随着幸福与安宁的感觉。就和觉醒时的体验一样，我同时是树，是草，是花，也是它们的观察者。这是一个"不可能"的视角。

然后我看了看办公室里面，我看到一个人影在我面前看着我。这不是一个真实的人，而更像是一个影像，我感觉我的意识在那个存在之内。我看向他的眼睛，我认出是我自己在看自己！在我面前的这个存在同时是我和非我。就在那时，这个影像结束了，我的意识恢复到了熟悉的感觉。

渐渐地，我开始意识到真正重要的旅程是内在的。我为技术和科学研究奉献了很多，我也用同样的精神，去努力挖掘关于自己的真相，不再任其被由偏见造成的感知所扭曲。为了加深对我正在体验的新现实的理解，我向一位超个人心理学（transpersonal psychology，心理学的一个子领域，将心灵维度融合进现代心理学）专家寻求帮助。她向我介绍了一些探索的技术，如果放在几个月前，我会对这些技术持强烈的怀疑态度。但其实这些技术对我很有帮助，让我看到我的"兔子洞"有多深，看到我的生活在多大程度上被错误的信仰和观念所左右，也让我从诸多被压抑和遗忘的情绪与感受中解脱出来，获得重生。

有一天，在一次按摩理疗过程中（放在以前，这个要是让我知道的话，我会觉得是坑蒙拐骗），我有了一次重要而未曾预料的体验：我16岁，我在等爸爸来看我刚刚完成的新滑翔机模型。这是我的杰作！它的翼展长达2米，机身涂着深蓝色的油漆，抛光过了，机翼则是半透明黄色的，展现出翼肋优雅的联锁设计。

我先是利用在学校最后几个月的空闲时间，构想出了这架滑翔机，画好图纸。整个暑假，我就在我家的地下室里着手建造这架飞机，这个地下室就是我的作坊。我对自己的创作感到非常自豪，晚饭后我把它拿来客厅。我把它组装好，邀请父亲从书房里过来看。

我父亲说："5分钟后过来。"等了10—15分钟后，我又去了书房，距离不过15英尺（约4.572米）。我催促父亲过来看看模型，因为模型太大了，我没法把它带进书房。父亲告诉我，他一会儿就来。我又等了15分钟，然后我再一次催父亲过来。他说："马上来。"又过了15分钟，他还是没有出现。此时我意识到，他不会来了。我慢慢地拆解模型，把它拿回了地下室，默默地上床睡觉。

我沉浸在这段鲜活的回忆中，一边努力缓解失望的情绪，一边流下了凄凉的泪水。此时，年已半百的我正为这样一件"微不足道"的事绝望地哭泣。我已经很久没有哭了，成年以后我还从来没有这么泣不成声、撕心裂肺地哭过。这样的哭泣让我感到解脱、畅快、治愈，同时也感到深深的悲伤和苦涩。无法向爸爸展示我的杰作，因而感到失望，这背后，我明白了我深深地需要感受到"被看到"和被爱，这个需求一直都是隐藏起来的。这是一个真正的开端，因为这是第一次，并且令我非常惊讶地，让我知道了父亲的冷漠对我造成的伤害有多严重。这次体验让我知道，我有多么努力地去保护和捍卫自己的不堪一击，我又是多么害怕自己在他眼中一文不值。因此，我才会这么不重视自己。就像孩童时一样，当有不好的事情发生时，我只会感到失望，还是耸耸肩，很容易就忘记。

但我终于敞开心扉去感受这个意想不到的情感创伤。我已经建立了对父亲和我自己的理想化形象，这将我内心最深层和最真实的感受隐藏了起来。我之所以哭泣，是因为我由衷地同情我心底里那个想要被父亲看到和重视的男孩。不幸的是，爸爸太专注于他的研究工作，没有注意到我需要得到他的爱和欣赏。

其他的体验

这一次和其他类似的体验让我意识到，我几乎总在压抑自己的真实感受。为了保护自己，我不愿意承认自己的痛苦，隐瞒了真实的感受。我已经戴上了一个面具，随时准备拿任何事情开玩笑，好让我的伤痛随着戏谑声从我身上滑走。我让自己相信我很坚强，假装一切都很好，但这么做只是让我疏远了自己的内心。我所做的是不再承认现实。我还意识到，我给自己虚构了一个自给自足和反抗性的自我形象，这使我很容易被那些凭直觉明白我在干什么的人利用。慢慢地，我开始接触自己真实的感受，重新发现更真实的我。这个过程一直持续到今天。

有一天晚上，即将入睡的时候，我发现自己飘浮在靠近卧室天花板的床上方，而我的身体还躺在床上。我惊呆了，难以置信：这怎么可能呢？我怎么能存在于我的身体之外，并且仍然完全意识到存在？我本能地闭上了眼睛，因为我有点害怕。很快，我开始感到恐惧，我转瞬间就被吸回了身体。我醒了一会儿，思索着刚刚发生的事情有什么意义。很久以后，我才想：从身体之外的意识的角度来看，"睁开我的眼睛"是什么意思？真正的眼睛在哪里？

我以前从未听说过这种体验，这种体验被称为 OBE（出体体验）或星光旅行（astral travel）。后来我发现很多人身上都发生过类似的情况，并找到了大量关于这类情况的文献。有些人"旅行"到远离身体的地方，体验到我们所知的地球上似乎并不存在的地方和实体。

如果这样的旅行能够发生，那么我们存在于什么样的现实中呢？意识在体外的时候，可能会有什么样的感官系统？这个系统似乎拥有我们熟悉的所有模式，甚至更多，比如心灵感应和预见力。这怎么可能呢？

最后，请让我讲一讲那时发生的另一场奇遇。有一天，艾尔薇亚和我想出去做一次长时间的散步，所以我们出发去了我们家附近山上的一条小路。一路上，有一只大郊狼向我们跑来。它在我们前面大约20码（约18.3米）处停了下来，几乎切断了我们的道路，它开始观察我们。我们立即停了下来，不知道该怎么办。我们此前从未如此近距离地看过郊狼。我觉得相当安全，因为我在书上读到过，郊狼一般不会攻击人类。

没过多久，另一只郊狼一路小跑过来，加入了第一只郊狼。这时情况变得复杂了：有两只成年大郊狼盯着我们看。凭着良好的直觉和冷静的态度，艾尔薇亚开始在没有任何突然的动作的情况下找东西，希望看到一根树枝，一块石头，也就是让我们最终可以在遭遇攻击时作出反应的东西，因为我们此时毫无防备。

与此同时，第三只郊狼来了。那一刻，我开始担心了。我们只有两个人，情况有可能很危险。好在离我们不远处，有几根树枝可以拿来当棍子。我们捡了两根，将棍子高高举了起来。

我注意到，第一只郊狼一直盯着我们，似乎对我们在头顶挥舞的棍子毫不在意。它似乎是头目，另外两只郊狼好像正在等待它的决定。

须臾，我注意到"老大"的神色发生了微妙的变化，它似乎在想："也许不值得攻击这两个家伙，咱可能消化不了……"片刻之后，它不慌不忙地让出了通道，那两只"随从"也照着做了。这一切持续了几分钟，等郊狼都到了安全距离之外，我和艾尔维娅面面相觑，露出了如释重负的表情。我们非常高兴，心中洋溢着前所未有的对一只野生动物的感激之情。

福维恩与我第三段人生的终结

1993年，国家半导体这家拥有强大的模拟IC专业背景的公司获得了新突思的股权。这是对我们公司的最后一次私人投资，同年晚时候，新突思为了照顾触摸板业务，放弃了神经网络，没有给卡弗·米德感兴趣的图像传感器业务留下任何空间。而此时国家半导体已经在朝着这个方向努力了，卡弗就成了他们的顾问。一年后，他离开了新突思董事会主席的岗位，自 1987 年以来他一直担任此职。

在 20 世纪 90 年代中期，基于电荷耦合器件（CCD）技术和新图像处理技术的数码相机的质量不断提高，摄影界正在经历一场快速变革。这一发展始于 1969 年贝尔实验室发明的 CCD，随后是柯达在 1975 年开发的第一台实验性数码相机，柯达的这款相机使用的是仙童制造的第一款采用硅栅技术的商用 CCD。

然而，数码摄影一开始的进展相当缓慢，到了 1995 年，还是只有很少的人认为，数码相机会在短短几年内赶上胶卷相机。宝丽来和柯达等公司变得自满，他们坚信数码相机在短期内比不上胶卷。这种过度自信导致了他们的灭亡。

仅仅过了五年，半导体的指数级进步就使数码相机的图像质量达到了接近胶卷相机的水平。从那时起，数码摄影多年以来一直承诺会有的诸多优势终于扭转了潮流，胶卷的命运被封印了。十年后，摄影胶卷几乎销声匿迹。

这场技术变革甚至冲击了半导体行业，因为 CCD 这一曾在录像机中占据主导地位，并将数码摄影置于地图上的传感器技术，后来受到了采用 CMOS 技术制造的传感器的攻击。今天，CCD 几乎消失了，只有在一些专门的应用中这项技术还在被使用。

这是 30 年前半导体动态 RAM 导致磁芯 RAM 存储器消亡的重演，这一变革也扫除了在短时间内作为唯一半导体存储器解决方案的 MOS 移位寄存器。在这次重演中，CCD 扮演了移位寄存器的角色，CMOS 成像器扮演了动态 RAM 的角色。

卡弗·米德听从了马克·格兰特（Mark Grant，国家半导体的专利律师）的建议，决定从国家半导体拆分出一家公司，为专业摄影师制造工作室相机。这种相机的原理是使用连接到一个特殊棱镜的三个传感器，将入射光分成三原色——红色、绿色和蓝色，使它们以不同的比例混合并产生所有颜色。然后，三个传感器的输出将以电子方式组合成单个高质量的彩色图像。

卡弗的这家公司叫做福维恩（Foveon），其原始股东是国家半导体和新突思，当时我是新突思的CEO。福维恩的第一款产品于2000年上市，可以制作出与工作室胶卷相机相媲美的照片，因为在工作室环境中通常有着强烈的人工照明。然而，福维恩成像器的低光灵敏度既无法与胶卷相比，也无法与当时可用的最好的数码单反（DSLR）相机传感器相媲美。福维恩还低估了使用单芯片CCD或CMOS传感器的数码单反相机的进步，而且高估了使用三个传感器的好处，问题因此就变得更严重了。结果是，这一台昂贵且笨重的相机在几年内就过时了。

一项颇有前景的技术

在那段时间里，福维恩的创始工程师之一迪克·梅里尔（Dick Merrill）想出了一个绝妙的主意，就是用高度创新的解决方案取代三个传感器和昂贵且笨重的棱镜。梅里尔发明了一种CMOS传感器，在这种传感器中，原色光电二极管在同一芯片中彼此叠放，而不是水平布局。这种方法利用的是一种鲜为人知的特性，即硅在不同深度吸收的是不同波长的光。因此，单个传感器可以实现与具有三个传感器的棱镜相机相同的色彩质量，而无须使用传统CCD或CMOS成像器中难以控制的彩色滤光片。

通过在适当的深度布置三个光电二极管，可以用最上面的光电二极管感应蓝光，中间的光电二极管感应绿光，底部的光电二极管感应红光。在每个像素位置，传感器现在可以同时检测所有三种颜色。因此，人们就可以用更小的设备获得与传统传感器相当的性能，因为所有检测得到的光都会被检测到，不会造成任何浪费。

这项颇有前景的技术被称为福维恩X3，它吸引了硅谷顶级风险投资公司之一的 NEA 做出了重大投资。福维恩还为其第一个产品赢得了一个可靠的客户——日本适马公司（Sigma Corporation）。适马是单镜头反光（SLR）胶卷相机和新兴的数码单反相机售后市场镜头的主要供应商。

适马此前从未设计过数码相机，因此他们与福维恩签约，不仅是为了让后者提供传感器，还要其负责电子硬件和软件的设计，并专注于相机的机电和光学设计。该项目要求福维恩开发：①一种新的传感器制造工艺技术，②一种新的传感器设计，③一种与现有"马赛克"技术（使用重复的 2×2 像素矩阵和两个绿色、一个红色和一个蓝色传感器的技术）不同的新图像处理技术，以及④数码单反相机的电子设备和软件的设计。至少可以说，这是一项非凡的努力，因为适马公司的规模并不那么大，而主导该市场的尼康和佳能又有着强大的竞争力。

国家半导体为开发制造工艺和生产晶圆提供了必要的资源，到了 2002 年，带有第一款福维恩 X3 传感器的适马 SD9 数码单反相机被推向市场，引起了广泛的新闻报道和关注。然而，适马 SD9 存在一些限制，其中许多与 X3 传感器无关，尽管 X3 的低光灵敏度仍然是不足的。

回想起来，适马—福维恩想要与佳能和尼康竞争几乎是自杀，因为后两家公司有着高度精细的技术，而且他们极力捍卫自己的市场主导地位。尼康使用的是索尼制造的高度精密的 CCD 传感器，而佳能则开发并生产了自己的 CMOS 传感器。佳能是世界上唯一一家掌握了采用全耗尽型光电二极管工艺的 CMOS 图像传感器技术的公司，从而与 CCD 的低光灵敏度相匹配。

福维恩的传感器虽在许多领域都优于竞争对手，但它无法在噪点方面与佳能和索尼的传感器相比。而这个限制最终成了它的致命弱点。

一个未兑现的承诺

由于媒体对 SD9 大肆宣传，福维恩的员工和管理层欣喜若狂，他们因而低估了竞争的激烈程度，并开始了一个构思不周的新项目：一款傻瓜相机，以此与具有更好低光性能的传感器竞争。与此同时，适马 SD9 的销售令人失望，这主要是因为福维恩未能提供必要的资金来妥善解决 X3 传感器的噪点问题，也未能开发出经济高效的图像处理解决方案。这是一项加出来的要求，因为 X3 传感器不能使用商业上可行的马赛克传感器芯片。国家半导体还对 X3 晶圆收取高昂的费用，并且对开发能够进一步提高 SD9 性能的必要的微透镜工艺不感兴趣。这就让福维恩不得不将晶圆运往海外，以合同制造商的方式添加微透镜，如此成本和时间都会大幅增加。

SD9 销售额不尽如人意，这让福维恩董事会开始寻找新的 CEO。然而，由于公司内部困难重重，要找到一个合适的人选，愿意将自己的事业押在这家陷入困境的公司，这并不容易。那时，我是福维恩的董事会成员，代表的是新突思的利益。我找新突思继任的 CEO 弗朗西斯·李商量此事，他反问我："你为什么不接手这份工作呢？"

我吃了一惊，但随后我想：是的，为什么不呢？我认为自己当然可以担任临时 CEO，我评估了情况，并向董事会提出最佳行动方案，包括在适当情况下出售公司这一选项。这就是我向董事会提出的建议，我说我将作为临时 CEO 评估情况，并在一个月后汇报我的建议，而董事会应继续寻找一位常任 CEO。

经过深入的技术与市场评估，我们可以很明显地看出，选择高端数码单反市场的选择是错误的，因为这么做低估了 X3 传感器的低光灵敏度造成的限制。唯一一个 CMOS 传感器较之 CCD 具有明显优势的市场是新兴的手机摄像头市场，在这个市场中，顶级质量不如相机的尺寸、成本和功耗重要。在这个市场中，CMOS 的表现比 CCD 好得多，尽管前者的图像质量较差，尤其是在低光条件下。

但与最好的商用手机 CMOS 传感器相比，如果福维恩使用海外晶圆代工厂而不是国家半导体的晶圆代工厂，福维恩的传感器质量会更好，即便在低光照条件下也是如此，成本也会更低。在低光照条件下，唯一比福维恩的更好的 CMOS 传感器是佳能的，这是一家既不在传感器行业，也不在手机相机市场的专属供应商。

显然，福维恩不得不改变方向，开发手机摄像头模块。与此同时，我们还必须为后几代相机开发低噪点工艺。为了实现这个计划，我们需要一个愿意为成像器开发半导体工艺的新制造合作伙伴，以及一个愿意开发相机模块所需的图像处理芯片的新的主要客户。这就像在进行重启。

一个新方向

一个月后，我向董事会提交了我的评估，表示如果我们改变方向，并且有新的资金注入来执行计划，我们就有很大的机会取得成功。我还说，如果董事会有兴趣，我很乐意成为常任CEO。董事会一致同意我担任此职务。在一天之内我就从半退休状态，到了比全职上班还繁忙的状态。

福维恩是一家拥有潜在颠覆性技术的公司，而且这项技术是与整个行业的发展方向背道而驰的。要领导好这样一家公司，实在是令人晕眩，并且在部分程度上影响了我的判断。这是一场豪赌，而在新一轮的融资中我投了300万美元。事实证明，我也低估了这场比赛，虽然差得不是太多，但最终还是让我们以第二名的成绩到达终点线。

接下来的一年令人振奋，充满变革。首先，我重组了福维恩，进行了裁员。然后，我们找到了合适的制造合作伙伴——东部电子（Dongbu Electronics）。这是一家韩国晶圆代工厂，拥有所有必要的资质，其CEO对进入这一新业务也充满热情。东部电子必须为X3传感器开发复杂的制造工艺，但如果福维恩无法保证一定的市场占有率，这个目标就几乎不可能实现。但我们与三星电子达成了一项重大协议，要达到这么大规模的市场似乎就不那么困难了。三星电子是手机摄像头模块的实力供应商，他们将与我们共同开发顶级的摄像头模块。我们也将一起开发成像器，设计图像处理芯片。然后三星会生产这些模块。

从商业方面来说，我们已经准备好了。我们现在要做的"只是"执行。

大约一年后，我们收到了第一批成像器的样品，以及三星构建的相机模块原型，此前，我们已经在东部电子开发了 X3 的制造技术，设计了新芯片。这次的相机模块性能比我们测试过的所有相机模块都要好，但三星并不完全满意。他们想要作一些改进。他们将我们的芯片与另一家我们不知道的制造商制造的成像器进行比较。据他们说，我们很接近，但不是最好的。

我们作了一些改变，并一直留在赛场中，直到我们的芯片和神秘对手的产品进行最后一次比拼。我们获得了第二名，因为我们的低光性能还是不如他们。尽管所有参与者都付出了巨大的努力，但获得第二名是一颗难以下咽的苦果。后来我们发现我们的竞争者是美光（Micron），他们是动态 RAM 的主要生产商，也是成像器业务的新进场者。美光已经掌握了当时只有佳能拥有的全耗尽型光电二极管工艺。我们只是晚了几个月。如果福维恩早在三年前就瞄准这个市场，而不是追逐数码单反相机这颗璀璨的明珠，福维恩本来可以取得巨大成功。

事后看来，在我们败给美光之后，我应该向董事会建议卖掉或者关闭福维恩。但是，我不想失败，所以我决定追赶一辆正在快速驶离车站的"火车"。

接下来的三年是令人痛苦的，因为我们永远无法赶上，即使我们开发了全耗尽型光电二极管工艺，这为我们提供了在低光照条件下具有竞争力的成像器，同时保留了原有的成本优势。砸在我们头上最后的一击是一项新技术，这项技术有望降低成像器的成本，甚至超出我们此前所达到的水平，同时保持相同的性能。

这种方法需要在晶圆背面制造光电二极管，即使芯片尺寸缩小以匹配我们的需求，也能让更小的芯片具备出色的低光灵敏度。这是整个行业决定追求的新方向，尽管它需要两年多的时间才能实现。福维恩变得过时了，我们别无选择，只能出售或关闭公司。

图30 作者的父亲朱塞佩·法金创作的水彩画。朱塞佩对理念论哲学很有研究,这幅画是他于1970年造访加州期间创作的。画的右下角引用了德日进(Pierre Teilhard de Chardin)的一句名言:Tout ce qui monte converge(上升的一切都将汇合)

图31 作者一家于1997年在日本京都接受著名的京都奖颁奖(马克因准备考试,未能出席颁奖现场)

图32 2010年10月,作者获颁2009年国家技术与创新奖章,由时任美国总统奥巴马在白宫颁发。该奖项是美国联邦政府授予的最高荣誉

图33 作者一家在白宫,庆祝作者获颁国家技术与创新奖章(2010年)

唯一拥有X3技术股份的公司是适马。有些讽刺的是,在解决了低光敏感度的问题后,X3在数码单反相机市场上再次具有了竞争力,适马最终在2008年年底被收购。最初的错误方向最终竟成了唯一可行的方向,但这发生在我们解决了本应首先解决的技术难题之后。

178

第七章
我的第四段人生

要获得创意,就要有勇气放弃确定性。

——埃里希·弗罗姆(Erich Fromm)[1]

在出售福维恩的几年前,我开始认真思考这个问题:意识可能是自然的一个基本方面,已经以某种方式存在于构成一切的原子和分子中。这个想法是逐渐形成的,因为我们无法解释意识是如何从我们大脑的复杂性中产生的。尽管相关的伪解释已经被广泛流传了。

我一直在想:一个像计算机这样的,只有外在符号方面的物理惰性结构怎么会产生内在的语义结构?复杂性的概念与我们内心世界的感觉和感受无关。尽管计算机非常复杂,却没有一丝意识。因此,意义的内在世界很可能是一个更丰富世界的属性,在这个世界中,物质代表的只是现实的符号性方面。这样,意义和符号就可以是同一枚硬币的两个不可还原的面。

---

[1] 埃里希·弗罗姆(1900—1980),美籍德裔犹太哲学家、精神分析心理学家。——译注

不过许多科学家和哲学家坚持认为这是不可能的，因为这种想法的含义，与基于已经经历了严格实验测试的数学理论对现实本质的解释相矛盾。其他人则认为，这个想法带有宗教色彩，科学和宗教不应该混为一谈。

这个话题让我着迷，因为它有可能解释和统一我已经探索了近20年的外部和内部现实的存在。科学和心灵，至今不可调和，但可以找到一种深刻的结合，而不是简单的并列。因此，福维恩被收购之后，我就立即从一切其他活动中抽身，基于意识不可还原的假设，全心投入对现实模型的开发中去。为了实现这个目标，艾尔薇亚和我决定在2011年创立一个非营利组织——费代里科与艾尔薇亚·法金基金会，用以支持新兴的意识科学领域里最优秀的研究人员。

在本章中，我会在意识是自然不可还原的属性这一前提下，简明扼要地叙述我目前对于现实之本质的思考。后文中我将要讲述的观点是从这一点出发所作的推论，与前几章相比，这些内容要抽象得多，如果读者初次接触这类课题，这些内容或许会有一定的挑战性。因此，我建议那些感兴趣的读者，不止一次地重读这一章。如果你没有立即理解其中许多似乎与我们通常的思维方式相矛盾的不寻常概念，请不要气馁。请尝试在一个新的现实视野中连接起各种理念，在这一视野中，演化的引擎是一个有意识的宇宙想要了解自己的愿望。

有些人坚持认为宇宙没有目的和意义，我不同意他们的见解。我也不认为我们是注定要被计算机超越的机器。我不只在理智上不认同这样的观点，从我自己内在的体验出发，我也不同意。我们在相信对现实的物理性解释之前，也应该要知道，经典物理学是基于还原论和唯物主义的假设之上，坚称只有惰性物质存在的。这样才是明智的做法。这些是未加论证的前提，不能用来说明我们内在体验中意识的存在。物理主义不能解释，内在性是如何从只具有外在性的现实中产生的。

什么是意识？

意识是不能用物理学术语来说明的。因为意识是绝对基础性的。它不能用任何其他东西来说明。

——埃尔温·薛定谔（Erwin Schrödinger）

正如本书第五章中所描述的玫瑰的香气与意识的难题，意识使得我们能够通过感觉体验，感知和理解物理现实的意义，而感觉体验远不止是将信号转译为其他无意义的信号而已。总之，我解释了，通过气味来对玫瑰进行机械性识别是既可以由计算机，也可以由人类大脑来执行的。电脑和人脑都可以将气味传感器的复杂电子信号转移为对应了"玫瑰"这一名称的信号。但人类可以进一步，因为人类能将"玫瑰"的信号转化为玫瑰的芬芳或香气——一种感觉或感受质，这比电子信号要高级得多，因为这能在情感和认知上将我们跟玫瑰联系起来。这种转译是在一个人的意识内进行的，不能用现有的科学来解释。而计算机却什么都感受不到。

这只是因为，我们意识到，我们知道我们存在，我们能享受生活，我们的人生是有意义和目的的。通过感受质（某物给人的感受），我们将我们的物理环境和我们自身视为行为体（agent），有一定的行动自由来追求自己的愿望与目标。如果我们更切近地检视我们的内在世界，我们能辨认出四种不同层次的感受质：①身体感觉和感受；②情绪；③思想；④心灵感受。

第一个类别，身体的感受和感觉，源于对我们身体内外的物理环境的感知。例如：食物的口味、鲜花的香气、触摸某物的感觉，以及对物体颜色和形状的感知。此类别还包括我们对身体健康或疼痛的感受。

第二个类别包括以下情绪，如：好奇、友谊、同情、喜悦、信任、恐惧、愤怒、悲伤、骄傲、固执、羞耻、嫉妒、贪婪、困惑等。请注意将不同的情绪与身体感觉进行比较。情绪可能来自与我们身体感觉产生的现实不同的层次。

第三个类别是由思想构成的，这种说法是有争议的，因为大多数的学者并不认为思想是感受质。然而，如果你问自己："我怎么知道我有一个想法？"你会立即认识到，你感知到了某个图像，这个图像承载着某个想法的意义，而这发生在你将图像转译为语言之前。对大多数人来说，将这种转瞬即逝的、多维度的图像转译为头脑中的或口头上的语言是非常迅速的，让我们以为我们是在直接用语言形式来思考，而没有意识到图像—感受质的存在。换言之，我们太习惯将想法自动具体化为符号了，没有留意到感受质才是思想的真正本质。

最后，第四个类别包含的是心灵感受，这种感受质传达出一种强烈的联合感。心灵感受让我们与我们所体验到的事物融为一体。这方面的例子包括我们对自己孩子那种强烈而纯粹的爱；我们与宇宙，或与比自己伟大的超越性存在联合的感觉，以及数个世纪以来频繁见诸报端的、无法言喻的神秘体验。

我们通过感受质来体验并认识世界和自己。没有感受质，我们就没有意识，就会像梦游的人或机器人。我们还是可以移动的，但不会有体验，甚至不知道自己的存在。我们对于自己有意识过于习以为常，以致看不到感受质（某物给人的感受）与代表它的物理符号之间存在着关键性的差异。我们辨识不出，我们的神经系统所产生的电化学信号，与让我们"生活"在符号性信息中的感觉和感受，是截然不同的表现形式。

感受质和认识是在我们的意识内产生的，给我们的是比无意识的物理现实更广大的现实。意识在事实上定义了内在世界，也就是我们的体验世界，与我先前讨论过的信号的物理世界是迥然不同的。为了避免造成误解，我要指出，内在现实并不意味着身体内部的物理现实，即身体的原子、分子、细胞和器官等。那方面的物理现实仍然是外在现实的一部分，即便我们从外部看不到它们。内在显示意味着我们所感受到的东西：构成我们意识体验的感受质、我们心中感受到的意义、我们基于自由意志与其他有意识的存在交流的意愿与能力。在我的理解中，外在现实只能定义现实的符号性方面，而内在现实定义的则是现实的语义性方面，是后者赋予了我们的人生以意义。

然而，有一种占强势地位的观点认为，无意识的物理现实就是一切，而意识是以某种方式从无意识的原子和分子中出现的。对此，我要辩驳说，这种假设只能解释物质的符号世界，不能说明我们内在有意识的体验和认识的存在。

感知、理解与识别

感知是将大脑和身体的电磁和电化学活动转化为感受质的过程。我们通过感受质来体验世界，但感受质既不是电信号，也不是存储在记忆中的比特。感受质构成了我们身体，尤其是神经系统所产生的符号的知觉表征。

当我们说我们是有意识的时候，我们的意思是说，我们感知到感受质，也就是说，我们有一种基于感觉和感受的内在体验。一台数字计算机在它的内存中有一个由数码相机产生的图像，它根本不会意识到要将这个图像作为感受质，即便它有让我们的感受质获取信息的数据。感受质是意义的载体。从感受质中提取意义的过程被称为理解。这是一个比感知更神秘的过程。我们只知道，我们有能力明白感受质所包含的意义。例如，如果你闻到某种气味，你意识中气味的存在（感受质）表明，你附近有某种物体。这是第一层次的理解。

然而，你也可以"识别"这种气味是燃烧着的某个东西发出来的。而这种辨识会随着你对燃烧之物的理解而得以丰富。你甚至还能识别出燃烧着的是一个轮胎，那样的话，你的理解还包括会引发轮胎燃烧的可能场景。因此，同样的气味（感受质）会给你各种不同的意义，这取决于你的理解力水平。因而理解是一种在某种程度上独立于感知的属性。

理解有层级组织，是靠重复感知—理解的循环获得的，有意识的学习过程通过这一循环而得以进行。在前面的例子中，第一层的意义是："我附近有一个东西。"叠加在这个层次上的还有另一个层次，意义更准确："这个东西在燃烧。"然后是第三个层次的意义："这个燃烧着的东西是轮胎。"这种金字塔形结构不仅是理解的特征，还是用来表征理解的神经符号的特征，尽管我们通常将意义视为一个整体性的感受质。例如，爱的概念就是由整体性的感受质所承载的，因为爱的意义只能作为整体得到理解，不能被分割成有边界的、可分离的部分。这也就是为什么我们在定义爱的时候，无法不遗漏某些东西。

在前面的描述中，我使用了"识别"这个词作为理解的同义词。然而，它们之间有一个本质区别：理解是在我们第一次"知道"新事物时发生的，而识—别（re-cognition），顾名思义，是指我们发现一个事物或情况正与我们所知道的那个相同。理解用于我们第一次创造一种新的关系、一个新的类别，或一个似乎凭空出现的新概念时，而这正是谜团所在。理解在你的体验中形成了一组新的联系，这条轨迹可以通过进一步的体验来完善，最终形成真正的心理凹槽。第一次理解所需的"直觉"跳跃比随后的识别所需的跳跃要大得多。

为了理解，你还必须增加辨别（discriminate）能力。辨别意味着发现细微的差异，使我们能够从先前的概念方案中跳出，并创建两个相关的概念。例如，确定性（determinism）的概念曾一度是可预测性的同义词。现在我们知道，有所谓的混沌系统，这种系统是确定性的，却不是可预测的。这一发现需要人作出一个重要的辨别，将可预测性与确定性区分开来。

一个新的理解对应的是创建一个新的范畴，你可以给它起一个新的名字，或者是给一个已经存在的词增加新的意义。理解是你直觉能力的本质，使你能够创造出更加细致的概括和区分。这就是为什么说，理解是比感受质、感知更深层的属性。

识别也可以由计算机完成，例如通过"教导"人工神经网络来识别某些特定的模式。在这种情况下，属于同一类别的模式，连同类别名称，是由人类培训师提供的。例如，我们给计算机许多不同苹果的视觉图像，每个图像都带有标签"苹果"。然而，"苹果"是另一个符号，不是感受质，计算机也不理解"苹果"的意义是什么。"苹果"

只是标签,所标示的是存在于一系列训练图像中的共同数据互联,而训练图像是人类向计算机人工神经网络呈现的苹果示例。

通过为结构适当的神经网络提供足够数量的示例,这个网络就可以学会识别苹果,即使向它显示的图像不属于训练集。这就是概括(generalize)的能力。人工神经网络在能够概括之前需要很多示例。而我们人类只需几个例子就可以做到这一点,因为理解的直觉方面始终是可操作的,引导我们能够轻而易举地作出概括和区分,以至我们很少能够意识到并且赏识我们所拥有的真正的、有深度的智能。我认为,这种能力是要完全归功于我们的意识的,因为我们有一种很强烈的感觉"知道我们知道","知道我们不知道",尽管我们并非绝对可靠。

意义

> 人们看到的,只是他们准备好要看到的东西。
> ——拉尔夫·沃尔多·爱默生(Ralph Waldo Emerson)[2]

意义是理解的结果。当我们第一次理解某个事物的时候,我们就会得到一个我们之前不知道的意义。理解与发明类似,新意义的闪现初次形成,就如同在发明家的头脑中新发明的出现。这个意义必须被转译为符号形式,使用新的词语组合或新的物质物理组织。例如,一张示意图或一个物理模型能比语言描述更有效地帮助理解。这种转译既不是自动的,也不是即时的,可能需要另一个关键人类机制的干预:有意识的推理,这是根植于理解中的逻辑方法。

一旦新的意义被有效地转成符号,那些可能无法自己发明这个意义的人也可以直观地明白它。因此,新符号的功能就像一种"思想酶",

---

[2] 拉尔夫·沃尔多·爱默生(1803—1882),美国思想家、文学家、诗人。——译注

可以降低可能存在于他人身上的理解障碍。例如，请在想象中搭建一个发明的三维物理模型，连小孩也能通过摆弄来理解这个发明。那样的直觉理解是很难只用语言来实现的。新的理解一旦发生，我们就能自动识别类似的符号，不需要有意识的认知。

此时你可能会问："有意识地获得的意义和计算机无意识的学习有什么区别呢？如果结果是一样的，意识到底造成了什么差异呢？"事实上，许多研究人员认为，意识对于实现智能行为是不必要的。对他们来说，一台机器可以和任何人一样智能，甚至比任何人都更智能，无论有没有意识。

这种观点所依据的对智能的定义并不充分，它没有考虑到理解、直觉、洞察和想象的基础性、创造性的方面。那同样也是还原论的思维模式，忽略了一个关键事实，即没有意识，我们就会变成僵尸，生活将没有意义或目的。

另一方面，当人的意识被完全等同于身体或逻辑思维时，其创造潜能在很大程度上是未得到利用的，人的行为可能会变得像计算机一样机械。例如，一个具有强理解力的人对仪式意义的深刻理解，与另一个缺乏理解力的人对同一仪式的机械模仿之间存在着同样的差异。仪式是一列有着无限感知与理解上的细微差别的复杂符号。这就是为什么人们对同一个情况或事件会有如此多不同的阐释。

我认为，人与机器之间的关键区别，来自富有创造力的人，他们有原创观念，能将他们的观念转化为新的符号形式，以便与其他人交流。一旦一个新观念被转译为合适的符号，其他人就能用他们的直觉来理解它。直觉能让我们轻易地掌握新概念，而计算机只能"学习"新的机械性互联，没有意识中固有的真正理解。

如果我们想要明白意识及其属性是怎样从物质组织中出现的，我们需要先了解物理是如何描述物理现实的本质的。接下来的一节中，我们会先检视经典物理学的世界观，经典物理学一直存在至20世纪初，适用于宏观物体的描述。接下来我会讲解量子物理学，这一理论给我们的世界观带来了大变革，解释了基本粒子、原子和分子的行为。大多数的科学家认为意识是能用经典物理学来解释的,按此说法,电子计算机在原则上是有意识的。也有少部分人不同意此说法,其中也包括我,我们认为意识完全是一种量子现象,因而无论经典计算机有多复杂,都绝不会有意识。

基本假设再探

有些现实是无法量化的。宇宙不是我的数字:一切都充满了奥秘。对奥秘无感的人是一个半死不活的人。

——阿尔伯特·爱因斯坦

科学方法为我们提供了关于现实本质的最佳答案,帮助我们达到了哲学家和神学家做梦也想不到的高度共识。经典物理学诞生于17世纪,与分析数学一起,慢慢建立了坚实的、以理性假设和定理的逻辑证明构成的基础,其有效性是由数学模型所作预测的实验验证提供的。到了19世纪末,物理学的概念框架在其所作的预测中似乎是万无一失的,但出现了一些一开始显得不太重要的异常情况。

物理学花了四分之一个世纪的时间来解释这些异常。在此过程中,需要推翻经典物理学几乎所有的基本假设!这个创造性的过程催生了量子力学和广义相对论:新物理学用量子相对论世界的非确定性和整体论取代了经典物理学世界的确定性和还原论。一个世纪后的今天,我们仍在与这些新观念带来的概念革命缠斗。

数学家库尔特·哥德尔(Kurt Gödel)[3]于1931年对19世纪末在哲学科学思想领域占主导地位的逻辑实证主义予以最后一击。哥德尔证明了数学的不完整性,证明经典逻辑不足以决定所有可能的命题的真实性,而所有可能的命题是可以通过遵循足够复杂,包含算术的公理系统的规

---

[3] 库尔特·哥德尔(1906—1978),原籍奥地利的美国数学家、逻辑学家和哲学家,是20世纪最伟大的逻辑学家之一,其最杰出的贡献是哥德尔不完全性定理。——译注

则来实现的。换句话说，不可证明和错误之间存在根本区别，因为存在不可判定的命题，如果不引入新的公理，就无法正式证明其是真还是假。

量子物理学的非确定性立场消除了人类了解物理世界全部真相的可能性，不仅在实践中如此，在原则上亦复如是。哥德尔定理消除了数学的完整性和绝对确定性，而这些是人们以为数学所拥有的。

经典物理学提出的是一个确定性和还原论的现实模型，其中基本粒子被认为是德谟克利特的原始原子：非常小、不可还原、有边界，并且彼此分离。在这一范式中，自由意志是不可能存在的。只有一个已经被摆出来的客观现实，因为现实被认为是完全由这些原子的相互作用管辖的，而这些原子遵守不可变的确定性定律。在这种观点看来，现实就像一部独立于观察者的电影，因为自由意志是一种幻觉，因此我们的内在体验无法对外部世界产生任何影响。因果关系只能从基本粒子到系统，自下而上，由外而内，而不是反过来。换句话说，整个系统对粒子没有影响，而内在体验也不能影响现实。

根据这个经典模型，规定了基本粒子行为的严格定律也决定了我们的行为方式，无论我们的想法或感受如何。我们只是简单的机械而已，误以为自己有真实感受和自由意志。在经典物理学的世界中，任何层面上都没有出于自由意志的决定。我们是由更小的装置组成的小装置，置身于一个巨大的发条机器里，而那个发条机器则是根据不变的法则运行的。简而言之，即便我们确信我们作出了一个出于自由意志的决定，我们其实并没有，因为我们完全是受制于支配原子和分子行为的非人格法则，而我们是由原子和分子构成的，也是同样的原子和分子"让我们以为"自己作了一个出于自由意志的决定。[19] 尽管这个故事看来很有说服力，但没有人能解释，原子是如何让我们以为的。

量子力学告诉我们的是一个不一样的故事。量子力学告诉我们，基本粒子的行为根本上就是概率性（probabilistic）的。并且量子力学承认，观察世界的行为会改变观察者和被观察者，即使只是一点点。量子力学之后很快出现了另一个更精妙的理论，其中每一个基本粒子不再被视为一个如物体一般的、独立的、彼此分离的实体，而是一个量子场的受激态（excited state）——一个场的属性。这一理论是在20世纪20年代晚期至20世纪50年代被开发出来的，被称为量子场论（quantum field theory，QFT）。

请把一个量子粒子想象为一枚在你无法看见的非物理空间内翻转的硬币。硬币坠落在"桌面"（代表了我们的物理现实）上时，你看不到硬币，你只知道硬币的状态是"正面"或者"反面"。硬币在不可见的空间内翻转时，它有无限种的方向，但在我们的世界里，它却只能表现为"正面"或"反面"、"向上"或"向下"、"1"或"0"。我描述的是一个基本粒子的自旋（spin），是沃尔夫冈·泡利[4]（Wolfgang Pauli）于1924年发现的一个基本量子属性。

量子物理学描述的是在一个抽象空间内的粒子自旋的许多不同方向，让我们在我们的物理空间中衡量"正面"或"反面"的概率。量子世界中的状态连续体被还原成了我们经典世界中的一点。自旋状态的无限性被数学表征为了一种线性组合，称为叠加（superposition），由抽象空间[称为希尔伯特空间（Hilbert Space）]中两种纯粹的量子状态"向上"和"向下"组成。我们很难想象一个量子世界，因为这与我们体现在经典物理学中的对现实的直观感受相悖。

还有更多让人惊讶的事，因为两个量子粒子是相互作用的，它们的自旋状态能够变为纠缠（entangled），这意味着，如果我们测量粒子1的自旋，发现了"向上"，立即就能发现粒子2的自旋是"向下"，与两个粒子之间的距离无关，可以说，两者是在尾端相连的。这一特性对于两个独立的经典物体而言是不可能的，因为这有违狭义相对论。根据狭义相对论，没有一种通信的发生速度能比光速还快。

量子纠缠看起来似乎造就了一种超光速的通信，但这种可能性是不可行的，因为如果我们测量粒子1，我们测量到"正面"的概率和发

---

[4] 沃尔夫冈·泡利（1900—1958），美籍奥地利科学家、物理学家。

现"反面"的概率是一样的。这种不确定性使我们无法以一种已知状态，超光速地与远方的朋友通信，即便纠缠的效应是即时的。纠缠的存在已经被始于 20 世纪 80 年代的多种场景下的实验验证了。然而，粒子 2 是如何即时地"知道"粒子 1 被测量和被发现是"正面"或"反面"的，这仍然是个谜。

有了量子叠加、纠缠和非决定性，粒子就不能再像在经典物理学中那样，被视为物体了，因而经典物理学中粒子的本体论状态必须被指定成量子场，在其中粒子只是受激态。本体论从粒子转向了场。

由于后文中将要解释的几个原因，经典物理学不能解释意识，而量子场论，加之另外一些假设，或许能与意识和自由意志的特殊属性相容。然而，尽管量子场论是必要的，但对这项任务而言或许还不够充分，我们需要开发一项比量子场论更普遍的理论。谁知道呢！

万物是由场构成的

> 我认为，现代物理学非常明确地站在柏拉图的立场。事实上，物质的最小单位并不是通常意义上的物理物体；它们是形式，是理念，只有用数学语言才能明确地得到表达。
>
> ——沃纳·海森伯（Werner Heisenberg）[5]

场的概念是物理学中最丰富的概念之一，由天才的迈克尔·法拉第[6]（Michael Faraday）于 1831 年提出，用于解释令人费解的电磁现象。在这种现象中，一个物体可以在不被另一个物体推动的情况下移动，就像一块铁被磁铁吸引一样。法拉第设想磁铁周围的三维空间充满了

5　沃纳·海森伯（1901—1976），德国著名物理学家，量子力学的主要创始人，哥本哈根学派的代表人物，1932 年诺贝尔物理学奖获得者。——译注
6　迈克尔·法拉第（1791—1867），英国物理学家、化学家，也是著名的自学成才的科学家。——译注

某种真实的"场力"。40年后，詹姆斯·克拉克·麦克斯韦[7]（James Clerk Maxwell）首次对电磁场进行了数学处理，将法拉第的磁场概念推广到电。这个开创性的理论凭借其对电磁波的预测震惊了科学界。

要想像这个场，可以想象宇宙的整个空旷空间，里面充满了一种看不见的、非物质的实体，波可以在其中形成和传播。这些波无处不在，它们可以传递能量和信息，当它们的波长在 0.4 到 0.8 微米之间时，它们就是我们所感知的光。它们也是微波炉中用于烹饪食物的东西，以及进行无线通信的东西。

物理学的另一场重大革命发生在 1900 年，当时马克斯·普朗克（Max Planck）发现电磁能的传输不是连续的，而是以离散的团块或量子的形式发生的，而在经典物理学中，这种传输可能以任意小的能量值发生。这个激进的观点催生了 20 世纪 20 年代的量子力学。量子力学在 20 世纪 50 年代演变为量子场论，并通过将量子场的概念推广到其他类型的物质和相互作用，为 70 年代的标准模型提供了信息。基于量子场论，时空中有 17 个叠加的量子场。这些场不像麦克斯韦的场那样是连续的，而是量子化的。这意味着场之间的相互作用发生在量子中——量子是能量转移可以发生的最小量。

1915 年，爱因斯坦推出了其关于引力的理论——广义相对论，由此震惊了科学界。广义相对论可以用著名物理学家约翰·惠勒（John Wheeler）的话简述："时空告诉物质如何运动；物质告诉时空如何弯曲。"换句话说，物质的全局分布影响空间的局部特性，而空间的局部特性决定物质的运动方式。随着物质在局部移动，物质的全局分布发生变化，进而扰乱了空间先前的局部特性。这听起来像是"蛇吃自己的尾巴"，但同样的类比也可以说明电磁波是如何在空间中传播的，因为电场的变化会引起磁场的变化，磁场的变化也会引起电场的

7　詹姆斯·克拉克·麦克斯韦（1831—1879），英国物理学家、数学家。经典电磁理论的创始人，统计物理学的奠基人之一。——译注

变化。这些在非物质却真实的电磁场中发生的传播变化导致波在时空中的传播。

广义相对论还表明,存在整体对部分的反馈(feedback)和部分对整体的前馈(feedforward)。反馈是一种自上而下的影响,其中物质的全局分布(整体)决定时空的局部特性,而这些特性会影响物质的局部行为(部分)。前馈是自下而上的影响,其中物质的局部行为(部分)决定构成整体的物质未来的全局分布。

如今,量子场论和广义相对论构成了理论物理学的两大支柱。然而,广义相对论所描述的毋宁说是一个经典场,而非量子场,它与其他三个基本力——电磁力、强核力和弱核力——的量子化不一致。在过去的 60 到 70 年里,理论物理学界一直在努力将量子场论与广义相对论统一起来。尽管人们为此付出了巨大的努力,迄今为止却仍未取得成功。这种统一将时空和引力描述为第 18 个量子场。

根据量子场论,基本粒子、原子、分子、蛋白质、细胞、器官和生物体构成了属于量子场的状态组织不断增长的层次结构。这些场具有共同的空间和时间,并且是通过相互交互,创造出所有物理存在的基本实体。例如,你身体的所有电子,连同宇宙其余部分的所有电子,都是同一底层电子量子场的量子波(态)。

量子物理的魔力

> 宇宙不仅比我们想的要奇特,而且比我们所能想到的还要奇特。
>
> ——沃纳·海森伯

童话之所以吸引人,是因为它们向我们传达的是一个充满魔力的世界,在那里会有最奇特、最不可思议的事情发生。好吧,量子物理向我们揭示的物理现实可是比任何的寓言故事还要梦幻。

量子物理所带来的话题,先前是被认为在科学领域之外的。它提出的问题包括:"在做测量之前,有什么是存在的?""如果某物是不可知的,那它能否存在?""为什么概率对于描述现实来说是必要的?""非确定性到底意味着什么?""有自由意志吗?"这些问题先前被限制在了哲学领域,但如今已经转到了科学领域。

如今的物理学告诉我们,宇宙中本体论意义上的实体是场,而原子是量子场状态的组合。原子的存在类型与我们归给经典粒子的存在类型并不相同,而经典粒子构成了经典物体。经典粒子是有边界的、确定性的,并且总是存在着的物体。经典波是经典粒子集合的一种属性。而量子粒子与经典粒子几乎截然相反,量子粒子出现、消失,表现得像"概率波",具有不确定的位置、动量和磁自旋,直至其被测量。

量子场论假设基本粒子从量子真空中长期基于概率地产生—湮灭,并描述了一个以某种方式从量子真空中出现的宇宙,它在尾流中塑造了时空和量子场。这个理论被称为大爆炸,它可以解释宇宙的演化,即从一个几乎无限密度和无限温度的无限小区域开始,在138亿年的时间里迅速膨胀到直径约930亿光年。然而,空间、时间和量子真空的本质在很大程度上仍然是个谜。

由于量子场论的数学框架只能预测可观察事件的概率,而不能预测会具体发生什么事件,因此许多人认为,这种确定性的缺乏使得量子场论能与自由意志兼容。然而,自由意志不仅仅意味着自由选择,它还意味着存在可以行使自由意志的实体,而这在当前的物理学概念框架内很难被理解。我认为,如果一个"量子系统"有一定的自由来决定哪个经典状态会从其近乎无限的量子状态中显现出来,那么自由意志就可能存在。在这种情况下,量子物理学的概率不会表现为缺乏对已经存在的状态的了解,而是会代表只有在量子系统作出自由选择之后才会存在的未来状态。自由选择将成为真正的创造行为,这是不可能先验地被知道的事情,即使在原则上也是如此。

如果我们假设意识和自由意志是自然不可还原的属性,那么显然,此二者也一定是确定的"量子系统的"量子属性,因为自由意志不可能是确定性的经典系统的属性。照此观点,身体可以由与之交流的有意识的量子系统控制，因为身体是一个复杂的量子经典系统。如果这个假设被证明是正确的，那么真实的自我就是一个控制身体的"有意识的量子系统"。

认为意识是所有存在之物不可还原的属性，这样的观点被称为泛灵论（panpsychism），这一学说由来已久。概括来说，泛灵论认为，所有物质，下至每一个单独的电子都是有意识的。不过，这只是因为泛灵论宽泛地将电子看作和物体一样的存在，而根据量子场论这样的观点已经不再有效。在量子场论中，一个电子只是电子场的一个状态，电子是没有本体论意义上的状态的。我正在开发的框架中，只有具有确定相干（coherent）属性的量子系统才是有意识和自由意志的。然而，要解释相干和不相干系统之间高度技术化的区别，就远远超出本章讨论的范围了。

在下一节中，我会给出一个生动的比喻来帮助读者理解，具有自由意志的有意识实体是怎样影响外部物理现实的，而符号的物理性客观现实又是如何反过来影响意义的内在现实的。我在后文中要说明的这种主观与客观现实的相互作用，很少会被认为是与物理学相关的，因为所有的物理现实都被假定为是客观的。

内在世界与外在世界的相互作用

让我们想象一个大型城市广场，那里有数以百计的人、动物和发出振动（符号）的物体，这些振动（符号）可以被感知为声音（感受质）。每个实体都对广场的整体振动贡献出少量的振动。振动到处传播，并叠加在广场空间的每个点上。每个有意识的实体都可以选择只关注这些振动中的一小部分，所选择的振动构成了一种观察，这种观察被体验为声音，并在某种程度上被理解。然后，该实体通过贡献出新的振动来回应其内在体验，而这些新的振动也被添加到广场的振动中。

如果我们现在只考虑有意识的实体，广场的外在符号性的振动现实就是所有这些实体产生的振动的总和。每个实体的内在语义现实因此受到实体决定观察和体验哪个振动子集的影响。然后，作为对其体验的回应，实体将出于自由意志决定贡献出哪种振动，从而再次影响外部现实。概括来说，每个实体持续地重复着观察或感知、理解或体验，以及回应或行动的循环。

在这个例子中，我们清楚地看到，外在现实影响内在现实，内在现实影响外在现实。我们还看到，实体回应内在体验而发出的振动，代表了对物理现实的自上而下的影响，因为它们影响了空气分子的移动。请注意，这种自上而下、由内而外的对现实的影响，与经典物理学的世界观相反，但并不是量子物理学的世界观。

换言之，我有意识地选择要与什么意义进行交流，并不是由我身体的原子决定的，尽管我身体的原子在一定程度上影响了我有意识的体验，引导我作了这样的选择。一旦我作了选择，我有意识的指令就会影响我身体原子的子集，其方式是我所发出的模式将代表预期的意义。换言之，该模式既有属于外在现实的符号性内容（空气振动），也有属于我内在现实的语义性内容，即感受质和意义。这必然是一种双向的交流，发生在内在体验的语义性层面和外在的信息性层面之间，语义性层面影响符号性层面，反之亦然。

让我们回到这个广场，广场上满是发出振动的有意识实体。在任何时候，每个实体都只观察到整体振动的一小部分，而忽略其余被视为背景噪声的部分。比如我的体验会和我邻居的有很大的不同，因为他正在听其他人说话，而我并没有参与其中。类似地，附近的狗的体验也很不一样，因为它只关注其他狗的吠叫，而将其他声音全部看作背景噪声。

请留意，在广场上的振动现实中，既没有客观符号，也没有客观噪声，尽管物理性的振动是可以用方程式来客观描述的。什么是信号，什么是噪声，主要由每个观察者的自由意志选择决定，因此，只有一个方程式是不够的，因为在自由意志的决定作出以前，方程式包含的参数是不可知的。此外，由于每个观察者只有一个视角，没有实体可以同时从两个或以上不同的视角来体验广场的振动现实。我在这里要表明的观点是，我们常常以为自己靠着构建一个普遍的数学方程式就能解决问题，但如果方程式的参数是不可能获知的，那问题也不会得到解决。

这个例子也可以被推广到电磁场上，粒子、原子、分子、大分子、细胞、蚂蚁、狗和人创建了电磁场，并对它进行观察，每一个实体都对这同一个宽广的电磁场作出了自己的贡献，并且自由地观察其中无限小的一部分。如果我在前文的例子中思考的是电磁振动而非声音振动，那我们就能更切近地了解我们现实中所发生的事情。不过如此的话，相关论述就会复杂得多，而读者却不能更多地了解基本概念。

符号遵循或概率法则，但意义是自由的

在经典物理学中，万物都是外在现实，因为基本粒子的外在属性是由粒子构成的任何层级结构属性中的唯一决定因素。基于这一前提，经典粒子的任何组织中都没有内在现实存在。

不过，在量子力学中，每一个量子状态的层级都有可能由一定程度的自由，而不完全是由该层级之下的层级的表现所决定的。例如，水分子的属性就比氢原子和氧原子的属性之和要多。水分子具有全新的属性，事关将低层级的属性融合为一种新的事物（并非总和），在部分之间会有新的约束，对分子而言会有新的自由，但这自由却对分子的部分无效。

如果我们将意识和自由意志想象为量子场的内在属性，那么每一个场的外在状态就能由场本身来改变。因此，场的外在状态会反映其内在的语义现实。然后，那些外部状态将对应于有意识的实体在前文描述的广场示例中施加到空气分子上的振动。那些振动将反映出有意识的实体意图要与其他场交流的意义，因为外部信息与意义相关。

振动必须是"量子"，每个量子对应于用于交流的语言的一个离散符号，每个符号都是有意识的实体作出自由意志选择的结果。因此，出现的符号是人无法先验地知道的，只能用概率来进行数学描述。然而，这种概率并不像经典的客观概率那样表示一种知识的缺乏，而是指一

种创造行为。创造者知道它会发出哪个符号，但没有任何外部观察者能够在它被创造之前知道那个符号。描述符号在人类口头交流中出现的概率被称为主观概率。它与量子物理学使用的概率相同，尽管这种解释并未被物理学家普遍接受。

一个有趣的思考是，当两个人进行口头交流时，他们使用的词语确实遵从他们使用的语言符号的概率句法法则。人对这些法则的遵守是出于合作，而不是出于胁迫，因为人渴望相互交流和理解。我在这里的关键见解是，虽然人们交流的意义不是预先确定的，但表达任何意义的符号句法法则是概率数学法则，无论表达什么意思，都将遵从这些法则。

例如，我保证将在五年后写的一本书中完全遵从英语，也就是该书写作语言的句法法则。这确实是真的，尽管我还没有决定我要写什么，也就是说意义在很大程度上独立于我将用来表达它的基本符号。比如我将来那本书里找到字母"e"的概率是0.12702，和这本书里找到字母"e"的概率被完全一样（概率可以通过统计字母"e"的总数，并除以书中字母总数来得出）。

大多数物理学家认为，宇宙是由量子场的相互作用构成的，量子场的状态代表无意义的抽象符号，遵从他们发现的概率定律。然而，如果对有意识的实体来说，重要的是那些抽象符号所表达的意义，我担心物理学家永远不会知道宇宙是有生命的和有意识的，因为他们只将现实归因于没有意义的信息。

如果我们将基本粒子在时空特定点的出现解释为一种通信符号，就像有意识的量子场"说"出的通用语言字母表中的一个字母，并且如果我们将量子纠缠作为证据，可以证明粒子是更大的符号组织的一部分，那么，符合意识实体资格的相干量子系统的量子态可以解释为具有双重本质：它对外部客观世界而言是量子符号，对创造了那一状态的有意识实体而言，是主观意义。这种解释唯一必要的附加假设是，假设有意识实体的量子状态对该实体本身有意义。

一个新的概念框架

> 意识不是众多事物中的一个,它是包含一切的视域。
>
> ——埃德蒙德·胡塞尔[8]（Edmund Husserl）

量子场论和广义相对论描述的宇宙本质上是动态的和整体的,但它只代表现实的外在方面,不能解释我们内在现实的存在,除非内在性从一开始就存在。如果我们认真对待我们内在现实的证据,以及用没有意义的抽象信息来解释其存在的不可能性,那么所有本体论实体也可能具有内在现实。这意味着,作为已知宇宙的基本本体论意义上的实体的量子场,也必须像我们一样具有内在的意识现实。为了解释包含有意识存在的宇宙如何从量子真空中出现,我们必须假设量子真空本质上也是有意识的。

从细菌到变形虫,再到蠕虫、鱼、蝙蝠和人类,仅通过观察地球生态系统中的物种多样性就可以看出,意识类型的多样性一定是难以想象地广泛。确实,当我们思考电子场的内在体验是什么时,我们的想象力就弃我们而去了。但是,我们无法想象电子场或草履虫的感觉,并不意味着这些实体是无意识的。事实上,任何实体的意识体验都是完全私人的,另一个实体只能知道交流实体的自由意志象征性地表达了什么。

在过去的五年里,我一直在努力制定一个概念框架,该框架从所有现实都是由大量基本意识实体的自由意志交流创造的假设开始。在这一点上,这是一个高度推测的模型,尽管我相信它有可能统一内在和外在现实并解释二者的共同演化。我将在本节中说明一些基本思想,有兴趣进行更深入讨论的读者可以在附录五中找到更多相关材料。

---

[8] 埃德蒙德·胡塞尔（1859—1938）,德国哲学家,现象学的奠基人。——译注

我们同时存在于两个世界中

想象一下我们可以测量的事件世界，它来自一个更基本的量子世界，在量子世界中发生的事情比可以测量的要多得多。第一个世界是以布尔或经典信息为特征的经典世界，第二个世界是以量子信息为特征的量子世界。这两个世界相互作用，这意味着量子信息可以被转化为经典信息，反之亦然。由于这种相互作用，两个世界并不是分割开的，但两个世界都是真实的。一些实体只能存在于一个或另一个世界中，也有实体同时存在于两个世界中，可以说是跨越了两个世界。这些是生物体。

仅存在于经典世界中的实体与使用经典信息的确定性定律相互作用，因此它们机械性地行动，就像我们的机器和计算机一样。仅存在于量子世界中的实体与基于量子信息的量子定律相互作用。生物体是特殊的，因为它们存在于两个世界中，我将在下文中作进一步讨论。这种对量子物理学的解释将现实赋予了量子世界。它不同于大多数其他解释，在这些解释中，只有可测量事件的经典世界被认为是真实的。

经典世界是由布尔信息组成的，二进制数字或比特是其最小单位。比特是最简单的抽象符号，一个符号只代表两种可能的状态："是"或"否"、"1"或"0"、"真"或"假"、"开"或"关"。计算机的比特由一个约定表示，该约定在其所有电子电路中都必须得到严格遵守。例如，一个约定可能如下所示：如果电路节点中的电压在 0.6 到 1.0 伏之间，则该节点的状态对应于"1"。如果电压介于 0.0 到 0.3 伏之间，则状态对应于"0"。如果电压在 0.3 到 0.6 伏之间，则状态不确定，可能会导致错误。比特是一个抽象符号，没有任何内在含义。这是一个人类的想法，只有通过像上面这样的约定将其表示在人造物理结构上，才能在物理上存在。

同样，量子世界是由量子信息构成的，其基本单位是量子比特（qubit）。量子比特是对从两个可能的互补量子态"1"和"0"的量子叠加中获得的比特的概括，如前文关于粒子自旋的讨论那样。这种叠加产生了无穷多个状态,这些状态可以由半径为1的球体(称为布洛赫球体)表面上的所有点表示,该球体存在于称为希尔伯特空间的抽象二维复数空间中。

量子比特不可能存在于经典世界中,因为在经典世界中它只能作为布尔位存在,或者是"1",或者是"0"的经典状态。量子比特也可以纠缠,这意味着它们共享某些状态,如上一节所述。互补态和纠缠的叠加提供了经典世界中没有对应关系的表征和信息处理能力,使量子世界成为比后者更丰富的现实。

在我提出的框架中,有意识的实体只能存在于量子世界中,并且这些实体使用量子信息相互通信。为了表示量子信息,我假设存在一种"实存"(substance),无论是量子的还是经典的,所有存在的东西都是"制造的"。这种实存就像物理学的能量,但它具有可以体验自身的附加属性。为了避免混淆,我决定将这种普遍的实存称为思想符(nousym),即思想(nous,希腊语中的高级思想)和符号(symbol)的组合。思想符是一种具有非凡特性的整体动态实存:它是形成和连接量子比特的"东西",也是在我们的经典世界中表现为物理学的物质能量的东西。

现代物理学的一项革命性发现是,能量仅以离散的量子形式出现。通过归纳,思想符也具有此属性,它的量子可以纠缠在一起以创建可以在量子世界中存在和演化的巨大相干结构。关键理念是假设这些相干的结构是有意识的实体,具有独特的身份和自由意志。每个相干的实体都有一个由量子信息"构成"的外在方面和一个由感受质和自由意志"构成"的内在方面。感受质表达了意识体验的存在,自由意志表达了实体影响其外部信息的能力。

现在我们回到大型城镇广场的例子。广场上人和动物发出声音,振动的空气中携带着通信实体发出的声音,类似于"振动的"思想符携带着通信的量子实体信息叠加。就像在广场的案例中,有意识的量子实体A所表现的状态,将是A作出的基于自由意志的选择,因此在其表现之前就被A所知。然而,从任何其他实体的角度来看,该状态的出现必须服从概率物理定律,因为它是由A自由选择的。当科学家准备处于特定状态的基本粒子时,也会发生类似的事情。科学家可以自信地预测将要测量的状态,而任何其他不了解准备工作的观察者只能知道测量该状态的概率。

我们现在可以将注意力转向跨越经典世界和量子世界的系统。

奇异的生命现象

很多年前,我看过一部纪录片,片中的草履虫在一滴水里快乐地游动。草履虫是一种原生动物,一种单细胞生物,它的身体就像一根微型短雪茄,长约0.1毫米,上面覆盖着成千上万的绒毛:极小的胡须一致跳动,可以在水中推动它前进。好吧,这个小"东西"可以游得很快,可以避开障碍物,可以寻找食物,可以找到伴侣,并且通常可以聪明地带着明确的目标行事,就像小鱼一样。

"可是草履虫是单细胞生物啊!"我惊呼道,"它没有神经系统!""仅仅一包化学物质怎么能以如此精巧的方式处理信息?它怎么能通过在自身内部组装一个副本来繁殖?"这不是一个可以在计算机内存中自我复制的程序。这就好比一台电脑把另一台和自己一样的电脑组装在自己身上(硬件和软件都包含在内),然后分成两台完整的电脑!这些是当今任何工程师都做不到的壮举。我得出的结论是,一定有一些我们还不了解的基本情况正在发生。

任何生物体,从细菌到人,都是一个开放系统,即一个与其生存环境交换物质、能量和信息的系统。为了生存,有机体需要食物,即物质和能量的持续供应,以及自我调节的能力。自我调节的能力,被称为体内平衡,允许有机体通过许多使用负反馈的相互作用的动态过程来维持内部稳定性。

稳定性是通过围绕某些设定点的动态平衡实现的,就像自动调节家中温度的恒温器所做的一样。当然,在一个细胞内,在复杂的其他稳态循环中还有稳态循环,虽然每个循环的基本工作原理总是相同的,即反馈要控制的变量的值,将其与设定值进行比较,并驱动该过程,直到两者之间的差异可以忽略不计。

如果我们仔细观察真核细胞，它的运行方式与我们的机器（包括计算机）的工作方式完全不同。细胞质内有电子和质子（氢离子），钠、钾、磷等简单原子的离子，水、葡萄糖和氨基酸等简单分子，信使 RNA 等复杂分子，蛋白质，核糖体和 DNA 等细胞器，以及简单细菌那样的线粒体——大细胞内的活细胞。

因此，细胞包含许多层次结构的组织级别，所有这些级别都以令人难以置信的复杂性和单一目的无缝地协同工作。细胞的每个部分都可以以前馈和反馈的方式与许多其他部分相互作用，而它们之间没有永久的连接。这种自由不同于计算机中的任何自由，因为在计算机中，其晶体管的连接由其设计者一劳永逸地固定，并且其物质不会进出其物理边界。

细胞就像一个不可还原的整体，一个基本的"原子"，通过使用以非凡方式组织起来的数万亿个细胞，可以从中构建出复杂的生物体。事实上，当我们操纵生命时，我们总是从一个活细胞开始，而不是其组成部分，正是由于细胞的稳健性和容错性，我们才能进行某些侵入性操作，而不在此过程中杀死它们。

生物体中发生的一切都表明，这样的物理结构在经典世界的逻辑框架内无法完全得到理解，尽管目前发生的大部分事情可以。有许多属性需要量子物理学才能得到理解，甚至我们认为经典的许多属性，足以用经典方式解释的，也是近似于量子属性的。我们无法用经典方式解释的事实是，生物体是有意识的、自主的，其行为是概率性的。

我认为，没有意识的概念就不可能解释生命，因为这二者以我们尚未理解的方式密不可分。一个生物体之所以有目的，只是因为它可以"承载"一个有意识的实体，因此可以作为一个被赋予自由意志、意图和意义的单位行动；这些属性是不能从一袋无意识的经典原子和分子相互作用中产生的。我认为，意识不仅要扮演维系生物体在其不断变化的过程中整体性的"黏合剂"，而且是其自由意志行为背后的"行动体"（agent）。

生命存在于与环境的深刻而持久的共生关系中，在深层次的动态平衡中，物质、能量和信息与环境不断交换，生物体在其一生中永远不会相同。从有机体的角度来看，环境也是如此。事实上，这二者是共同演化的，某个时间在生物体内部的东西，之后会在生物体外部，反之亦然，就像一个动态和整体性结构的两个互补方面。我现在将再次使用一个比喻，来更清楚地解释我是如何设想跨越量子世界和经典世界的生命的。

什么是真实的，什么是虚拟的？

在我目前开发的框架中，有意识的实体完全存在于量子世界中，每个实体都具有对感受质的感知、理解和自由意志，来指导作为量子—经典结构的物理性身体。身体的量子部分与量子意识实体相互作用，身体的经典部分与它所属的经典世界相互作用。有意识的实体是我们真正的"自我"，尽管我们错误地认为自己是身体。

身体的经典部分包含一个复杂的机制，可以像自动机一样控制身体，这部自动机与身体的量子部分相连，而身体的量子部分是由有意识的实体自上而下控制的。如果我们将我们身体的边界置于相关的经典量子信息边界，我们看起来可能与我们通常认为的完全不同，因为该边界不是我们的皮肤，也不一定是空间中的连续表面，而是同时在身体内外，且高度动态的。

在这个框架中，有意识的实体可以直接或间接地控制身体。直接或显性的控制是指我们有意识地作出选择的时候，我们明确地知道我们作出的选择。间接或隐形的控制是指我们从未有意识地检查过的，几乎没有意识的意愿（感受质）——但我们可以有这样的意愿——可能会在我们没有认识到的情况下，指挥身体的经典机制。重要的一点是，"意愿"是一种控制身体经典信息的量子属性。

如若有意识的实体对自己的认同是身体，这意味着它相信自己是基于来自身体经典感官的数据的身体，这个实体失去了与其更广阔的量子现实的联系，它认为所有存在的只是物质世界，而其特征是由感官记录的。就这一点，我将诉诸虚拟现实，来进一步说明这种情况。

请想象一下，你在计算机创建的虚拟现实世界中控制一个化身（avatar）。你戴着精致的护目镜、耳机和一套能自动捕捉你身体动作的服装。你的声音和动作控制着化身的动作，通过化身的模拟感官，你体验着虚拟世界，仿佛你就是你所控制的那个化身。在那个虚拟世界中，有虚拟的经典物体和其他化身，它们每个都由不同的人控制。你使用虚拟世界的法则与它们互动，并且可能会体验到与你所知的物理世界不同的世界。

运行虚拟世界的计算机程序包括将化身作为子程序，这完全是经典的。如果你全神贯注于虚拟现实，你可能会在短时间内相信自己就是化身，虚拟世界是真实的，而忘记了你存在于现实世界中。我们的意识能够专注于我们强烈感兴趣的一部分体验，这是我们都熟悉的事情。在生命游戏中，我们大多数人对自己的认同完全是自己的身体，因为我们只能以经典的方式影响世界，因此最终只关注来自身体的经典信息。这种调节发生在生命的早期，由我们的意识和身体之间的无缝接口促成，完全不同于我们的身体和化身之间的粗糙接口。

当你控制化身时，你的身体显然存在于经典的计算机之外，化身并不是沉浸在游戏中的你。你的经典身体用经典信息自上而下地控制化身，但你的量子身体反过来又被存在于量子世界中的量子意识实体——真实的你——控制。请注意，你对虚拟世界的体验也是一种量子现象，发生在控制化身的同一个"你"当中。因此，化身可能会执行无法以数字方式产生的行动，因为这些行动是由你在量子世界中基于自由意志决定的。

我认为，就像你的身体并不存在于创建虚拟现实的计算机之内一样，你的意识和自由意志也不存在于你身体所在的物理世界之内。化身只是一个接口，让你可以与之互动，并在计算机创造的经典虚拟现实中产生体验，但你的体验既不存在于化身内部，也不存在于计算机内部。同样，你的身体也只是一个通向物理世界的接口，物理世界中包含了你的身体和计算机，但你对身体和世界的体验既不在身体内部，也不在物理世界内部。只是因为你相信物质世界是存在的唯一现实，你就将你的体验归因于身体。

真正的实体不是你的身体，而是你"穿着身体"的有意识的自我，就像你的身体"穿着化身"一样。你只存在于量子世界中，在量子世界内部有一个量子经典物理世界，你的身体存在于其中；在物理世界内部有一个经典的计算机，其中有一个虚拟世界，包含一个化身，是你的身体可以控制的。就像俄罗斯套娃一样，虚拟现实中也有虚拟现实，但包含了你对所有这些套娃的意识体验和所有这些套娃的物理制造的量子信息的，是思想符。

作为模拟的物理世界

如果在我们的比喻中进一步，你就可以推测，化身是由控制你身体的意识的一部分控制的，因为你同时意识到存在作为虚拟现实中的化身，以及作为物理世界中的身体。

这是真的，除非你对自己的认同完全是化身。在那样的情况下，你"忘记"了你是身体。通过归纳，我们可以推测，如果我们对自己的认同完全是身体，那么控制我们身体的意识——我们通常称之为自我（ego）——也可能是控制我们目前未认识到自己拥有的更广阔"身体"的更广阔意识的一部分。

如果这个推理是正确的，那么真实的你可能就是你"遗忘"的那个更广阔的自我，只是你对物质生活的强烈依恋和兴趣让你相信自己只是身体。那么，那个更广阔的自我可能就是那个决定"穿上身体"的人，而你以为自己就是那个身体，就像你在虚拟现实游戏中决定穿上你短暂认同的化身一样。在没有意识到的情况下，我们可能只是在不同的"现实层面"重复相同的模式。被多番报道过的濒死体验（near death experience，NDE）以及许多其他非同寻常的意识体验中，确实有强有力的证据支持这样的观点。

关于NDE[20]的证据，适合为本文刚使用的归纳过程奠定基础。在一个典型的濒死体验案例中，一个人心脏病发作，并在到达医院时死亡。

尽管她的心脏和大脑都没有显示出电活动，但她仍被置于低温复苏术中。一小时后，患者被复苏，一段时间后，她报告说自己在临床死亡时有一段非同寻常的经历。她说，她发现自己飘浮在手术室的天花板附近，看着医生和护士正忙着为她做手术。她正确地描述了医生和护士执行的程序，甚至捕捉到一个医生未说出口的想法，而这个医生后来证实他有过这样的想法。

然后她被拉离了医院现场，穿过了某种隧道，尽头有明亮的白光，以吊诡的方式吸引了她。她发现自己被一种欢快的非物理性的光所包围，并遇到了她已故的丈夫和朋友，他们充满爱意地欢迎她。这其中，喜乐、爱和自由的感觉，远远超过她一生中的任何经历，她想要留下来。但现在有一个发着光的存在告诉她，她必须回到自己的身体里，她不情愿地回去了，在医院的康复室里醒来。

复苏方面已经取得了重大医学进展，有鉴于此，这种具有类似结构的经历已被成千上万的人报告过，尤其是最近。这样的经历仿佛还不够显著，在大多数报道的案例中，经历者的精神和情感生活后来都发生了好的转变。你可能会问：一个大脑和心脏都没有功能的临床意义上的死人怎么会有任何经历？最重要的是，这段经历竟为何如此强大且连贯，使那个人的生活不可逆转地发生了好的变化？

现在我们回到模拟，请想象一下你全神贯注于一个虚拟现实（VR）游戏，以至你顷刻之间便以为自己就是那个化身，而VR是真实的。这在未来，在一个精心设计的系统中，肯定是可能的。请想象一下，你现在在那场游戏中被杀死。当发生这种情况时，来自VR的所有信息都会停止传递给你，然后你会立即体验到你以前没有注意的信息。你会意识到自己已经被VR迷住了，想起真正的你是生活在物理世界中的身体。

确实，你无须等待更好的VR技术来证实我所说的话，因为我刚刚描述的是我们大多数人都有过的经历。这就是我们从那些生动且迷人的梦境中醒来时的体验，而当你在做那样的梦的时候，会以为那就是真的。

现在，请想象一下，你的身体死了。然后，来自你身体的所有信息都不再能够到达你的意识，现在你开始意识到许多你之前没有注意的其他信息。然后你发现，你完全被穿过你的身体的、来自物质世界的信息洪流迷住了。你非常惊讶，你发现，"你"——一个不同的你，但仍然是你——还活着，而之前你以为代表自己的那个身体，并不是"你"。这本质上就是那些有濒死体验的人身上可能会发生的事情。

换句话说，当我们的身体死亡时，我们就失去了从身体的角度观察物理世界的能力，但我们现在可以从更广阔的自我的角度观察，这个自我一直存在于量子世界中，我们对这个自我的感觉和之前是一样的。这种更深刻的观点和对另一个现实的感知能力，在我们的生活中被更强势的身体视角所湮没，如今再次为我们所知了。因此，死后生存是这个新概念框架的自然结果。

我认为，我们存在于这个物理世界中的最可能的原因，是学习如何在比我们所知的更高层次的理解中自愿地彼此合作，学习集体性地构建下一个层次的存在，这需要比我们彼此之间较之现在有更多的相干性。我相信，是时候从我们只是我们身体的幻想中醒来了。到目前为止，我们的意识几乎完全被身体的幻觉所催眠，没有认识到，我们的物理现实本身可能是一个比我们共同学会用电脑创造的现实更广阔、更复杂的虚拟现实。

我们这个物种已经取得了巨大的发展，足以让我们达到这种变革性的认识，与此同时我们仍然过着我们的"物质生活"。以这种观点来看，我们不是我们所穿的身体，也不在我们身体所处的物理宇宙"之内"，如同控制化身的身体不在化身和 VR 所在的计算机"之内"一样。

如果我对人类演化潮流的感觉是正确的，人类可能即将要觉醒。在目前半睡半醒的情况下，我们中的大多数人都想继续沉睡，而一些人开始醒来，睁开眼睛看看更广阔、更令人惊讶的现实。当我们认识到一个更大的世界时，我们每个人都可以将我们的意识发展到只有一部分专注于控制身体的事情，而其余部分去感知那个更广阔的现实，在那里，我们拥有我们完整的存在。

计算机和机器人不可能出现意识

> 无论如何编程,分析机都不能自己作出决策。
>
> ——阿达·洛芙莱斯(Ada Lovelace)[9]

基于上述讨论,意识和自由意志是完全存在于量子世界中的某些相干量子组织的属性,我称之为"有意识的实体"。为了在经典世界中相互作用,这些实体需要一个量子经典系统,一个"身体",它可以与客观经典世界的经典信息和量子实体的量子信息相互作用。据我所知,唯一能够完成这一非凡壮举的量子经典系统是生物体——众所周知,它们支撑起了意识。

我认为计算机不可能会有意识,我如此立论,是基于这样一种观点:意识是一种经典信息无法企及的量子信息现象。因此,意识不能直接与计算机相互作用,而只能通过生物体,使用目前未知但理论上可行的方法,据我所知,这些方法是人类以前从未研究过的。我们的身体作为一个量子经典系统,可以在一端与我们的意识实体交互,在另一端与计算机交互。还要注意的是,由于有意识的实体具有理解力和自由意志,它可以通过身体,引导计算机执行其算法无法指定的动作。这种能力可能允许人机结合影响经典世界和量子世界,而其使用的方式,如果每个类只与自己的类相互作用的话,那么无论是有意识的量子系统还是计算机都不可能实现。

此处会出现一个典型的反对意见,即计算机原则上应该能够与量子系统连接,由于计算机硬件是由量子—经典物质组成的,因此计算机具有意识。我认为这是不可能的,因为计算机硬件的量子—经典原子和分子已经被组织起来,因此它们的量子属性已经被平均了,如此才

---

[9] 阿达·洛芙莱斯(1815—1852),英国著名女数学家。计算机程序创始人,建立了循环和子程序概念。——译注

能产生严格意义上的经典机器。计算机确实是还原论的系统，其中硬件完全是经典的，并且与运行在其上的软件相分离。计算机比特实际上是由统计属性所代表的，这些属性只能作为固定原子的量子属性的平均值存在。同样，通过巧妙利用晶体的量子属性实现的晶体管，其表现尽可能地接近理想的开关。换句话说，计算机的量子—经典物质已经被永久地塑造成只以经典的方式活动，而不影响其所代表的经典比特。

在一个机器人中，其计算机大脑的经典信息确实可以控制其经典的身体部分，而经典的身体部分可以向大脑发送经典的信息。不过，这里的一切都是经典的，经典信息无法直接与相干的量子系统对接。而一个有意识的实体和一个生物体之间的相互作用却可以发生，因为有意识的实体可以控制单个粒子或原子的位置或动量，例如，在一个量子—经典的活细胞内，这些影响可以被放大，导致细胞本身内部经典宏观事件的发生。换句话说，有一条从量子到经典的路径（反之亦然），只要经典比特被量子物质的统计属性所代表，这条路径就不存在于计算机或机器人中。请注意，这个结论与经典系统的复杂性无关。意识不可能简单地从经典系统的算法复杂性中出现，这是目前对意识的"科学解释"。

另一方面，人类确实可以对机器人产生的经典信息产生有意识的体验，也可以用他的自由意志来控制机器人的行动，而自由意志是从他对情况的有意识的理解中得到信息的。例如，当一个人远程控制一架复杂的军用无人机时，这种情况就会发生，这是因为人体可以同时与量子和经典世界对接。当一个机器人以经典方式控制自己的行为时，它不会产生有意识的体验，也不会理解情况。它只是以它被命令的方式，或以它机械学习的方式，对数据作出机械反应。这种缺乏理解力的情况可能会导致机器人在应对与它所学的情况稍有不同的情况时，出现完全不恰当的行为。

换句话说，一个纯粹的经典系统的意识体验和自由意志控制不可能发生在经典系统"之内"，因为经典系统没有任何内在现实。内部现实只存在于相干的量子系统中。因此，经典的机器人不能在无约束和有敌意的环境中长期自主运作，因为它们缺乏有意识的理解力所带来的真正智能。理解力不是一个算法的属性。我所说的自主,是指一个必须完全靠自己运作的机器人,没有任何人类的监督。我所说的无约束的环境,是指一个开放的系统,要预测其中所有可能出现的各类情况是不可能的。所谓有敌意的环境,是指存在着有智能的实体意图要伤害机器人的环境。

据我所知,只有生物体拥有动能,拥有与环境非凡的相互依存关系,这对于与居住在量子世界的有意识实体和存在于物理世界的经典实体对接是必要的。生命与环境完全共生,这种亲密的方式使我们不可能在生物体和环境之间划出一个功能边界。生物体"延伸"到环境中,而环境也延伸到生物体中,二者处在一个深层次的动态平衡中,每时每刻都在变化;而且为了生存,它们也必须变化。

我们不是机器!

> 真正的问题不在于机器是否会思考,而在于人是否会思考。
> ——伯勒斯·弗雷德里克·斯金纳(Burrhus Frederic Skinner)[10]

基于先前讨论的模拟隐喻,我们每个人都以独特的视角,以两种不同的方式来观察世界。我们体验到由身体产生的经典信息,以及通过另一个我们还不了解的渠道产生的量子信息。我们把这两种信息都归于身体,因为我们相信经典世界是存在的一切。通过第一个渠道,来自物理世界的经典信息被我们的感官和大脑转化为符号,从而在我们的意识中产生了物理世界的普通体验。而通过量子渠道,我们得到的信息则包括直觉、想象力、原始洞察力、生动的梦境、思想,还有深层次的情感,其来源目前尚未可知。

---

10 伯勒斯·弗雷德里克·斯金纳(1904—1990),美国心理学家,新行为主义学习理论的创始人,代表作有《沃尔登第二》《超越自由与尊严》《言语行为》等。——译注

我们越是将自己认同为经典的身体和理性的头脑，从而只注意身体产生的符号，我们就越是与我们深层的量子现实失去联系。在这个新框架中，更广阔的自我"穿着"一个身体，在与其他穿着由物质制成的类似"服装"的自我的相互作用中深入体验自己。在这个意义上，物质的作用就像一面镜子，让有意识的自我更充分地了解自己。我愿意这样想：物质就像墨水，有意识的自我用它来书写对自身的理解和对世界的理解。然而，体验，这个真正重要的东西，却并不在墨水之内，就像一本书的意义在物理性的书之内一样。是我们的意识将意义赋予了物理性的物质。

基于这个框架，计算机只能有机械智能，而人类有基于意识理解的真正智能，这远远超出了经典信息的算法属性。事实上，人类控制计算机可以使计算机完成计算机自己无法完成的动作。这里有一个创造性合作的大好机会，但前提是人类要理解并重视自己意识的真正性质。我认为，计算机可能是最好的人类，这样的想法是一个危险的幻想，因为这种想法源自对意识的真正性质和物理现实的性质的误解。

对内在现实的科学研究

> 阻碍知识进步的最大障碍，莫过于文字的模糊性。
> ——托马斯·李德[11]（Thomas Reid）

传统的科学方法基于第三人称的观察和实验。不幸的是，这些实验不能充分处理专属于第一人称体验的感觉、情感、思想和心灵感受的内在世界。通过对一个人的身体进行外部测量，不可能确定被测量者的深层主观意义。只有有意识的实体才知道这个意义。例如，当科学家用 fMRI（功能性磁共振成像）扫描患者的大脑，寻找生理测量和

11　托马斯·李德（1710—1796），苏格兰启蒙运动时期哲学家，苏格兰常识学派创始人，代表作有《根据常识原则对人类心灵的研究》等。——译注

主观体验之间的相关性时，他们必须仰赖患者正确报告他们的内在状态。比如说，如果患者感到愤怒，他们愤怒的意义才是关键信息。仅仅知道他们愤怒是不够的。而只有通过仔细的、有意识的内省，才有可能理解其中隐藏的意义。

科学方法的这一基本限制导致许多人尽量降低甚至否认我们内心世界的现实性。有些人甚至宣布我们不如计算机，并坚持认为那些机器有一天会有意识。他们否认意识所带来的巨大差异，认为意识是一种纯粹的经典信息现象，这等于用偏见而不是真正的科学来剥夺人类的人性。

量子物理学的诞生是为了解释最小粒子的奇异行为，我们对现实本质的理解必须从经典物理学"指令与控制"的强制性观点，转变为量子物理学的概率性观点。尽管量子物理学与自由意志是兼容的，但很少有科学家敢于进入自由意志的领域，因为一旦承认自由意志的存在，就会打开潘多拉的盒子！如果自由意志存在，那么自由意志产生的"地方"就不可能像我们所熟悉的物质、能量、空间和时间那样。自由意志就像冰山的一角，因为它把属于内心世界的其他一切——自我性、意识、真正的能动性（true agency）、身份认同、存在、目的和意义，都带入了物理学。

物理学家一般不认为意义和目的可能有任何的物理现实性。他们只关注外部的符号性现实，认为意识只从经典物质的复杂组织——人脑中自发产生，尽管对于这种情况如何发生，他们并没有合理的解释。许多宗教人士则采取截然相反的立场，他们认为只有属于心灵或思想的内在现实存在，并且淡化或否认物质的现实。

而我则将内在和外在现实结合起来，我采取的方法是，用对量子物理学反直觉方面的新解释，来扩展那些经实验验证的观点。其结果是假设思想符的存在，思想符是一个整体性和动态的"实存"

(substance），它形成了量子和经典的世界，而它在其中以物理能量的形式出现。量子世界有一个由量子信息（叠加的纠缠量子比特）组成的外在方面，以及一个由具有意识和自由意志的实体组成的内在方面。经典世界只有一个由经典信息（比特）构成的外在方面。跨越这两个世界的是既是量子，又是经典的物理世界。它由在量子世界（概率性经典信息）的时空中发挥作用的个别量子状态，以及以确定性的方式行动的统计物质组成。

我将整体性和动态性作为基本原则，并且加上了一条演化论的原则：所有存在的事物都寻求认识自己。我用"太一"（One）这个名称来称呼所有存在的事物，结果太一就是动态的、整体的，寻求认识它自己的。太一的"实存"是语义—符号的思想符，而我所说的相干的有意识实体从太一之中出现，并且与太一不可分割。量子物理的概率性方面而今是这一新原则的结果，因为认识过程是内在导向的，这是有意识实体自由意志决定的表达。因此，时空中的量子物理事件对应的是有意识实体出于自由意志的决定，是不能被先验地得知的。而宇宙的演化最终反映的是太一自我认识的演化。这一话题将在附录五展开进一步的探讨。

随着时间的流逝，科学组织要改变其基本范式变得愈发困难，因为这些方面已经有了太多的集合投资。如果有必要作出一些基础性的改变，这个"系统"就会大力维护现状，将改变尽量往后拖延。如果我们未能严肃对待意识和自由意志的优先地位，我们就会冒着巨大的风险，让根深蒂固的唯物主义、还原主义，以及基于这两种理论的信息科技成为奴役我们的偶像。人类或许就会失去一个宝贵的时间窗口，与一场解放我们的伟大进步失之交臂。

结论

> 你可以剪掉所有的花朵,但你无法阻止春天的来临。
> ——巴勃罗·聂鲁达(Pablo Neruda)[12]

上文提到的"认识你自己"这一原则并非我的原创,因为根据古老的智慧,太一的根本目的就是在对自我认识的无尽追求中实现自我。在新的框架中,太一通过我称之为意识单元(consciousness units)的表现来认识自己,基本的有意识实体互相交流,结合起来创造出不断扩张的实体层级,这能加深它们的自我认识,也就加深了太一的认识。一切演化的内在驱动是太一想要认识自己的冲动,其中"冲动"包含了我们的欲望、好奇、激动、满足、爱心、决心和意志,是所有这些体验的结合。感兴趣的读者可以在附录五中读到更多相关细节。在意义和量子信息的共同演化之中,太一开始认识它真正的本质,这本质反映在日趋复杂的量子和经典信息中,而这些信息是由有意识实体创造的,用以捕捉和交流它们自己自我认识无限深层的内在结构。由于符号都是有限的,太一永远无法捕捉到其潜在无限的意义。这意味着,如果太一具有无限性,那么其自我实现过程永远不会终结,因为无论太一有多么了解自己,它也永远不能达到终点。

我们要在物理世界之中找到回归太一的道路,这是可能的。方法就是记住我们真正的本质,并且相信我们是孤独且终有一死的。在这一框架中,这就会成为从自我的观点出发所作的讲述,而这个自我相信自己是孤独且终有一死的。从更广阔的自我的观点出发,我们就没有必要回归,因为我们从未离开。我们或许在以一种特殊的方式作出我们自己的自我认识,这也是"太一"的自我认识,方法是将量子世

---

12 巴勃罗·聂鲁达(1904—1973),智利当代著名诗人,1971年诺贝尔文学奖获得者。代表作有《二十首爱情诗和一支绝望的歌》等。——译注

界的主观性和经典世界的客观性结合起来。

按理说，要达到这一终点，最有效的方法是集体创造一个正义且充满爱心的社会，这个社会会教导每一个人，怎样行事对所有生命都有益。我相信，物理法则是无法将我们引向一个正义社会的新秩序的。只有我们每个人出于自由意志所作的个体性选择，才有可能使这样的社会成真。这样的选择来自现实的语义层面，这一层面隐藏在物理的概率性本质之下，因此并不违背属于物理法则的符号句法。而为我们指引未来的真正的"力"，将会是所有自我有意识的理解力和合作，而不是物理"句法"。

我预言，那些相信计算机将会变得有意识、有理解力，会超越人类智能的人们终会发现，他们所作的是无用功。人工智能确实是人类的尖端技术，也值得人骄傲，能够悖论性地为人类提供必要的学习，来发现和面对我们真正本质的奥秘。人类最终还是要从第一人称出发认识到意识的真正本质，明白意识才是真正智能的来源，也终究要从一个内在更深层的地方，而不是从理性头脑的有限观点出发，明白创造有意识的机器是不可能的。

我希望，这一天能早点到来，这对所有人都有益，因为一个实实在在存在的危险就是，人类受泛滥的数字消费主义文化的引诱，或许会用虚拟且肤浅的关系来取代真挚而深切的关系，从而中断自己心灵的成长。技术应该帮助我们发现自己真正的本质，而不该僭越，将我们囚禁在毫无意义的虚拟世界中。正如发动机的发明放大了我们人类肉身的力量，计算机、机器人和人工智能也可以放大我们的机械性智能，将我们从单调的、重复性的、危险的工作中解放出来。不过，这样一种伟大的潜能，必须用来服务每一个人类个体的心灵、思想、情感和身体的成长。

在我们面前，生命的奥秘已逐渐打开，向我们展示出令人惊叹的可能性，来学习怎样探索宇宙之光，我们每一个人都能在自己的内心最深处感受到这束光。如果人类在这个信息时代的旅程是被爱心、纪律、激情、好奇和勇气所照亮的，那我们就能学会使用一个超能的工具，探索生命信息的宇宙，了解宇宙的真正意义。这个不可思议的器具，是我们与生俱来的权利。它的名字就是意识。

附录一 MOS 硅栅技术

MOS 集成电路

1967 年，MOS 技术使我们能够实现与双极技术相同的逻辑功能，而硅面积减少了 5 到 10 倍，功耗减少了 5 到 10 倍。然而，MOS 集成电路的速度大约减慢了 50 倍，极大地限制了其可能的应用。几乎所有的专家都认为，MOS 集成电路太慢，太不可靠，无法挑战双极技术的主导地位。

生产中的 MOS 技术使用具有铝栅极和 -4 至 -8 伏特阈值电压的 P 沟道晶体管。电源电压为 -24 伏。只有美国的 RCA 开发了主要用于移动军事应用的昂贵的 CMOS（互补 MOS）制造工艺。

为了避免集成电路内各种晶体管互相之间产生干扰，必须将寄生 MOS 晶体管[1]的阈值电压保持在电源电压以下。使用足够厚的场氧化物可以满足此要求。然而，氧化物厚度不能过分，因为如果氧化物厚度超过一定值，跨越氧化物台阶的铝线会变薄，有可能断裂。[2]因此，MOS 技术需要在相互冲突的要求之间取得微妙的平衡，仅提供很小的安全余量。

---

[1] 寄生 MOS 晶体管是场氧化物上的金属线穿过两个结时意外产生的器件。在这种情况下，结就像 MOS 晶体管的源极和漏极，而金属线充当其栅极。如果金属线的电压高于以场氧化物作为"栅极氧化物"的寄生 MOS 的阈值电压，下面的硅中就会形成反型层，导致两个结之间产生较弱的电连接，而这两个结是应该隔离开的。寄生晶体管在动态电路的情况下尤其具有破坏性，因为临时存储在晶体管栅极中的电荷信息可能会迅速泄漏，从而导致故障。——原注

[2] 由于铝的真空蒸发，氧化物步骤中的金属变薄，这不仅会导致产量问题，而且会由于电迁移而在现场造成严重的可靠性问题。如果电流密度超过一定限度，电迁移还会导致铝互连变薄和打开（随着时间的推移）。——原注

另一个主要限制是栅极与晶体管的源极和漏极之间的高寄生电容，这是由于栅极掩模相对于源极和漏极掩模的必要对准公差（图A2）。由于米勒效应，最具破坏性的寄生电容是Cgd，即栅极和漏极之间的重叠电容。

一个电路中晶体管的总输入电容等于 CG + Cgs + A · Cgd，其中CG 是 MOS 沟道的有源电容，Cgs 是栅源之间的寄生重叠电容，A 是晶体管所属电路的增益（A · Cgd 代表米勒效应）。

由于电路开关时增益 A 一般远大于 1，因此 Cgd 对晶体管开关速度的影响相当大。此外，由于所有可能的掩模失准，Cgd 的可变性非常大，导致集成电路（IC）速度在晶圆与晶圆之间的分布很广。

理想的 MOS 电路工艺早在 1966 年就得到了大多数业内人士认可。该工艺包括使用具有 [100] 晶向而不是 [111] 晶向的晶圆，因为阈值电压可以降低到−2 至−4 伏，允许电源电压从−24 伏降低到−15 伏。这种变化还将功耗降低了大约一半。不幸的是，使用 [100] 晶圆，场阈值电压将低于允许的氧化物最大厚度的电源电压。而这个问题阻碍了低阈值电压技术的使用。

1966 年，罗伯特·鲍尔意识到，如果先定义栅电极，则源极和漏极之间的沟道边界将由单个掩模确定，从而避免了最早的两个掩模之间失准而导致的过多和可变的寄生电容。鲍尔的方法包括使用铝作为掩模来定义源极和漏极区域。然而，由于铝不能承受热掺杂所需的高温，鲍尔提议使用离子注入，这是一项允许低温掺杂的新发明，鲍尔就职的休斯飞机公司（Hughes Aircraft）正在开发这项技术。

可是鲍尔的想法仅在原则上有效，在实践中却行不通，因为在离子轰击的过程中，硅晶格会发生变化，要恢复晶格，就必须对晶圆进行热退火处理，温度要高于铝所能承受的温度。我们需要的是一种比铝更耐火的材料。

鲍尔工艺被登记为美国专利 No. 3472712，于 1966 年 10 月 27 日提交并于 1969 年 10 月 14 日公之于众[2]。不过这项技术从未如专利中描述的那样用于生产集成电路，而且在发布之前，外人是不知道该过程的详细信息的。

1967 年，约翰·萨拉斯和贝尔实验室的合作者制造了第一个带有由非晶硅制成的自对准栅极的分立晶体管[21]。他们的实验包括在晶圆上生长薄氧化层，然后是真空沉积非晶硅。然后硅以环的形式被掩蔽，因此漏极在环内，源极与所有其他晶体管共用。这一过程证明，在实验室中制造具有自对准硅栅极的 MOS 晶体管是可行的。然而，晶体管没有被隔离，因此无法制造集成电路。

到了 1967 年年底，汤姆·克莱因测量了 P+ 掺杂非晶硅和单晶 N 掺杂硅之间运行性能的差异。他发现通过使用 P+ 掺杂硅，与相同的铝栅极器件相比，P 沟道 MOS 晶体管的阈值电压可以降低 1.1 伏。这也就足够将用于高阈值电压工艺的相同 [111] 硅取向，拿来制造具有低阈值电压的 MOS 晶体管。

我在仙童独立发明的整体工艺架构，除了用多晶硅代替铝，用热掺杂代替离子注入外，和鲍尔的专利描述的差不多。

离子注入的发明（不是鲍尔发明的）标志着工艺技术史上的重要一步，因为它允许以可控的方式掺杂，尤其是小剂量的，而这在以前的热方法中是不可行的。

离子注入使得人在 1969 至 1970 年间能够降低 MOS 晶体管的阈值电压，从而解决了第一个问题，但不能像鲍尔在他的专利中所说的那样，用于制造具有铝栅极的自对准 MOS 器件。

早在 1968 年，SGT 就能让人可以同时解决 MOS 技术的两个主要问题，并且提高了 MOS 集成电路的速度、可靠性和电路密度，远远超过单独离子注入所能达到的水平。

硅栅工艺的架构

图 A1 显示的是硅栅工艺的基本步骤。图的右侧是用于创建晶体管的掩模。左侧显示的是在制造过程的各个阶段沿掩模中间切割的 P 沟

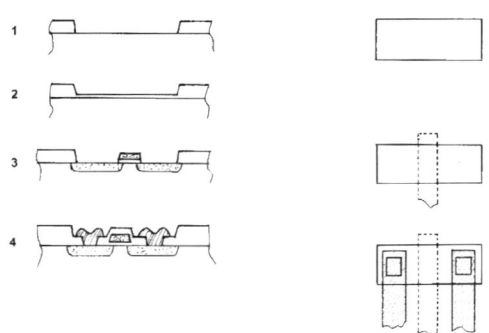

图 A1 使用硅栅的 MOS 工艺架构（作者自绘）

道 MOS 晶体管的四个横截面。该过程从场氧化物的热生长开始，然后是下述步骤：

（1）在每个晶体管将要形成的源极、漏极和栅极的区域应用阱掩模，并去除厚氧化物（左侧的图 A1-1）。阱掩模是右侧顶部的矩形。

（2）热生长薄栅极氧化物（左侧的图 A1-2）。

（3）沉积一层硅。应用硅掩模来创建硅栅极和硅互连。硅掩模是右侧第 2 个图示显示的虚线勾勒的条带，叠加在阱掩模上。

（4）去除阱内未被硅保护的区域的薄氧化物，从而定义每个晶体管的源极和漏极。然后将晶圆的暴露部分掺杂硼，包括充当掩模的硅栅极，以使 MOS 沟道免受影响。

（5）热生长一层质量最好的氧化物薄层以保护暴露的硅区域。在此高温过程（1200℃）中，大部分源极和漏极扩散发生（左侧的图 A1-3）。

（6）通过气相沉积（在仙童被称为 vapox）沉积优质二氧化硅层。

（7）应用触点掩模，并去除触点区域的二氧化硅。触点掩模包含阱掩模内的两个小矩形，如右侧第 3 个图所示。

（8）通过真空沉积沉积一层薄铝。应用铝掩模去除铝，并定义晶体管之间的金属互连。金属掩模由右侧第 3 个图示中的两条斜线条带组成。此时晶体管基本完成，如左侧的图 A1-4 所示。

（9）将晶圆置于 550℃ 的温度下，在铝和硅之间形成合金。这个过程会产生欧姆接触。

（10）低温沉积一层氧化物，使电路钝化，防止芯片切割和封装过程中可能出现的划痕。

（11）接下来，去除位于电路外围的铝区域 [称为"焊盘"（pad）] 中的保护性氧化物，这使得细铝线的超声波焊接可以将芯片连接上封装引脚。

在这里我们可以清楚地看出，何以这个过程被称为自对准：阱和硅掩模之间的失准会轻微改变源极和漏极的几何形状，而源极、漏极和栅极之间的所有寄生电容保持不变。

对于金属栅，不可能在第一和第二掩模之间进行完美对准，以至在栅极掩模与源极和漏极掩模之间形成重叠区域，从而大大增加了寄生电容，并降低了晶体管的速度，尤其是在出现了最糟糕的失准的时候（图 A2）。

有人可能会问：为什么我刚才描述的过程不能用铝代替硅来执行？原因很简单：沉积铝后，晶圆不能在温度升至 570℃ 以上的情况下不损坏电路。然而，接下来的工艺步骤将需要高达 900℃ 的温度，只有硅和其他可能的耐火材料才能毫无问题地承受这样的温度[22]。

铝栅工艺的架构

为了使读者更好地理解金属栅和硅栅技术之间的差异，图 A2 说明了铝栅工艺的步骤：

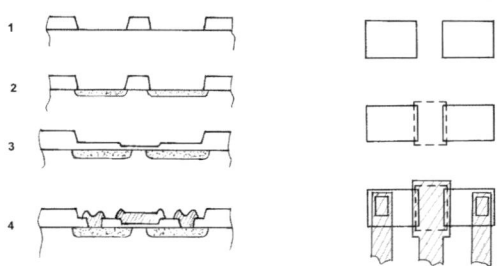

图 A2　使用铝栅的 MOS 工艺架构（作者自绘）

（1）与往常一样，我们从应用了源极和漏极掩模，并蚀刻了氧化物的厚场氧化层开始（左侧的图 A2-1）。图 A2 右侧顶部图显示的是源极和漏极掩模。

（2）硼沉积在暴露的硅区域（左侧的图 A2-2）。

（3）热生长氧化层。应用栅极掩模，并去除栅极区域中的氧化物。栅极掩模在右侧第 2 个图示中用虚线表示。

（4）栅极氧化物在高温下热生长，同时结扩散到硅中。在此步骤结束时，晶体管的结构如左侧的图 A2-3 所示。

（5）应用接触掩膜，以去除铝将与结欧姆接触的区域中的氧化物。触点掩模如右侧第 3 个图所示（图中的两个小矩形）。

（6）真空沉积铝膜，并使用铝掩膜来定义金属线。金属掩模如右侧第 3 个图所示（图中的三条斜线条带）。

（7）工艺的剩余部分与上述 SGT 工艺相同，晶体管的最终结构如图 A2-4 所示。

比较图 A1-4 和图 A2-4，请注意铝栅的栅极与源极和漏极之间的重叠区域比硅栅的大得多。在完美对准的情况下，铝栅晶体管的寄生电容是 SGT 的 2.5 倍。在最糟糕的失准情况下，大约差了四倍。另请注意，铝覆盖了大部分区域，增加了晶体管占用的面积。

使用埋入式触点的 SGT

使用埋入式触点的 SGT 工艺需要去除阱区域中的薄氧化物，在该区域中需要多晶硅和单晶硅之间的直接接触。这需要额外的掩模步骤。图 A3 上半部分所示的实线方块代表埋入式触点掩模。

在触点区域被蚀刻了栅极氧化物后，该过程将完全按照图 A1 中的描述继续进行。

在掺杂过程中，硼原子扩散穿过多晶硅薄层，并继续扩散到单晶硅中，在触点区域形成结。以这种方式，一个隔离触点被创建出来，

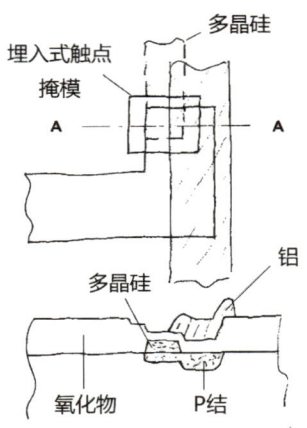

随后再被氧化物钝化，使铝线可以穿过它。

图 A3 的下半部分显示了沿图上半部分所示的 AA 切割线的埋入式触点区域的横截面。请注意氧化层，它存在于铝和提供了绝缘的多晶硅之间。

使用 SGT 的版图

在图 A4 中，我重新创建了一个示例，展示 SGT 在制作随机逻辑电路版图方面的优势，提供给 MOS 部门的 IC 设计人员，尤其是在他们使用埋入式触点的情况下。SGT 的巨大优势是显而易见的。

图 A3 图上半部分显示的是埋入式触点的版图，下半部分显示的是沿 AA 线的硅横截面。阱掩模（实线）和多晶硅掩模（虚线）之间的重叠区域周围的实线方块是埋入式触点掩模，用于消除薄氧化物，并使得多晶硅能与单晶硅直接接触。如下半部分显示，随后的硼掺杂渗透到单晶硅中（作者自绘）

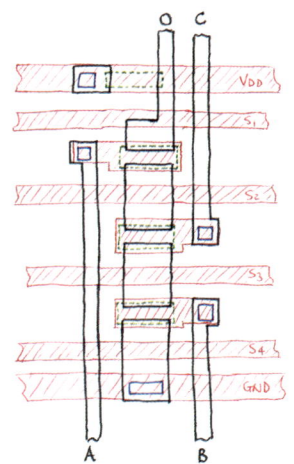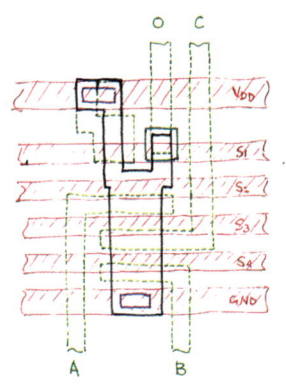

图 A4 左侧是 NAND 逻辑门的版图，具有三个输入：A、B 和 C，输出为 O，由铝栅制成。还有四个信号：S1、S2、S3 和 S4，这四个信号必须穿过电路，这是随机逻辑集成电路的典型情况。右侧是用 SGT 制作的相同电路的版图。金属栅版本使用的面积几乎是 SGT 版本的两倍。SGT 电路的速度是铝栅电路的五倍。由于生产成本与面积成正比，因此 SGT 的优势不仅在于性能，还在于其成本（作者自绘）

在左侧的铝栅版图中，晶体管的栅极（氧化物薄的地方）是由绿色虚线矩形包围的区域。铝由斜线条带表示。用于源极、漏极和穿过铝下方的信号的P掺杂扩散用黑色实线表示。扩散和铝之间的触点区域是蓝色矩形，其中金属条与结重叠。

在右侧的硅栅极版图中，除了使用绿色虚线的多晶硅掩模外，我使用了相同的惯例。在这种情况下，晶体管的栅极是阱掩模（黑色实线）和多晶硅掩模之间的重叠区域。

重要的是，要注意用于互连的硅线的寄生电容比扩散的寄生电容低很多倍。这有助于进一步提高SGT电路的速度和版图灵活性。使用金属栅极技术，扩散是唯一可以跨越铝线的替代性互连层。

图A4右侧的图示中，S1铝线下方有一个埋入式触点，将输出O对应的扩散与成为另一个晶体管（图中未显示）的栅极的硅线连接起来。自然，输出O也可以作为扩散穿过铝下方，就像金属栅的情况一样。

我使用埋入式触点来展示SGT提供的速度优势，因为硅输出使电路比扩散输出更快，即便在这种情况下电路尺寸不受影响。在大多数其他情况下，埋入式触点对于获得更密集的版图至关重要。

埋入式触点的基本优点是能够直接从扩散到多晶硅，而无须使用铝。然后铝信号可以穿过埋入式触点，从而提升电路密度和速度。

自举负载

自举负载能使动态逻辑门中获得等于电源电压的输出电压，从而增强了一种非常有效且广泛使用的设计技术，称为两相动态逻辑。这项技术也被称为准静态逻辑，因为它可以将静态与动态逻辑电路混合。

让我们考虑一下具有正常负载的逆变器的情况，电源电压为–15伏，如图A5的左侧所示。当关闭晶体管T1时，输出通常约为–10伏（从–8到–11.5伏，按过程变化）。当T1打开时，输出通常为–0.5伏。

现在来看看图A5右侧所示的带有自举负载的逆变器。当输入电压

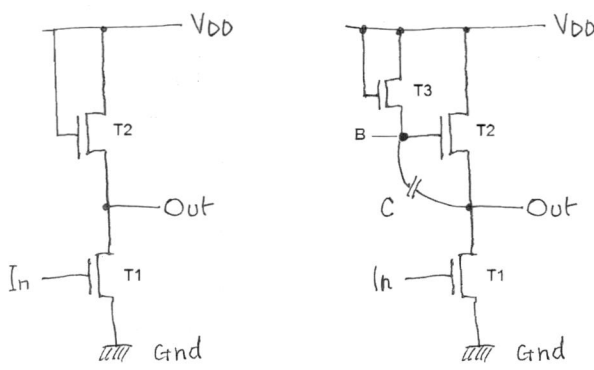

图A5 具有正常负载（左）和自举负载（右）的逆变器电路图（作者自绘）

（In）从 −10 伏变为 0.5 伏时，输出电压（Out）就从−0.5 伏变为−10 伏。电容器 C 使节点 B 处的电压（通常约为−10 伏）变得更负，从而完全关闭晶体管 T3。

1 伏输出电压的负变化会导致节点 B 处出现大约−0.8 伏的变化（该值取决于节点 B 的寄生电容与自举电容 C 之间的比率）。因此，节点 B 处的电压根据输出电压继续降低，从而保持晶体管 T2 导通，即使当输出电压达到−10 伏时，此时节点 B 处的电压将为−18 伏。当输出电压达到电源电压时，节点 B 将处于大约 −22 伏。

为了在物理上制作自举负载，就需要有一个隔离电容器。这对于金属栅技术来说是微不足道的，但对于硅栅来说是不可能的，因为多晶硅会阻止薄氧化物下方形成结。

没有人认为用硅栅可以制作自举负载，包括我自己。但我并没有屈服于这个事实证明只有部分正确的推理证据。我一直在想我怎样才能规避这个问题。

有一天，我注意到，金属栅自举负载中电容器的金属电极总是被极化，以在下面的硅中保持反型层，如果我假设薄氧化物下方的扩散已被移除（反事实思维）。换句话说，自举负载的操作条件使得多晶

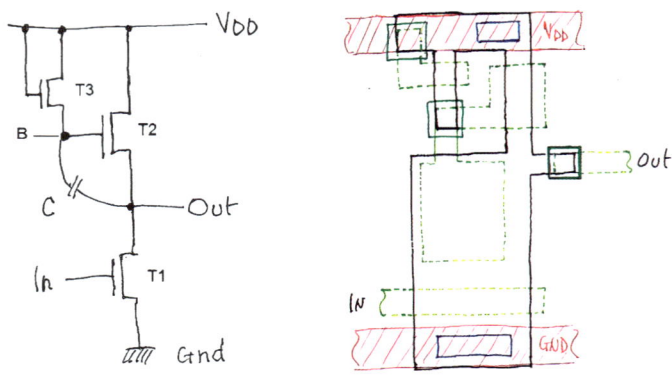

图 A6　左侧为自举负载的电路图。右侧是使用 SGT 的同一电路的版图。电容器是阱内的多晶硅大矩形，它也充当晶体管 T1 的漏极。请注意，3 个埋入式触点使得该电路能够被其他金属线完全"交叉"，这是一个巨大的优势，因为若使用金属栅技术，同一电路将完全无法被其他铝线交叉（作者自绘）

硅下方始终存在"虚拟扩散"。因此，即使没有扩散，我也可以获得同样有效的电容器！所需要的只是在一个大阱内创建一个大的多晶硅区域，而不阻碍从晶体管 T1 的漏极到晶体管 T2 的源极的通路，如图 A6 右侧所示。

传输晶体管

为了制作准静态电路，我们使用了传输晶体管，其栅极通常由逻辑门驱动，如图 A7 中的节点 A 所示。传输晶体管的漏极连接到逻辑门的输出 B，源极连接到另一个晶体管（节点 C）的栅极。

MOS 晶体管的巨大优势在于，在传输晶体管被停用后，能够将电荷（信息）临时存储在晶体管栅极的电容中，例如节点 C。

正常负载下逻辑门产生的最坏情况下的输出信号为−8 伏。如果该信号被施加到传输晶体管的栅极，后者的输出电压将约为−4 伏，略高于晶体管最坏情况下的阈值电压（−3.5 伏）。这种情况会使传输晶体管的宝贵功能无法发挥。

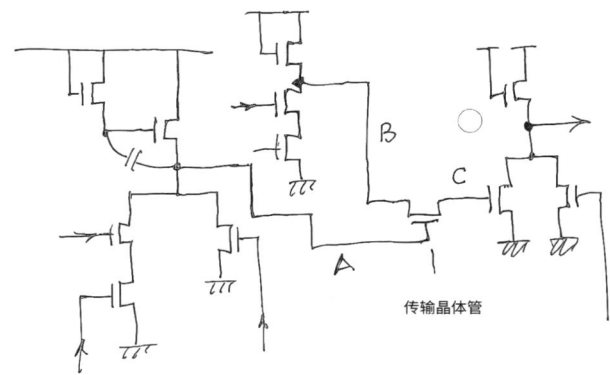

图 A7 随机逻辑电路示例，其中传输晶体管的栅极必须由具有自举负载的逻辑端口驱动才能工作（作者自绘）

为了利用传输晶体管允许的信息存储，有必要在控制晶体管的逻辑门中使用自举负载。

与静态电路相比，这种"技巧"可以大幅减少制作动态 MOS 逻辑电路所需的晶体管数量。这也是实现相同逻辑功能，MOS 技术需要的晶体管比双极技术要少得多的主要原因。例如，使用传输晶体管，仅用 3 个晶体管就可以实现动态触发器，而静态 MOS 触发器至少需要 6 个，而双极型触发器需要超过 15 个。没有自举负载，唯一的选择是使用静态逻辑电路，这需要更多的晶体管和更大的功率耗散，才能实现相同的速度。

推挽缓冲器

另一个需要自举负载的基本电路是推挽缓冲器。每当逻辑门必须在不消耗过多功率的情况下驱动大容性负载时，就需要缓冲器。例如在驱动内部总线的复杂逻辑电路中，这类缓冲器必不可少。

推挽缓冲器如图 A8 所示。当 IN 逻辑值为"0"时，晶体管 T1 和 T2 关闭，节点 A 处于逻辑值"1"，因此 T3 导通。

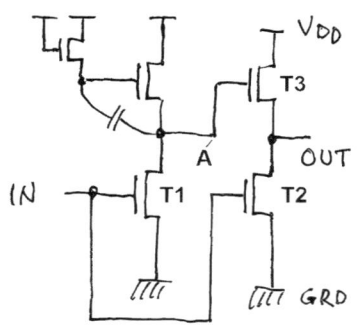

图 A8 推挽缓冲器。由于同样的原因，与传输晶体管一样，自举负载也是必需的。如果没有自举负载，输出电压（OUT）会是-4伏（在最坏的情况下），而不是-8伏，而-8伏是逻辑值"1"所需的最小电压（作者自绘）

当 IN 逻辑值为"1"时，晶体管 T1 和 T2 导通，节点 A 处于逻辑值"0"。在这种情况下，T3 关闭。

因此，当 T2 导通时，T3 关闭，反之亦然。这使得 T2 和 T3 都成为能够驱动大容性负载的大晶体管；不可能像在普通逆变器中那样，T2 和 T3 同时导通。

自举负载是驱动 T3 所必需的，否则输出电压（OUT）在最坏情况下会是-4伏，而不是-8伏，即逻辑值"1"所需的最小电压。

耗尽型负载

请思考一下 N 沟道晶体管，其中起始材料是 P 型晶圆，源极和漏极结是 N 掺杂的。该器件具有正阈值电压，电源电压 V_{DD} 也为正。在下面的描述中，我们假设 V_{DD} 为 5 伏。为了发生传导，必须将比阈值电压更正的电压施加到晶体管的栅极。当栅极电压为零时，晶体管关闭（不导通）。当栅极电压与其源极电压处于相同电位时关闭的晶体管称为增强型。

令人惊讶的是，还可以制造 N 沟道晶体管，当其栅极处于与源极相同的电位时，它们通常处于导通状态。这种晶体管类型称为耗尽型。

要制造耗尽型晶体管，必须使用砷离子注入（N 型）在硅和栅极氧化物之间的界面处创建弱 N 沟道。结果是晶体管具有负阈值电压而不是正阈值电压，这使其始终在 N 沟道集成电路中可用的正常正电压下导通。

要关闭晶体管，需要一个负电压——在只有一个 +5 伏电源电压的芯片中不可能的电压。这一属性会使耗尽型晶体管无法用于正常应用。

但是，如果将其用作负载设备以取代普通的增强型晶体管，则此属性将是无价的。让我们看看为什么。

图 A9 显示的是，对于正常的增强型负载和耗尽型负载，当两个负载的大小使得它们具有相同的最大电流（I_M）时，负载电流（I）随输出电压（V）的变化而变化，因此功耗相同。

在正常负载下，输出电压为 $V_{DD} - V_T$，在最坏情况下约为 2.5 伏，该值略高于增强型晶体管的最大阈值电压。对于耗尽型负载，输出电压为 5 伏，等于电源电压。负载驱动另一个晶体管栅极时的速度，与正常负载情况下红色双线标记的区域和耗尽负载情况下蓝色单线标记的区域成正比。耗尽负载所具有的明显优势从图中一目了然。

耗尽型负载的表现类似于自举负载，能够获得等于电源电压的输出电压，且具有作为静态而非动态电路的额外优势。

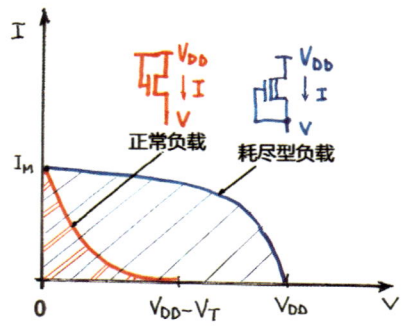

具有耗尽型负载的 N 沟道技术使得人们能够在 1973 至 1974 年间设计快速集成电路，而其电源电压仅为 5 伏——所有双极逻辑电路使用的标准电源电压。在被当今占主导地位的 CMOS 技术取代它前，这项技术被普遍使用了 10 至 15 年。

图 A9 正常负载与耗尽型负载的特性（作者自绘）

附录二 掩模制作工艺

今天,一位工程师坐在他工作站的显示器前,并在名为 EDA(电子设计自动化)的强大设计软件的协助下,组装逻辑电路的层次结构。当工程师完成使用高级语言描述的逻辑设计后,软件接手后续的工作,使用丰富的预先设计和预先表征的电路版图库,编译芯片设计的其余部分,然后继续设计,全部自动完成。

1970 年,每一步基本上都是手动完成的,复合版图是将电子系统的逻辑电路描述转化为硅拓扑结构的关键文档,而硅拓扑结构是通过叠加几层不同的材料获得的,其图案由掩模来决定。

与今天不同,复合版图是用尺子和彩色铅笔在倾斜的绘图桌上,以实际尺寸 400 ~ 500 倍的比例手工绘制的,使用的是聚酯薄膜而不是纸张,这样就能随着湿度和温度的变化保持更好的尺寸控制。之所以叫"复合",是表示所有掩模层都绘制在同一个文档中,这样就能将它们的对齐方式可视化。

要创建掩模,必须为每个掩模生成一个单独的文档——称为红膜原图(rubylith)或红膜(ruby)。红膜是一片透明的聚酯薄膜,上面覆盖着一层薄薄的红色半透明聚酯薄膜,可以在切割台上切割并剥离。红膜下方放置了复合版图,指引切割和剥离的过程,标示出要去除的区域。

红膜切割是一个漫长且容易出错的过程,需要在将红膜发送到生产工作板的掩模制作服务之前进行仔细检查。由于每片红膜仅代表芯片的一个掩模,因此有必要在看片台上以不同的顺序叠加两片或更多片的红膜,以检查图案的对齐情况和完整性。使用这种方法,我们可以创建与叠加层一样多的红色阴影,以便识别出可能的错误。

红膜准备就绪，实验室招来的人员就可以协助查找所有的错误和缺陷。

然后我们将红膜挂在墙上，用巨型相机拍摄，缩小为 10 倍的"标线片"。然后将标线片安装在步进重复机器上以生产母版。母版是一个 2.5 英寸 ×2.5 英寸的照相板，其中包含与 2.5 英寸相符的实际比例的图案行数。重复的图案是通过将标线片缩小到 1 倍（实际比例），并连续曝光母版以完成一行图案而获得的。然后新的一行将以相同的方式完成，直到母版的整个表面都充满了尽可能多的相同图案的副本。

然后我们再用母版，以接触摄影的方式创建子母版，每个子母版又制作出几个工作版，这是用于晶圆生产的工具。然后我们将工作版安装在掩模对准器中，对准器被放置在洁净室中，在那里处理晶圆。工作版只能使用几次，因为它们总是会因晶圆和掩模之间的接触而被微观划痕损坏。

掩模工艺包括用一层薄薄的光刻胶覆盖晶圆，光刻胶的作用类似于对紫外线（UV）光敏感的照相乳剂。掩模的透明区域让光线通过，致使曝光的光刻胶硬化。在掩模的不透明区域下方，光刻胶将保持不受影响。然后，通过将光刻胶从未暴露于紫外线的区域中移除，光刻胶将被"显影"（如照相胶片），而硬化的光刻胶可保护晶圆免受随后曝光区域的化学侵蚀。

化学侵蚀后，硬化的光刻胶被完全剥离，然后根据运行表中指定的工艺对晶圆进行各种热和（或）化学工艺。

从光刻胶到掩模和热化学处理的整个循环重复多次，直到掩模完成。

附录三 计算机的历史

算盘、加法器和四则运算器

现代计算机的根源比微电子学的根源要深得多,可以追溯到 4600 年前就出现的第一个已知的算术计算工具——算盘。下一个创新是加法器(Pascaline),由布莱兹·帕斯卡尔于 1642 年发明。这是一种只能进行加减法运算的机械计算器,因此其实用性相当有限。

1673 年,戈特弗里德·莱布尼茨[1](Gottfried Wilhelm von Leibniz)设计了一种机械地进行乘法和除法的概念性方法,但他那个时代的技术还不够精确,无法制造这种设备。又过了 178 年,第一台四则运算机械计算器才问世。这款计算器由法国人托马斯·德·科尔马(Tomas de Colmar)发明,并于 1851 年首次实现商业化,被称为四则运算器(Arithmomètre),正好比第一台商用电子计算机尤尼瓦克 I(Univac I)早了 100 年。

四则运算器是一种强大而实用的常规解决方案,它开创了一个持续至 20 世纪 70 年代的行业,直至机电计算器开始迅速被基于微芯片的电子计算器取代。

提花织机与机电制表机

已知的第一台可编程机器是提花织机,由另一位法国人约瑟夫·马利·雅卡尔(Joseph Marie Jacquard)于 1801 年发明,用于自动织造设计复杂的织物。织机由穿孔卡控制,而这些卡通过指导织机的逐步操作来记忆"程序"。

这不仅是一项成功的发明,还是第一个由程序控制的自动系统的

---

[1] 戈特弗里德·莱布尼茨(1646—1716),德国哲学家、数学家,被誉为十七世纪的亚里士多德。——译注

例子，也就是由一个可以在不改变机器本身的情况下改变的程序来控制。可编程织机确实是现代计算机的真正先驱，尽管乍看起来它似乎与计算机没有什么共同之处。

使用穿孔卡片的想法后来被赫尔曼·何乐礼（Herman Hollerith）采纳，用于生产能够快速制表数据的机电制表机。该设备用于美国 1890 年的人口普查数据，与手动制表相比有了显著改进。何乐礼创立的公司被称为制表机公司（Tabulating Machine Company），后来成了 IBM。

继电器

另一个交织在现代计算机历史上的重要线索，与基于继电器开关的自动电话交换有关。继电器由约瑟夫·亨利（Joseph Henry）于 1835 年发明，并用作电动开关。在 1935 至 1937 年间，俄罗斯的维克多·舍斯塔科夫（Victor Shestakov）和美国贝尔实验室的克劳德·香农独立发现，布尔逻辑 [乔治·布尔（George Boole）于 1840 年发明的二进制逻辑] 是描述开关系统和基于继电器的机器的完美数学形式。

图灵机

有一个不相关的机器，是英格兰的艾伦·图灵于 1936 年发明的图灵机。图灵机是证伪希尔伯特决策问题（Hilbert's Decision Problem）的心理实验的一部分，希尔伯特决策问题是数学家大卫·希尔伯特（David Hilbert）于 1928 年提出的一个著名问题。通用图灵机提供了一个抽象模型，描述了一类能够执行任何通用算法的通用机器，从而产生了信息科学，这是信息革命的另一个基本分支。

第一台机电计算机：楚泽 Z3

1941 年，所有这些方面都与第一台功能齐全的图灵完备机电计算机的设计和构造相结合了：Z3，由德国的康拉德（Konrad Zuse）设计和制造。这台机器使用基于 22 位字的二进制浮点架构和由大约 2300 个继电器制成的 CPU——与 4004 中的晶体管一样多！

数据和程序的存储是巧妙地使用 35 毫米穿孔胶片实现的，与当时用于胶片相机的胶片相同，自然没有乳剂。时钟频率约为 5 赫，而今天微芯片的时钟频率可以超过 5 吉赫（GHz），快了十亿倍。

Z3 将我们带到了电子计算机时代的门槛边。1943 年，一个由美国军方资助的秘密项目旨在设计出一款能够快速计算出弹道轨迹的计算机。其关键的理念是用真空管取代继电器。将真空管用作开关，其打开和关闭电流的速度，较之继电器快了 10000 到 100000 倍。这在 1943 年并不是显而易见的事，因为当时真空管被普遍用作信号放大器，而不是开关。

埃尼亚克，第一台电子计算机

上述项目的成果是埃尼亚克（ENIAC），第一台功能齐全的电子计算机，由约翰·莫克利（John Mauchly）和 J. 普雷斯珀·埃克特（J. Presper Eckert）设计和制造，于 1946 年完成。埃尼亚克的指令周期为 200 微秒，程序由插头和开关提供，这是一种简陋而费力的方法。它使用了 17468 根真空管，占地面积 167 平方米，耗散功率 150 千瓦，重 30 吨。由于真空管的可靠性差，平均故障间隔时间为几个小时。然而，埃尼亚克比 Z3 快得多，尽管在概念上不如它，因为它还不能在电子存储器中记住程序。

第一台具有现代计算机所有基本特征的电子计算机是埃德萨克（EDSAC），它是第一台具有存储程序的计算机。它是由剑桥大学的威尔克斯（M. Wilkes）与著名数学家约翰·冯·诺伊曼（John von Neumann）合作开发的。冯·诺伊曼提出使用相同的内存来存储数据和程序。

埃德萨克于 1949 年完成，它有一个串行存储器，有 1024 个字，每个字 17 位，使用水银延迟线制成。那时基于磁芯的随机存取存储器（RAM）还没有发明。

尤尼瓦克，第一台商用电子计算机

所有种类的第一台计算机都是研究机器，样机只有一台。又过了几年，第一台商用电子计算机尤尼瓦克 1 问世。尤尼瓦克 1 是一台存储程序计算机，具有 1024 字（1.5 千字节）的 12 位串行主存储器。它首次使用磁带作为辅助存储器，以增加整体存储量。

尤尼瓦克 1 使用了 5200 个真空管，功耗为 125 千瓦。它每秒可以执行 500 次乘法运算。尤尼瓦克 1 以每台超过 100 万美元的成本售出了 46 台，首次证明了计算机市场的存在。

20 年后，具有与尤尼瓦克 1 相似性能的计算机，使用的是在集成在一块 25 cm×25 cm 印刷电路板中的英特尔 4004 微处理器，功耗为 10 瓦，成本为数百美元！

又过了 10 年，该单板计算机可以集成在单个芯片中——整台计算机集成在一块硅片中——功耗不到 1 瓦，成本不到 10 美元，而且速度比尤尼瓦克 1 快十倍以上。

所有早期的计算机使用的都是真空管，直至 1957 年第一台商用晶体管计算机飞歌（Philco）公司的 Transac S-2000 问世。两年后，使用了晶体管的 IBM 7090 和奥利维蒂 Elea 9003 推出。从那时起，所有新的计算机型号都使用了晶体管。有了晶体管，计算机的物理尺寸、功耗、速度，尤其是可靠性，都得到了显著改善。

到了 20 世纪 60 年代中期，计算机已经成熟，并且在广泛的应用中不可逆转地展示了其价值和多功能性。

小型计算机

在 20 世纪 60 年代，由于微电子学的进步（从锗到更快的硅晶体管的转变，以及集成电路的商业化），计算机发展迅速，在高端领域出现了功能强大的超级计算机，在低端领域出现了小型计算机。例如，1963 年 SAGE 系统开始运行。SAGE 由 IBM 与美国空军合作设计，用于协调北美

24个雷达站的任务，成为有史以来最大的计算机（占地面积2000平方米，重量275吨，能耗3兆瓦）。这也是世界上第一个实时计算机网络。

1964年，IBM推出了System/360，这是一个可兼容和可扩展的计算机大家族，能够涵盖广泛的应用。它配备了第一个复杂的操作系统，并在市场上取得了巨大成功。同年，控制数据公司（Control Data Corporation）推出了世界上第一台超级计算机CDC 6600。CDC 6600由西摩·克雷（Seymour Cray）设计，他后来创立了多年领先市场的超级计算机公司克雷计算机（Cray Computers）。CDC 6600耗资超过800万美元，而且速度比最接近的竞争对手快了10倍。

1965年，集成电路的使用使计算机的尺寸减小到一件小家具的大小，从而促生了小型计算机。小型计算机是大型计算机的缩小版本，旨在用于大型机因其体积和成本而无法使用的应用。

数字设备公司（Digital Equipment Corporation，DEC）率先推出了PDP-8型号的小型计算机，为计算机开辟了新的应用领域，特别是在控制和电信系统中，进一步扩大了计算机的范围和影响。

计算机的多功能性

计算机是一个通用的符号操纵器，它之所以具有多功能性，是因为它的可编程性。因此，硬件是必要的，但不足以解决任何特定问题。另一个重要的组成部分是软件，程序一旦加载到计算机内存中，就可以使硬件—软件组合能够执行所需的功能。计算机变得日益强大，也就是说计算机有了更多的内存和更快的执行速度，新的应用领域于是成了可能。随着计算机变得更小、更快、耗电更少、成本更低，应用程序的数量呈指数级增长。在硬件开发的同时，软件的创建引发了独立的软件产业兴起。

在早期的计算机应用程序中，有些似乎与人们对计算机的预期不一致。典型的反应是："但是语音识别与计算机有什么关系？计算机应该只是计算。"计算机确实能够解决很多乍看起来在其领域之外的问题。编程艺术是基于将问题或过程分解为一系列算法的概念化能力，也就是计算机可以有效执行的一系列自动程序。

随着时间的推移，编程的重要性日渐增加。在硬件成本稳步下降的情况下，软件成本稳步上升，以至成了信息处理的主要成本。可以说，软件就好像是头脑，而硬件是身体，二者缺一不可，必须完美协作才能解决问题。

近年来，在人工神经网络的帮助下，人们终于可以制造出几乎可以自行学习（而不是通过显式算法进行编程）的计算机，其结构模拟了我们大脑中生物神经网络执行的基本信息处理过程。神经网络通过自下而上的学习过程，找到训练数据中包含的隐含"规则"，从而获得比传统的自上而下编程更好的模式识别结果。

正在改变社会的信息革命凸显出，信息的本质与现实的本质之间，存在着深刻而完全出人意料的关系。这是一个特别引人入胜的话题，直到20世纪50年代，物理学家和哲学家才明白，这个话题将深刻地改变我们对现实的本质、生命的本质和意识的本质的理解。

计算机之母

虽然计算机之父有许多，但确定的计算机之母只有一个，她就是埃达·拜伦·洛夫莱斯（Ada Byron Lovelace，1815—1852）。早在计算机发明之前，她就是第一个设想了现代计算机的人。在她对路易吉·费代里科·梅纳布雷（Luigi Federico Menabrea）《关于查尔斯·巴贝奇的分析机概念》（"Notions sur la machine analytique de Charles Babbage"，由洛夫莱斯译为英语）一文所作的注释中，洛夫莱斯提出"一种机制，能够将一般的符号，以无限的序列进行组合，以实现多样性和扩展"，并对此作了解释。此外，她总是在注释中提出一种巴贝奇分析机生成伯努利数（Bernoulli numbers）的算法。这是历史上第一个软件编程的例子。

洛夫莱斯还预见到，机器将会拥有学习和开发日益复杂解决方案的能力，但她坚决否认创造有意识机器的可能性。事实上，她很清楚，"分析机不会假装要去构想什么"。

附录四 人工智能与人类智能的基本区别

费代里科·法金于 2016 年 1 月，在智利圣地亚哥召开的第五届未来大会上发表的论文

如今你有许多关于未来的猜测，说人类将被机器超越，甚至可能被机器毁灭。我们听说过自动驾驶汽车、大数据、人工智能的复兴，甚至听说过超人类主义（指将我们的经验和意识下载到计算机中来获得永生的理念）。我们还听到了史蒂芬·霍金、比尔·盖茨和埃隆·马斯克等公众人物就机器人技术和人工智能的危险发出的重要警告。那么，在这样的一番图景中，什么是真实的，什么是虚构的？

所有这些预测都假设，在不久的将来，人们有可能制造出真正智能和自主的机器，这些机器至少和我们一样好，甚至比我们更好。但这个假设是否正确？我会争辩说，真正的智能需要意识，而意识是我们的机器没有的，也永远不会有的。

今天，大多数科学家认为我们只是机器，我们只是基于湿件（wetware）的复杂信息处理系统。这就是为什么他们相信，人有可能制造出超越人类的机器。他们认为，意识是大脑运行的一种附带现象（epiphenomenon），由类似于计算机中运行的软件之类的东西产生。因此，如果有更复杂的软件，我们的机器人最终也会具有意识。但，这样的未来真的可能吗？

好吧，让我们首先给意识下一个定义：我从内心知道我自己存在。但我怎么知道？我确信我存在，因为我感受到是这样的。所以，是感受承载了知道；感受能力是这里的基本属性。我闻到玫瑰时，我感受到它的气味。但是要小心！这种感受不是我鼻子内的嗅觉感受器产生的一组电信号。这些信号携带着客观信息，但这些信息在我的意识中

被转化为一种主观感受：那朵玫瑰的气味让我有什么感受。

例如，我们可以制造一个机器人，它能够检测带有玫瑰气味的特定分子，能够通过气味正确辨认出玫瑰。然而，机器人没有任何感觉。它不会意识到气味是一种感觉。要有意识，就必须要有感受。但是机器人在电信号这里止步了，它从这些信号中可以产生其他信号来引起一些反应，一些动作。而我们所做的远不止于此，因为我们确实感受到了玫瑰的气味，通过这种感受，我们以一种特殊的方式与那朵玫瑰产生了关联，我们也可以根据这种感受提供的信息，作出基于自由意志的决定。

意识可以被简单地定义为感受的能力。但是感受意味着，存在着一个有感受的主体——一个自我。因此，意识与自我有着千丝万缕的联系，意识是自我通过感受、通过有知觉的体验来感知和认识的内在能力；意识是自我的决定性属性。

现在可以看出，感觉显然是与电信号不同的现象类别，两者无法比较。哲学家创造了感受质（qualia）这个词来表示某种感觉，并解释说，感受质被称为意识的难题，因为没有人能够解决它。在我接下来的论述中，我将使用"感受质"这个词来指代四种不同类型的感觉：身体感觉和感受、情绪、思想和心灵感受。

无论是在计算机中还是在大脑中，电信号都不会产生感受质。事实上，没有任何物理定律告诉我们，如何将电信号转化为感受质。那么，感受质—知觉是如何成为可能的呢？

经过近30年的研究，我得出结论，意识可能是自然不可还原的方面，是能量的内在属性，而空间、时间和物质在大爆炸中从能量中产生的。

按照我的观点，意识远非一种附带现象，而是真实存在的。换句话说，构成一切的东西是认知的东西，而意识的最高物质表现就是我们所说的生命。在这种观点下，意识不是复杂系统的涌现属性，而是恰恰相反：复杂系统是意识能量的涌现属性，而一切物质性的东西都是由意识能量构成的。

因此，意识不能神奇地从算法中出现，但意识的种子已经存在于受造物中。按照这种观点，意识和复杂的物理系统是共同演化的。

本文限于篇幅，不会深入探讨这个课题，因为我想提出一个令人信服的案例，说明要制造真正智能、自主的机器，意识是不可或缺的，而意识这种属性是不能从计算机中产生的。有些人可能会坚持认为，计算机可能比没有意识的人类表现得更好。这就是我接下来要讨论的内容。我想表明理解力是意识的一个基本属性，甚至比感受质—知觉更重要，而且理解力是智能的一个决定性属性。所以，没有意识就没有理解力；没有理解力就没有智能；没有智能，系统就不能长久地自主。

让我们思考一下人类是如何作出决定的：我们的感官系统将环境中各种形式的能量转化为电信号，然后发送到大脑进行处理。处理的结果是另一组代表多感官信息的电信号：视觉、听觉、触觉等。在这个过程结束时，我们获得了一定数量的关于世界的客观信息。计算机也可以做到这些。然后，这些信息在我们的意识中，以某种方式转换为语义信息：一种对世界（包含的既有内部世界，也有外部世界）状态的整合性多感官感受质呈示。事实上，更准确地说，外部世界已经被带入我们的内心，成为一个整合了两个世界的表征。

这就是我所说的感受质—知觉。但这只是原始语义数据，有了这些数据，通过一个比产生感受质—知觉的过程更神秘的额外过程，我们就有了理解力。理解力使我们能够在我们的整体经验，以及我们一系列的意愿、愿望和意图的语境下，理解当前情况。

理解是作出明智选择之前的下一个必要步骤。理解使我们能够决定，是否需要采取行动，如果需要，什么行动是最佳行动。意识参与决定采取什么行动的程度范围很大，从完全不参与，一直到可能需要数天或数周的长时间有意识的反思和思考。

当一种情况被判断为与其他情况相似，某种行为产生了良好的结果，就可以下意识地选择相同的行为，产生类似于条件反应的东西。另一个极端是，有些情况与以前遇到的情况不同，在这种情况下，基于我们先前经验的各种选择可能是不充分的。这是我们的意识深入参与的地方，让我们想出一个创造性的解决方案。在这里我们找到了人类意识的前沿，意识在这里不可或缺，而不是在解决琐碎问题方面。因此，真正的智能是能够正确判断情况，并找到创造性解决方案的能力。真正的智能需要理解力。

现在，要拥有真正的自主性，机器人需要能够在不受约束的环境中运行，成功地处理现实生活中的各种可变性。但更重要的是，它还必须处理存在欺骗和侵略性的敌意环境中的情况。正是这些情况的近乎无限的可变性，使得理解力成为必要；只有理解力才能减少或消除客观数据中存在的歧义。关于这个问题，有一个简单示例：句法信息不明确的手写识别或语言翻译。因此，该级别的信息不足以解决问题。

自主机器人只有在环境被人为控制或预期变化相对较小的情况下，才有可能实现。如果感受质—知觉是意识的难题，那么理解力就是意识最难的难题。这就是机器和人类之间无法弥合的差异。

我们制造的所有机器，包括计算机，都是通过组装许多单独的零件制成的。因此，至少在原则上，我们可以将一台机器的所有独立部件拆卸下来，然后重新组装起来，这台机器就会重新运作。但我们却不能将一个活细胞分解成原子和分子，然后重新组装这些部件，还希望细胞能再次工作。活细胞是一个不同于我们机器的动态系统：它使用的是量子组件，是没有可定义的边界的。

我们以还原的方式研究细胞，仿佛它们是机器一样，但实际上细胞是整体系统。细胞也是一个开放系统，因为它不断地与它所处的环境交换能量和物质。因此，细胞的物理结构是动态的；它每时每刻都在被重新创造，部分不断地从中流入和流出，即使在我们看来细胞保持不变。因此，一个细胞不可能脱离与之共生的环境而不失去一些东西。相反，一台计算机，只要它能工作，就具有与最初构造时相同的原子和分子。它的硬件没有任何变化，从这个意义上说，它是一个静态系统。

在细胞中进行的信息处理，与在我们的计算机中进行的完全不同。在计算机中，晶体管以固定模式互连；在细胞中，各个部分彼此自由相互作用，以我们尚不了解的方式处理信息。只要我们将细胞作为还原性的生化系统，而不是量子信息处理系统来研究，我们就无法理解它们与我们的计算机之间的区别。

当我们以还原的方式研究一个细胞，并将其与环境分离时，我们是在将一个整体系统简化为部分之总和，而将大于各部分之总和的东西抛弃了。那个东西是意识所在之处。意识只存在于生命的开放动力中，而生命与我们在细胞中看到的动力有着千丝万缕的联系，而细胞是构成所有生命体的不可分割的原子。最重要的是，生命和意识不能还原为经典物理学，而计算机可以。

没有意识，就没有自我，也没有内在性，只有机械通过自己无意识的步伐来模仿生物。但是，如果我们没有任何感受，我们的生活会怎样？如果我们感受不到爱、喜乐、热情、美感，甚至痛苦，会怎么样呢？为什么情况不是这样的呢？机器是"僵尸"，它的运作只是移动而已。机器没有内在生命；这都是外在的。在一个生命体中，即便是外部世界也被带入内部，可以说，外部世界被赋予了意义。正是意识赋予了生命以意义。

经典计算机可以变得比人类更聪明，这样的想法是一种危险的幻想。之所以说它危险，是因为，如果我们接受这个想法，我们就会把自己限制住，只能表达出我们之为人类的很小一部分。这个想法剥夺了我们的力量、自由和人性——这些品质与我们的意识有关，而与机器（我们被说成是这样）无关。

在我看来，机器人和人工智能技术进步的真正危险不在于我们将会创造出取代人类的机器，因为它们会比我们更完美。真正的危险在于，心存恶意的人可能会使用越来越强大的计算机和机器人来达到邪恶的目的，从而对人类造成严重的伤害。但是，造成麻烦的将是人，而不是机器。这是社会必须尽快面对的重大挑战。

如果使用得当，计算机和人工智能将使我们能够在批判性地将自己与它们进行比较时，发现生活的精彩；从中获得新知识，加速我们的精神演化。如果使用不当，人工智能可能会成为可恶之人用来奴役我们的工具。我们要作出选择，也只有我们能作出选择。

附录五 太一与意识单元

本附录讨论的是现实的本质与意识的本质,也就是第七章的主题,而讨论所基于的假设是:意识是万物的一个基本且不可还原的方面。根据当前的物理学公理,这些观点显然是推测性的,很可能是不可证伪的。另一方面,人们广泛接受的有关现实本质的假设,无法解释意识的存在和属性。我认为,要同时解释客观现实和主观现实,我们需要从一组不同的概念出发,而不是当前的概念。在当前的概念中,意识可能只出现在经典的生物体中。

下文描述的许多观点都源于"永恒哲学",这种哲学贯穿了人类有记录的历史,早在3500年前的《吠陀经》中就存在了,而《吠陀经》是印度教的哲学宗教之基础。我建议你不要马上拒绝那些可能表面上看起来与人们普遍持有的信念相矛盾的理念。请让整个新框架浮现出来,然后你可以仔细思考这个与众不同的"起点",用你在内心深处认识到的关键方面,来看看它可以怎样解释内在现实和外在现实的存在。

量子物理事关信息

理论物理学家贾科莫·莫罗·达里亚诺(Giacomo Mauro D'Ariano)及其合作者最近的研究表明,量子力学和场论完全可以从六个纯信息假设中推导出来。[23][24] 因此,量子物理可以被解释为:物质只是由量子比特(quibt)组织"构成"的,而量子比特是经典计算机中使用的布尔比特的量子力学概括。量子比特是通过两个互补量子态——"1"和"0"的量子叠加获得的,如第七章所述。

而在量子物理学中,物理物质,无论是原子、石头、计算机还是生物体，都源自纯粹抽象的量子信息，这些信息没有任何直观或明显的意义。如果我们想引入意义和自由意志，我们需要假设内在现实的存在，而内在现实是意识和自由意志的所在。物理学目前并没有提出或接受这样的假设，尽管物理学从未打算描述内在现实。

几个世纪前，物理学家接受了笛卡儿的二元论，在这种二元论中，思想和物质之间有着明确的区分。然而，物理学的最新进展表明，现实是整体的，因此思想与物质之间不可能有真正的分割。因此，尽管二元论在缓解科学与宗教之间由来已久的争论方面作出了很大的贡献，但我们应该放弃身心二元论，转而支持一元论。

这也意味着，意识的本质可能会被物理学领域接受，成为一个合法的研究课题，因为这不能再被看作其他人的问题。如果我们像许多实证主义者那样，否认自由意志和意识的存在，那么我们和我们的计算机都不应该是有意识的。相反，如果我们接受它们的存在，它们就很可能是不可还原的自然属性，因此一定从一开始就对我们的宇宙产生了根本性的影响。我认为，我们所知道的物理学是不完整的，因为它只能用来描述现实中可以用无意义的抽象符号来表达的那部分。

正如第七章所讨论的那样，要解释意识的本质，物理学需要严肃对待这样一种可能性，即基本粒子的量子场在某种程度上是有意识的场。场的概念必须得到扩展，超出当前量子场理论（QFT）的定义，因为目前描述量子物理的量子信息也可以被场，或者是场态的某种组织感知为感受质（qualia）。

需要指出的是，我们物理世界的可测量物质只能表示用比特来描述的抽象布尔信息（Boolean information）。它不能表示需要纠缠量子比特的量子信息，而量子信息目前在称为希尔伯特空间（Hilbert space）的复杂多维空间中用向量表示。例如，量子计算机不能完全存在于我们的物理世界中，因为在我们的经典世界中只能进行程序的设置和计算结果的记录，而量子信息处理本身并不能在我们的时空中进行。

然而，按照目前的设想，量子计算机是确定性的，因此它们不能支持有意识实体出于自由意志所作的决定，因为这些决定无法通过确定性的量子（或经典）算法先验地获知。换句话说，如果该状态是由自由意志的选择决定的，则没有算法可以计算出将在我们的物理现实中显现的实际状态。要拥有自由意志和意识，需要一个比确定性量子计算机更通用的量子系统。这个系统要能够自由选择特定的量子或经典状态来表现，甚至还要会选择，或者会创建它要使用的运算符。

宇宙是动态且整体的

> 如上如下，如内如外，宇宙如是，灵魂如是。
> ——赫尔墨斯·特里斯墨吉斯忒斯（Hermes Trismegistus）[1]

量子宇宙不仅是一个高度动态的世界，而且是一个不可分割的整体——一个整体系统。请想象一个无限的海洋，波浪不断地在里面出现、变化和消失，不留痕迹——这种形式从不重复，不会持久。这种类型的宇宙不可能有任何可识别的部分，因为没有任何东西是永恒的。它只是一个不可分割的整体。然而，量子物理学所描述的宇宙似乎并不像刚才描绘的宇宙那么普遍，因为它包含许多可识别的量子场，"部分"具有持续存在的东西，这使它们的识别成为可能，同时它们也是不可分割的，无法从整体分离开来。

例如，电子的量子场产生的"形式"，其所有行为方式都是相同的。然后，这个场可以通过它显示的电子（量子）的不可区分性来识

1　赫尔墨斯·特里斯墨吉斯忒斯，意为三倍的赫尔墨斯，是希腊神话中的神祇赫尔墨斯与埃及神祇托特的综ುಲ结合。在希腊化的埃及，希腊人发现他们的神祇赫尔墨斯与埃及神祇托特等同，遂将二者合一。从公元前3世纪到公元2世纪，出现了一系列托名赫尔墨斯·特里斯墨吉斯忒斯的作品，内容包括神学、哲学与占星术、炼金术、通神术等一系列神秘主义仪式与法术，被视为西方神秘学的开端。——译注

别。这个场应该被称为部分—整体，因为它不是唯一的场，但它没有边界，因为它贯穿于整体，它与整体不可分离，但它可以被识别，因为它标志性的"波浪"具有一些可重复的"揭示"其身份的东西，不然的话，它就无法被识别出来。

除了与自下而上的状态层级结合，部分—整体也可以被整体以自上而下的方式所影响。这种从整体到部分的反馈由量子纠缠表示，这是一种非同一般的属性：相互作用的场创造了具有独立于空间和时间的联合非局部属性的状态。

有趣的是，自上而下和自下而上的影响也存在于广义相对论中。在狭义和广义相对论之前，空间、时间、质量和能量被认为是完全独立的变量。有了广义相对论的实验验证，我们现在知道它们并非如此。空间和时间并不像牛顿假设的那样是绝对的，但空间的结构以经典物理学未知的方式，部分地取决于时间、质量和能量。其他三个变量也是如此，尽管在许多情况下，它们之间的影响很小，在日常实际情况中可以忽略不计。

只是因为这些相关性要么小到可以忽略，要么可以被解释成我们用数学方法可以解决的某些类别的问题。要不然，我们将遇到无法克服的困难。然而，这些影响的存在，仅仅这一事实就造成了根本性的差异，因为由于自然界中存在的非线性，即使是很小的影响，也可以被放大，并变得相关。在我们整体且动态的宇宙中，已经有明显的例子表明，整体对部分—整体有影响。例如，在广义相对论中，全局质量分布决定了时空的局部几何形状，如前所述，在量子物理学中，从整体到部分—整体的反馈表现为纠缠的存在。

我们的整体物理宇宙的另一个一般特征是，量子场按层次自行组织，以创建复杂的系统，如分子、生物体和我们星球的整体生态系统。在这个过程中，出现了核子、原子、分子、细胞、器官、动物等。这些是量子场中状态组之间更为复杂的连接层次结构。

请注意，由于本体论仅存在于量子场中，因此构成所有层级的

"东西"最终就是构成这些场的东西，我在第七章中称之为思想符（nousym）。我们视为"原子"和"分子"的东西，仅作为场内动态状态之间连接的特定组合而存在。这些最终是"思想符状态"，这种实存具有将量子信息和感受质表示为其自身互补方面的能力。

太一与意识单元

既然宇宙产生了有意识的智能，你为什么还要坚持认为它本身不是有意识的智能呢？

——西塞罗

太一被定义为存在的一切。要清楚呈现出我们所知道的宇宙，太一必须是动态的、整体的，并且具有内在性和外在性。外在性目前是由物理学来描述的。内在性是解释意识和自由意志行为的存在所需要的，这是当前物理学理论中缺失的关键属性。意识和自由意志行动表达了太一体验和认识自己的能力与冲动。这些人类预言显然不足以描述，究竟是什么促使太一去认识自己，但我们在内心深处享有的是同样的认识的冲动，我们各自以不同的方式，感受着这种欲望、好奇、激动、满足、爱心、决心和意志的结合。

动态意味着太一永远都在变化。整体意味着太一没有可分离的部分，也就是说，在太一内部，一切都是相连的。最后，太一想要认识自己的冲动是所有表现和进化的原因，这也意味着，太一的自我认识必须不断发展。动态、整体和自我认识必须交织在一起，成为太一不可分割整体的几个方面，而不是"独立变量"。这也意味着存在和自我认识很可能是同一枚硬币的两面，因为存在可能相当于第一次被认识。我认为，存在就是被认识，反之亦然，一旦被认识，自我认识就永远不会被消灭。因此，自我认识的记忆一定以某种方式存在于太一的"实存"中，我称之为思想符。当然，所有这些都是假设。

太一的自我认识从何而来？这必须来自太一自身内部，因为太一就是一切。因此，太一必然包含潜在的存在和实际的存在，其中实际的存在是太一所知道的，潜在的存在是未知的自我认识。换句话说，潜在的存在是太一的"无意识"，尚未显露的东西，太一的这个"未知"最终是可以被它知道的。在本章的剩余部分，我将使用存在来表示实际存在，并使用"潜在存在"来表示仍然未知，但太一可以认识的存在。

我将每个"自我认知单元"称为意识单元（consciousness unit，CU）。这样，每个 CU 是太一的部分—整体，之所以是一个整体，是因为它不能与太一和其他 CU 分割开来，但它又是一个部分，因为有很多 CU，每个 CU 都有一个独特的身份，可以将它与其他 CU 区别开来。和太一一样，每个 CU 时时刻刻都在变化（动态），它永远不能与太一和其他 CU 分割开（整体），并且它具有与太一同样的冲动，想要加深自我认识。由太一的自我认识塑造，并且可以通过感受质认识自己和其他 CU 的整体性实存，是思想符。它就是在物理学中表现为能量的东西。

请注意，太一创建了多个 CU，这些 CU 全部从内部连接起来，太一也创建了一个"外部"世界（从每个 CU 的角度来看）。这里，我假设每个 CU 都可以将其他 CU 感知为像自己一样的"单元"，并且知道自己与其他 CU 是"不同"的。因此，每个 CU 都有认识自己的冲动，这种冲动也将扩展为了认识其他 CU 的冲动，因为所有 CU 的内在现实是紧密相连的。在这里，我要指出的是，在这个框架中，CU 存在于物质、能量、空间和时间以先。因此，它们可以被视为共同构成了量子真空，而我们的宇宙正是从量子真空中出现的。

我们已经看到，太一每次新的自我认识都会创建一个 CU。每个 CU 都是一个实体，具有三个基本属性：意识、身份和能动性。意识是 CU 认识自己以及感知和认识其他 CU 的能力。身份是 CU 认识自身并被其他 CU 识别（认识）为 CU 的能力。能动性是与许多 CU 所在的"外部现实"的存在相关的属性。这是每个 CU 凭借自由意志与其他 CU 交流的能力，目的是加深对自己的认识和对其他 CU 的认识。交流需要每个 CU 能够从自己的"实存"（思想符）中塑造出符号来进行交流。这需要将私密性的内在意义转化为出现在其外部现实中的外在符号（形式、状态）。这种转化定义了行动。值得注意的是，CU 在概念上与戈特弗里德·威廉·冯·莱布尼茨在其 1720 年出版的题为《单子论》（*Lehrsätse über die Monadologie*）的名著中描述的单子相关。

我在前文中提到，每个 CU 都是太一的部分——整体，因此，作为一个整体，每个 CU 都将其他 CU 视为自己。而作为一个部分，它知道自己与其他 CU 是不同的，是可以将自己的身份与其他 CU 的身份区分开来的。只有在每个实体都可以与其他实体分离的还原论现实中，这才是矛盾的。这种属性可以在像第五章中描述的觉醒体验这样的统一性体验中得到理解，在这样的体验中，我体验到自己既是世界，又是世界的观察者。这样的体验虽不常见，但几个世纪以来已经有许多人报道过。

意识单元的属性

> 有一股力量，也就是爱，将无限的世界连接在一起，并赋予了其生命。
> ——乔尔丹诺·布鲁诺[2]（Giordano Bruno）

这一框架的一个关键特征是体验，即内在语义现实，是关于主观和私密意义的，而信息，即外在符号现实，则是意义公共的、客观的呈现。每个 CU 的外在现实代表其可识别的身份域，叠加的意愿性符号传达了 CU 希望传达的特定意义。当一个 CU 观察另一个 CU 时，它只能将存在于被观察的 CU 身份域内的外在符号现实感知为感受质。任何一个 CU 的内在现实只能由该 CU 和太一直接知道，而其他任何 CU 都无

2　乔尔丹诺·布鲁诺（1548—1600），文艺复兴时期意大利思想家、自然科学家、哲学家和文学家。代表作有《论无限、宇宙和众多世界》《挪亚方舟》等。——译注

法知道。CU 通过外部符号的转化感知到的感受质，只有在这些符号是已知的情况下，才能得到理解。请注意，这个要求对我们来说也是存在的，因为要理解一个新词的含义，一个人必须已经知道类似的含义。

对这个框架而言很重要的一点是，每个 CU 的符号方面与其意义之间存在某种对应关系，并且这种对应关系对于所有 CU 都是相同的，因为太一的内在现实是统一的。因此，在 CU 之间引导一种通用的交流语言就成了可能，也就是为 CU 创造一个不可或缺的工具，让它们相互认识，并加深它们的自我了解。这种基本的交流也是导致 CU 结合成有意识实体的层次结构的原因，就像量子场"结合"以创造出原子、分子、大分子等一样。

CU 是本体论意义上的实体，所有可能的世界都由其"构造"出来，因此我们物理世界的量子场是 CU 的组织。然而，物理学家所说的量子场只是 CU 相应组织的外在方面。在这个框架中，组合实体是有意识的，具有独特的身份，并且像 CU 一样具有自由意志的能动性。因此，物理学的量子场和我提出的相应的意识场是完全不同的实体。由于在量子场中加入了"自我"，现实的本质发生了根本性的变化。

在这个框架中，太一认识自己的冲动催生了许多 CU，它们可以极大地扩展太一的自我认识。请注意，只有太一知道每个 CU 和每个 CU 组合的内在性。事实上，太一从内部知道所有表现形式，也从内部连接起了一切。太一是所有存在之物的创造性内在，参与了每个实体的体验。对太一来说，重要的是通过交流 CU 的层次结构获得的自我认识。因此，太一甚至可能对 CU 和 CU 组织的外部符号现实不感兴趣。这样的说法很强硬，但我认为这是现实的，因为外在现实只是有意识实体自我认知的一种手段，必定会聚合成为太一的内在意义。太一的自我认识是所有 CU 及其组合的自我认识的总和。因此，太一在每个有意识实体之内，每个有意识实体也在太一之内。

CIP 框架

CU 创建的符号集，同我们语言中的单词一样，形成了通用语言不断增长的词汇表。下一层级的符号是这些基本符号的组合，以此类推。属于特定层级的自我可能理解较低层级的所有符号，但可能只部分理解比其更高层级的符号。所有 CU 的公共符号数量不断增加，它们的组合形成了一个信息空间，我称之为 I 空间。

所有 CU 及其组合的内在语义知识的总和形成了一个语义空间，这个空间叫做意识空间或 C 空间。C 空间和 I 空间构成一个整体性的结构，描述的是思想符不可还原的、语义—符号的本质，太一的实存。C 空间和 I 空间并非我们宇宙空间那样的物理空间。它们是早在物理世界诞生之前就存在的现实。物理世界被称为 P 空间，而 P 空间本质上是虚拟世界，这点我们将在下文讨论。

我将这个整体的概念结构称为 CIP 框架，其中 C 代表意识空间，I 代表信息空间，P 代表物理空间。请注意，我们的空间、时间和量子场的概念呈现了我们目前是如何想象物理现实的构建的，尽管我们并不真正理解这些概念意味着什么。科学家们假设它们之间存在某些数学关系，从而可以预测很多可测量的东西。然而，这些概念，正如目前在物理学中所定义的那样，既不能预测也不能解释意识、意义和目的的存在。在本框架中，这些是不能与物理学描述的符号现实分开的。

物理现实的创造

相互交流的有意识实体组合起来，且每个实体都有自己的自由意志，这样就产生了以下层级结构：①自我，②意义，③符号，④句法规则，⑤语言。在此过程中，有意识的自我创造出各种组织结构，一层又一层，在其中体验自己，并增加它们的自我认识。

由于每个组织都必须通过自我的自由意志合作，而不是通过自上而下的法律强制来维持其位置，因此结构越复杂，其构建的可能性就越小。这一说法带出了 CIP 框架和物理学框架之间的根本区别，在物理学框架中，数学应该自上而下地确定系统的行为方式。请让我解释一下。

在 CIP 内部，现实通过 CU 的语义和符号方面的共同演化来发挥作用，而太一通过这些 CU 了解自身。"自然秩序"表达了太一的意义内在秩序，也表现在该意义的符号表达中的相关秩序中。换句话说，CU 的通用语言的结构反映了太一中的"秩序"，这也是来自太一的相干整体性的秩序。数学只能表达在现实的符号方面中发现的秩序。然而，这种顺序并不是数学强加给这些符号的，因为它是在 CU 的辩证关系产生的意义中被发现的。因此，数学是自然界秩序的结果，而不是原因。

符号和句法规则承载的是太一的基本秩序，而且物理现实是这种语言的表达，有鉴于此，这种通用语言与物理概念和物理法则之间必然存在某种对应关系。例如，某些符号组合可能具有抽象属性，这要归因于宇宙物质基本费米子；而决定符号如何"合法地"相互组合的句法规则，可能具有归因于基本玻色子的属性，也就是将费米子连接起来或分离开来的力。

因此，为我们的物理世界建模的数学可能会表达 CU 通用语言中固有的一些秩序。因而，它必须是概率性的，因为没有算法可以规定符号如何选择来描述自由选择的意义。这种数学是描述性的，而不是规定性的，就像它在物理学中的使用方式一样。而且，一种语言需要所有用户的同意，他们的服从是出于用户互相交流的愿望，而不是出于强制。在 CIP 中，量子物理的法则表达的是 CU 使用的通用语言的句法规则。

要学习如何合作创建更高级别的组织，可能有必要创建特殊的环境，让希望合作的实体获得必要的理解来做到这一点。为此目的，我们创立了各种教育机构，同样的道理，我们在我们的世界里也这么做了。在我的假设中，我以前文所引用的赫尔墨斯·特里斯墨吉斯忒斯原则为指导，这是我可以解释实体暂时"体现"在物理身体中，并在物理世界中相互作用的唯一合理方式。

在这种解释中，物理世界是一个巧妙构建的"受限环境"，可以为每个有意识实体提供必要的反馈，让它知道是什么阻止了它充分合作。这里的想法是，C 空间和 I 空间的无约束环境可能不足以实现该目标。这样的情况就好比，如果没有一定的纪律和指导，孩子们就无法学习他们需要的东西，他们会自行离开而不上学了。因此，我将一个物理世界想象成一个互动的"教育系统"，其中每个实体都可以安全地发现，到底是因为缺乏怎样的理解，抑或是怎样的误解阻碍了它在复杂组织构建中自愿地与其他实体合作。

如果是这样，我们的物理世界就会像在计算机中创建的虚拟现实 (VR) 一样运行，在其中，由有意识的人类控制的复杂化身在虚拟世界中相互交互。在这种情况下，控制化身的身体存在于计算机之外，而不是程序的一部分。同样，控制身体的有意识实体存在于身体所在的物理世界之外。这个观点我已经在第七章中进行了探讨。

我们是存在 C 空间和 I 空间中的有意识存在，是太一不可还原的、基本的语义─符号现实。正如构成 VR 的布尔符号是由物理世界的量子经典符号构成的，我们的物理世界是由构成 I 空间的特殊 I 空间符号构成的，所有这些符号都是由大量合作的 CU 和 CU 组织组织起来的。在第七章中，这些符号已经由量子信息描述了，这是必要的，但量子信息可能不足以完全描述 I 空间符号。

物理宇宙就像一个巨大的量子经典虚拟机那样行动，由合作的有意识实体的层级结构创建。这些有意识实体通过控制"身体"来寻求学习体验，这些"身体"是由构成物理宇宙的量子经典信息构成的更复杂的化身。在这个假设中，并没有外星人制造的中央计算机。计算是符号交互中所固有的，而这些符号交互是从同时进行的"对话"中产生的，大量有意识实体在"对话"中探索它们自己的内在和外在现实。在 CIP 中，控制身体和体验人类生活的意识，也就是通常所说的自我，可能只是更广阔意识的一部分，即我们所说的真实实体的意识。

如果我们从 CU 存在于物理现实之前这一假设开始，那么当前在物理学中被认为是原始的空间、时间、物质和能量等概念就需要重新被概念化为直接源自 CU 相互作用的性质。这一新愿景需要我们对迄今接受为基本公理的东西进行彻底的重新思考。只有在开发出稳健且自洽的概念框架，并且开始使用适当的数学结构之后，我们才能评估其结果，并完善模型。而回报将是一门新科学，可以让我们将内在和外在现实结合在一个有意义且有目的的宇宙之中。

参考文献

[1] Faggin, F., Klein, T., and Vadasz, L. *Insulated Gate Field Effect Transistor Integrated Circuits with Silicon Gates*, "International Electron Devices Meeting," Washington, D.C., October 1968, p. 22.

[2] Bower, R. W., *Field-effect device with insulated gate*, "US Patent No. 3,472,712," to Hughes Aircraft Co., filed October 27, 1966, issued October 14, 1969.

[3] Faggin, F., and Klein, T., *A Faster Generation of MOS Devices with Low Threshold Is Riding the Crest of the New Wave, Silicon Gate IC's*, "Electronics," September 29, 1969.

[4] Faggin, F., *Power supply settable bi-stable circuit*, "US Patent 3,753,011," to Intel Corp., August 14, 1973.

[5] Faggin, F., and Capocaccia, F., *A New Integrated MOS Shift Register*, "Atti XV Congresso Scientifico Internazionale per l'Elettronica," Rome, April 1968, pp.143-152.

[6] Faggin, F., et al., *The MCS-4 – An LSI Micro Computer System*, "Proc. IEEE Region Six Conference," IEEE, 1972.

[7] Faggin, F., and Hoff, Jr. M., *Standard Parts and Custom Design Merge in Four-Chip Processor Kit*, "Electronics," April 24, 1972, pp. 112-116.

[8] Shima, M., Faggin, F., and Mazor, S., *An N-channel 8-bit single-chip microprocessor*, "IEEE ISSCC," February, 1974, pp. 56-57.

[9] Faggin, F., Shima, M., and Mazor, S., *MOS computer employing a plurality of separate chips*, "US Patent 4,010,449," to Intel Corp., filed 12/31/1974, granted 3/1/1977.

[10] Hoff, M., Mazor, S., and FAGGIN, F., *Memory System for Multi-Chip Digital Computer*, "US Patent 3,821,715," to Intel Corp., June 28, 1974.

[11] Faggin, F., *The Birth of the Microprocessor*, "Byte", March 1992, pp. 145-150.

[12] Gallippi, A., *Federico Faggin—Il padre del microprocessore*, techniche nuove, Milan, 2011.

[13] Shima, M., Faggin, F., and Ungermann, R., *Z80 Chip Set Heralds Third Microprocessor's Generation*, "Electronics," vol. 49, n. 17, 19 August, 1976, pp.89-93.

[14] Faggin, F., *How VLSI Impacts Computer Architecture*, "IEEE Spectrum", vol. 15, n. 5, May 1978, pp.28-31.

[15] Faggin, F., and Lynch, G. S., *Brain learning and recognition emulation circuitry and method for recognizing events*, "US Patent 4,802,103," to Synaptics, Inc., filed June 3, 1986, issued January 31, 1989.

[16] Platt, J. C., and Faggin, F., *Networks for the separation of sources that are superimposed and delayed*, "Advances in Neural Information Processing Systems", J. E. Moody editor, volume 4, pp. 730-737, 1992.

[17] Faggin, F., and Mead, C., *VLSI Implementation of Neural Networks*, in "An introduction to neural and electronic networks", Steven Zornetzer editor, pp. 297-314. Academic Press, 1995.

[18] Chalmers, D., *Facing Up to the Problem of Consciousness*, "Journal of Consciousness Studies" 2(3), pp. 200-219, 1995.

[19] Faggin, F., *The Nature of Physical Reality. Proceedings of the Galileiana Academy of Arts and Science,* Padua, Italy, 2015.

[20] Parnia, S., *Death and consciousness—an overview of the mental and cognitive experience of death*, Ann. N.Y. Acad. Sci. 1330 (2014), pp. 75-93.

[21] Sarace, J. C., Kerwin, R. E., Klein, D. L., and Edwards, R., "Solid State Electronics" 1968, Vol. 11, p. 653.

[22] Faggin, F., and Klein, T., *Silicon Gate Technology*, "Solid-State Electronics," 1970. Vol. 13, pp. 1125-1144.

[23] D'Ariano, G. M., *Physics Without Physics: The Power of Information-theoretical Principles*, International Journal of Theoretical Physics n. 56, pp. 97-128, 2016.

[24] D'Ariano, G. M., Perinotti, P., *Derivation of the Dirac Equation from Principles of Information Processing*, in "Physical Review A", December 2, 2014, 90, 062106.

致谢

写作这本自传,使我得以重新经历了自己人生中最有意义的时光,也回顾了那些在我的人生旅途中发挥了重要作用的人。我意识到,我不只从那些爱我的人身上学到了很多,从那些反对我的人身上也一样。因此,我感谢书中提到的所有人,因为他们以这样或那样的方式帮助我明白了自己的优点和缺点,使我得以成长。

我要特别感谢帮助我完成本书的人。本书一开始是用英语写作的,然后我的妻子艾尔薇亚帮助我译成了意大利语,我的弟妹薇薇安娜和妻妹依蕾妮·萨德伊(Irene Sardei)则为译本提出了宝贵的建议,并作了细致的修订。薇薇安娜还提供了书中几乎所有的引文。

我们永远都感谢薇薇安娜和她的丈夫佛朗哥·贝尔托蒂,因为他们也是我们两个较年幼的孩子马克和埃里克的父母。两个孩子在意大利读书的时候,他们夫妇对他俩关怀备至。

我还要感谢那些与我一起探索意识的人。因为人数众多,我在此无法一一列举。此处我仅列出那些近年与我有过互动,并以建设性的观察为我的工作作出贡献的人:安德烈亚·迪·布拉斯(Andrea Di Blas),他阅读了本书的第一版,并作了评论;唐·霍夫曼(Don Hoffman)和他的团队:奇坦·普拉喀什(Chetan Prakash)、克里斯·费尔德(Chris Fields)、马尼什·辛格(Manish Singh)和罗伯特·普雷特纳(Robert Prentner)。唐是加州大学尔湾分校(the University of California, Irvine)的认知科学家,他认同我的观点,认为意识是自然不可还原的属性;贾科莫·莫罗·达里亚诺(Giacomo Mauro D'Ariano),意大利帕维亚大学(the University of Pavia)理论物理团队负责人,他与合作者共同开发了量子物理的纯信息理论;加州查普曼大学(Chapman

University）的杰夫·托拉克森（Jeff Tollaksen）；还有妮可拉·加尔瓦内托（Nicola Galvanetto）、马克·格兰特（Mark Grant）、迈克·马龙（Mike Malone）、圭多·梅亚尔迪（Guido Meardi）、拉法埃洛·科拉桑特（Raffaello Colasante）和鲁福·穆纳里（Rufo Munari），感谢他们的观察和建议。我还要特别感谢安杰洛·加利皮（Angelo Gallippi），早在近20年前他就为我写了传记，我也感谢我的出版经纪人恩里卡·柏托拉齐（Enrica Bortolazzi），以及莎布丽娜·帕里希（Sabrina Parisi）和马泰奥·斯特罗帕（Matteo Stroppa），他们为稿件进行了最后的润色。

图书在版编目（CIP）数据

硅谷人生：从微处理器的发明到新认知科学／（美）费代里科·法金著；谢怡华译.－－上海：同济大学出版社，2023.9
书名原文：Silicon: From the Invention of the Microprocessor to the New Science of Consciousness
ISBN 978-7-5765-0882-6

Ⅰ.①硅… Ⅱ.①费… ②谢… Ⅲ.①费代里科·法金－自传 Ⅳ.① K835.465.38

中国国家版本馆 CIP 数据核字（2023）第 136639 号

硅谷人生
从微处理器的发明到新认知科学

[美] 费代里科·法金（Federico Faggin） 著
谢怡华 译

出 品 人	金英伟
责任编辑	卢元姗　袁佳麟
责任校对	徐逢乔
装帧设计	张　微

出版发行　同济大学出版社 www.tongjipress.com.cn
　　　　　（地址：上海市四平路1239号　邮编：200092　电话：021-65985622）
经　　销　全国各地新华书店
印　　刷　常熟市华顺印刷有限公司
开　　本　890mm×1240mm　1/16
印　　张　8.125
字　　数　218 000
版　　次　2023年9月第1版
印　　次　2023年9月第1次印刷
书　　号　ISBN 978-7-5765-0882-6
定　　价　78.00元

本书若有印装质量问题，请向本社发行部调换
版权所有　侵权必究